PREMIERE
DÉNONCIATION SOLEMNELLE
D'UN MINISTRE,

FAITE A L'ASSEMBLÉE NATIONALE,

EN LA PERSONNE DU COMTE DE LA LUZERNE,

Ministre d'État, de la Marine, et des Colonies ;

PAR LE COMTE DE GOUY,

*Député de Saint-Domingue, au nom de la DÉPUTATION
& de ses COMMETTANS :*

SIGNÉE par les REPRÉSENTANS de la COLONIE ;

Approuvée & confirmée par les trois ASSEMBLÉES PROVINCIALES, &.
par l'ASSEMBLÉE COLONIALE de Saint-Domingue.

DÉDIÉE

A LA NATION, A LA LOI, AU ROI,
A la Partie Françoise de Saint-Domingue,
A toutes les Colonies,
Aux Sociétés des Amis de la Constitution,
A tous les bons Citoyens,
Et aux Ministres de toutes les Puissances.

IMPRIMÉE POUR L'ASSEMBLÉE NATIONALE.

Chez DEMONVILLE, l'an second de la Liberté.

PARIS, 1790.

AVERTISSEMENT.

CET Ouvrage, annoncé à la tribune de l'Assemblée Nationale le 24 décembre 1789, a été livré à l'impression en avril 1790. Cette époque étant antérieure au décret du 19 juin, on avoit annexé aux noms propres, des titres alors en usage, qu'il n'a pas été possible de supprimer, si ce n'est dans quelques additions qui ont été faites dernierement.

LE lecteur qui voudra s'instruire RÉELLEMENT de cette grande cause, & sur-tout les JUGES qui devront la décider, sont instamment priés de vouloir bien, après la lecture de chaque chef d'inculpations, prendre dans la considération la plus sérieuse le chapitre correspondant des Pieces JUSTIFICATIVES déposées. C'EST LA que doit être & qu'est réellement toute la force de la dénonciation. Elles forment à elles seules un plaidoyer IRRÉSISTIBLE.

Qui ne lira pas la totalité de ces pieces intéressantes, devra croire que le reste n'est qu'un roman.

Le SUPPLÉMENT est également de la plus grande importance.

Je soussigné, imprimeur de l'Académie Françoise, certifie que le manuscrit de la dénonciation du Ministre de la Marine m'a été remis par MM. les Députés de Saint Domingue EN AVRIL ET MAI de l'année courante, & que quelques articles seulement ont été ajoutés depuis cette époque. A Paris, ce 30 septembre 1790. DEMONVILLE.

DÉNONCIATION

A L'ASSEMBLÉE NATIONALE

DU Cᵀᴱ. DE LA LUZERNE,

MINISTRE D'ÉTAT & DE LA MARINE,

PAR LE COMTE DE GOUY,

Député de Saint-Domingue, au nom de la DÉPUTATION & de ses COMMETTANS.

MESSIEURS,

J'AI à remplir aujourd'hui auprès de vous un engagement de devoir & d'honneur ; mais avant de soumettre à votre examen les objets intéressans dont je dois vous entretenir, il est nécessaire que je rappelle à votre mémoire quelques-uns des faits dont vous avez tous été témoins dans les séances du 1ᵉʳ. & du 2 Décembre 1789.

Vous n'avez point oublié, MESSIEURS, la demande que vous firent les COLONIES, d'un COMITÉ choisi dans votre sein, pour s'occuper de leurs intérêts, prendre des connoissances étendues sur leur position, leur ré-

A

gime, leurs productions, & difposer les matieres qui, foumifes à la fageffe & à la politique de l'Assemblée Nationale, prépareroient fes décrets.

De grands débats s'éleverent fur cette queftion. Quelques opinans foutinrent la motion. Plufieurs autres la rejettoient, & déjà ils avoient conclu à ce que la deftinée de nos provinces infulaires *fût renvoyée au pouvoir exécutif*, lorfque la parole me fut accordée.

Je n'héfitai pas à m'élever contre un projet de décret qui me paroiffoit dangereux ; je traçai un tableau animé de la pofition actuelle des Antilles, de leur importance ; & choififfant quelques couleurs appropriées à celle de ces Ifles précieufes que j'ai l'honneur de repréfenter : « Seroit-il donc poffible, m'écriai-je, que l'Affemblée » Nationale, régénératrice du bonheur & de la liberté » Françoife, voulût abandonner les infortunés Colons » à la merci d'un pouvoir exécutif qui repofe entre les » mains des fubalternes prévaricateurs, & d'un Miniftre » juftement exécré, d'une Colonie dont il a fait per- » fonnellement le malheur, & dont il femble vouloir » confommer la ruine » ?

Telles furent, Messieurs, mes propres expreffions. Je ne les avois point écrites, mais je les répétai deux fois, & tous les Journaux les ont copiées avec une uniformité qui ne peut laiffer fur leur identité le plus léger doute.

Obligé le lendemain de dire un mot fur la lettre

(3)

PEU RESPECTUEUSE adreſſée par le Miniſtre de la
Marine à l'Aſſemblée nationale, & ſur la motion
anti-conſtitutionnelle à laquelle elle donna lieu; je
ſaiſis cette occaſion de confirmer froidement les expreſſions que j'avois employées la veille. Ce n'eſt pas
pour les atténuer aujourd'hui; je les conſacre ſolennellement par écrit. Dans cette lice vierge, dont vos
ſages décrets ont ouvert la barriere, mais dans laquelle
aucun de nous ne s'eſt encore préſenté, il importe
de fixer les loix du combat. Toutes, ce me ſemble,
doivent repoſer ſur la loyauté françaiſe, & puiſque la
reſponſabilité a établi entre les oppreſſeurs & les op-
primés cette égalité ſans laquelle la lutte étoit auſſi
trop dangereuſe, aſſez fort de cet avantage, je penſe
qu'un repréſentant de la Nation doit ſe mettre à découvert, & que, lorſqu'il a reçu de ſes Commettans la
miſſion d'ABORDER un Miniſtre, il faut qu'il ait la délicateſſe d'ASSURER ſon pavillon.

JE n'invoquerai donc point, & je le dis bien haut,
une diſtinction dont la juſteſſe me paroît inconteſtable,
& dont je dois pourtant, par reſpect pour la vérité,
conſacrer ici le principe.

CETTE diſtinction porte, MESSIEURS, ſur la différence qu'on doit mettre entre un délateur privé & un
dénonciateur public, entre ce dernier & un accuſateur.

UN DÉLATEUR eſt, pour l'ordinaire, un homme ſans
miſſion, qui, par méchanceté ou par intérêt, perce les
murs ou deſcend dans les conſciences, & ſe fait une

A 2

joie maligne de produire au grand jour des foupçons odieux que l'humanité auroit gagné à ne pas concevoir. Un tel homme, s'il eft quelquefois baffement utile, ne mérite que le mépris de ceux qu'il inftruit, & la vengeance de ceux qu'il découvre.

Un Dénonciateur, lorfqu'il eft revêtu d'un caractère, eft un homme public qui, par horreur du vice, par amour de la vertu, & toujours par les grandes vues de l'intérêt général, fcrute d'un regard profond les œuvres fecretes des agens de l'autorité, & fe fait un devoir de révéler des abus douloureux, des erreurs dangereufes, quelquefois des atrocités...... dont l'accumulation ignorée auroit étouffé en peu de temps la voix plaintive des malheureux. Un tel homme, toujours noblement utile, obtiendra tôt ou tard la reconnoiffance de fes concitoyens & l'eftime de ceux même fur la tête defquels il a appelé la vengeance de la Nation. De tels hommes, indifpenfablement néceffaires au maintien de l'ordre & à la confervation des Loix, ont exifté dans tous les Gouvernemens, & ont feuls retardé la chûte des empires. A Rome, on les appelloit Cenfeurs; à Venife, Procurateurs; dans la France ancienne, Procureurs Généraux de nos Parlemens; dans la France nouvelle, Membres de l'Affemblée Nationale; par-tout le même principe leur a attribué les mêmes fonctions, à quelques modifications près.

Ces fonctions faintes ne font point tellement identifiées avec celles d'Accusateur, qu'elles ne puiffent en être facilement féparées. Le Dénonciateur avertit qu'il exifte un abus, & que l'opinion publique l'attribue à tel individu. L'Accufateur affirme qu'un délit eft commis & qu'un tel eft coupable. Le Dénonciateur doit prouver qu'il a été, réellement & de bonne part, averti de l'abus, & que des intentions pures, dépouillées de toute perfonnalité, l'ont feules porté à en faire la dénonciation : il n'eft pas tenu à autre chofe. L'Accufateur doit adminiftrer des préuves fuffifantes du délit, doit convaincre le coupable, fous peine d'être confidéré comme un Calomniateur. Ainfi la dénonciation finit là où l'accufation commence.

Voila le principe, Messieurs; je pourrois en tirer des conféquences, mais je n'en réclame pas l'application, & je n'ai pas befoin de me placer derriere des retranchemens de cette efpèce. La délation eft indigne d'un homme honnête; le rôle d'Accufateur eft peut-être au deffous d'un Repréfentant de la Nation; mais ma miffion eft expreffe, mes motifs font purs, & je ferai plus que de dénoncer.

Avant de me livrer à cette tâche pénible, je dois établir irréfragablement mon opinion fur le POUVOIR EXÉCUTIF. Peu de citoyens font plus pénétrés que moi de fon importance & de la néceffité de fon influence dans les conjonctures politiques où nous fommes. Il pourroit paroître à quelques perfonnes que c'eft en diminuer la force que d'en attaquer les agens; voici ma profeffion de foi fur ce point.

Quand le pouvoir légiflatif a pris fous fa fauvegardé la Nation, il a dû s'impofer l'obligation de n'élever autour d'elle que des Loix vertueufes. Quand la Nation, pour faire valoir ces Loix, a délégué une portion de fa puiffance au pouvoir exécutif, ce dernier a dû ne vouloir régner que par l'empire de la vertu. Contrarier, avilir les agens modérés du pouvoir exécutif, c'eft paralyfer le bras de la Loi, c'eft faire un tort irréparable à l'Etat. Confacrer, par une négligence coupable, les erreurs ou le defpotifme de ces délégués, c'eft avilir dans l'efprit des peuples qui fe taifent d'abord, mais qui fouffrent, un pouvoir qui devroit commander par la douceur, pour ne pas bleffer par fon éclat ; c'eft autorifer par foibleffe des infurrections que le défefpoir enfantera tôt ou tard : d'où je conclus que c'eft également faire refpecter le pouvoir exécutif, que de foutenir avec énergie ceux de fes agens qui fe refpectent, & de dépouiller de leur autorité abufive ceux qui ne fe refpectent pas.

DAIGNEZ me pardonner, MESSIEURS, ces réflexions générales que j'ai cru devoir vous préfenter. Si je n'ai point encore entamé la queftion, je viens du moins de la circonfcrire dans un cercle d'où elle ne pourra plus vous échapper.

LE tableau que je vais tracer fembloit réclamer une bordure. La grandeur de la caufe, fa nouvéauté, fon importance, fa publicité, la qualité du Dénoncé, le caractere du Dénonciateur, la majefté des Juges, les conféquences du jugement, tout doit excufer à vos yeux quelques préliminaires qui pourront fervir de cadre déformais dans toutes les occasions semblables. La scène est en France, mais l'Europe entiere est attentive au spectacle qui va s'ouvrir.

EXPOSITION.

J'AI deux propositions à prouver : *Que M. de la Luzerne a fait le malheur de Saint-Domingue, & qu'il semble vouloir consommer sa ruine.* Si je parviens à démontrer que telle est l'opinion de mes Commettans, personne ne doutera que *l'exécration de la Colonie* n'en ait été une suite immédiate.

DE son côté, le Ministre a traité ma dénonciation *d'injure & de calomnie.* Un juste retour sur lui-même lui auroit évité le nouvel embarras où il vient de se mettre; car si je prouve ce que j'ai avancé, l'injure qu'il me reproche, la calomnie dont il m'accuse disparoissant devant mes preuves, le soupçon dont il a cherché à me noircir s'évanouira; mais son imputation restant tout entiere, qui de nous deux alors sera le calomniateur ?

TEL est l'état précis de la question au moment où nous descendons dans l'arêne. J'y considere M. de la Luzerne sous deux rapports : comme Gouverneur général de Saint-Domingue & comme Ministre des Colonies. Elevé successivement à ces deux places, s'il a eu le malheur, comme Gouverneur, d'être le canal immédiat des ordres arbitraires de la Cour, il a dû sentir par sa propre expérience ce qu'il en coûtoit à un cœur honnête pour devenir l'organe du despotisme ; & lorsqu'il a quitté ce gouvernement pour entrer au Conseil, n'a-t-il pas dû consacrer son pouvoir à la réforme des nombreux abus dont il avoit été l'instrument ou le témoin ?

Ce sont, Messieurs, ces abus d'autorité ou d'administration qui font réellement le malheur des Peuples ; ce sont les conséquences qu'ils entraînent qui portent une Nation au désespoir & à l'insurrection qui en est la suite.

Un Ministre autrefois n'étoit appelé coupable que lorsqu'il avoit trahi l'Etat ou dilapidé les finances. L'immoralité du Viziriat n'admettoit de crimes que le vol ou la trahison, & avec un peu d'adresse ou d'argent, ces crimes-là n'existoient jamais. Graces à vos décrets, nous avons maintenant une autre échelle de délits sur lesquels la Nation pourra interroger ceux qui la régissent ; & cette mesure est bien sage, car si la trahison ou la dilapidation portent un coup mortel à l'Etat, les abus d'autorité portent la mort dans le sein des individus qui le composent. Les grands forfaits tuent le corps politique ; les autres délits tuent le Citoyen.

Ce sont ces derniers que je suis chargé de reprocher en grand nombre à celui qui a fait le malheur de mes Commettans. Leurs ordres directs, précis & répétés, nous enjoignent depuis long-temps de le dénoncer à votre justice. Cette mission douloureuse n'avoit, on le pense bien, nul attrait pour nos cœurs. Nous avons penſé que la modération devoit préſider à toutes nos démarches, & que les formes les plus douces, pourvu qu'elles ne compromiſſent point les intérêts de nos Compatriotes, étoient toujours celles qu'il nous convenoit d'employer.

Sous ce point de vue, la Députation a arrêté de donner connoiſſance de ſes inſtructions au Miniſtre lui-même. Huit fois nous avons été chez lui en Corps ; nous lui avons expoſé nos griefs, nos doléances, nos infortunes, comme ſi nous n'étions pas Députés, & comme s'il n'y avoit pas d'Aſſemblée Nationale : ſon malheur eſt d'avoir cru l'un & l'autre. Nous lui avons prouvé que lui ſeul avoit cauſé tous nos maux, ſoit pendant ſon ſéjour dans la Colonie, en ne nous protégeant pas, en nous traitant comme des ennemis, en appuyant ſur nous la verge de fer ; ſoit depuis ſon miniſtere, en nous laiſ-ſant à la merci des ſubalternes qui nous oppriment & nous dévorent.... Il a été ſourd à nos plaintes meſurées ; fidele à ſon rôle de Miniſtre, il n'a voulu ni convenir des faits allégués, ni en devenir le réparateur. Alors nous avons élevé la voix, nous avons emprunté les accens plaintifs de nos Commettans ;.... ils n'ont pu le toucher. Nous avons prononcé ce mot ſacré, d'Assemblée Na-tionale, un ſourire amer a été ſa réponſe. Nous avons parlé d'y avoir recours ;.... il nous en a défiés ;.... nous avons oublié le défi, & plaint celui qui ſe le permettoit. Deux mois ſe ſont écoulés depuis cette époque ; nos maux ont empiré ; nos ordres ont été répétés ; des dangers preſſans nous ont menacés. .... Dans cette cir-conſtance, on a parlé de *nous renvoyer au pouvoir exé-*

cutif.... Ce mot a renouvellé toutes nos plaies.... aigri notre défespoir.... Nous n'avons plus eu le choix de nous taire ou de parler ; nous parlons donc, mais nous gémiffons. Organe de mes Commettans, choifi par ma Députation tout entiere pour remplir ce miniftere pénible, perfonne ne fait comme moi tout ce qu'il m'en coûte, & je me permettrois de me plaindre de la miffion que j'ai reçue, fi j'avois la liberté d'écouter mon cœur, quand le devoir me prefcrit de n'obéir qu'à ma confcience.

PREMIER CHEF DE DÉNONCIATION.

RÉUNION DÉSASTREUSE DES CONSEILS SUPÉRIEURS DE SAINT-DOMINGUE.

M. le Comte DE LA LUZERNE, Lieutenant Général des Armées du Roi, nommé par Sa Majefté au Gouvernement de Saint-Domingue, eft arrivé au Port-au-Prince au mois d'avril de l'année 1786. Ses fervices précédens, les différens emplois qu'il avoit remplis, & le genre connu de fes études favorites, n'avoient pas jufques-là dirigé fon attention vers les intérêts commerciaux de la Métropole & de nos Colonies, vers les connoiffances adminiftratives de ces Ifles précieufes & éloignées, dont le régime ne nous préfente qu'un petit nombre d'analogies avec le fyftême du Gouvernement continental.

Qu'IL me foit permis ici de placer une réflexion entierement à la décharge de celui que j'ai la miffion de dénoncer. Dans un Gouvernement fage, où les places appelle-

-roient le mérite, & où la faveur ne brigueroit pas les places, imagineroit-on jamais de confier un emploi quelconque, un emploi en chef, un emploi éloigné, la réunion de tous les pouvoirs, une vice-royauté enfin, à un homme, quelque probe, quelque diſtingué, quelque éclairé qu'il pût être, qui jamais n'auroit exercé aucune charge légiſlative ou adminiſtrative, & qui par conſéquent ne pourroit ſe préſenter ſous les auſpices de l'expérience, comme ſous ceux de ſa probité ou de ſes talens.

Ce tort du Gouvernement eſt la ſource de ceux que nous ſommes forcés de reprocher à M. de la Luzerne, parce qu'ils ont fait tous nos maux. Dans quel dénuement ne ſe trouva-t-il pas en arrivant à Saint-Domingue ? Nouveau pays, nouveau climat, nouveau régime ; pour tout conſeil, un Intendant & des Flatteurs. Voilà ce dont les Gouverneurs de nos Iſles ſont entourés au moment de leur inſtallation.

M. de la Luzerne, voulant & devant connoître parfaitement toutes les parties d'une Contrée qui a 250 lieues de côtes, partit du Port-au-Prince au mois de décembre 1786, c'eſt-à-dire, huit mois ſeulement après ſon arrivée, & ſe rendit au Cap, la ville la plus intéreſſante de la Colonie, & le ſiége de ſon commerce ; il y demeura 6 jours, & retourna de ſuite au Port-au-Prince, dont il ne fut pas abſent 15 jours. Quelque temps après, il tourna ſes pas vers le Sud de la Colonie. C'eſt la partie la plus délaiſſée juſqu'ici, la moins proſpère, la moins peuplée, la moins avancée en culture ; celle enfin qui préſente le plus d'accroiſſemens poſſibles, & le plus d'efpoir de richeffes. Ce voyage ne fut pas tout à fait fi long que le précédent, & ces deux tournées de 15 jours dans une Ifle immenfe furent LES SEULES que fit le Gouverneur pendant les vingt mois que dura fon adminiftration.

IL eft vrai qu'une opération importante au miniftère, méditée dès long-temps dans le Cabinet, redoutée dès long-temps par la Colonie, & à laquelle elle rapporte tous les maux qui l'accablent, occupa vivement M. de la Luzerne, & dut abforber beaucoup de fes momens. Les vœux de nos Commettans font fi unanimes fur ce point, que je mettrai fous vos yeux leurs propres expreffions, après vous avoir préfenté un tableau raccourci de ce défaftreux événement.

QUELQUES années après l'époque où Saint-Domingue indépendante fe donna à LOUIS-LE-GRAND, ce Prince qui voyoit, dans la profpérité de cet établiffement, la profpérité future de fon Royaume, voulut accorder à fes nouveaux Sujets le plus grand des bienfaits fans doute, la Juftice, qui feule peut maintenir la paix entre les membres du corps focial, ou terminer leurs différens. Il choifit, pour la leur rendre, des habitans integres, qui fe firent, en 1685, un honneur d'être les modeles d'un fyftême judiciaire, à la pureté duquel vos décrets ont rappélé celui du Continent. Ces Patriarches de la famille Coloniale fe firent un devoir de rendre GRATUITEMENT la juftice, & ils ne voulurent recevoir du Monarque que la patente honorable qui les conftituoit en Cour Souveraine. Ce Tribunal établi d'abord

(13)

au Petit Goave , ensuite à Léogane , & depuis trans-
féré au Port-au-Prince , fut pendant seize ans le seul
Corps de magistrature supérieure de la Colonie. Sa
population peu considérable encore , la simplicité des
affaires, la bonne foi des habitans n'excédoient point
les forces de leurs Magistrats, dont le zele étoit à toute
épreuve.

Mais, en 1701, les augmentations rapides qu'avoit
déjà éprouvées Saint-Domingue, ses succès, son accroisse-
sement prodigieux, une suite de défrichemens qui,
dus à l'infatigable activité des Colons, commençoient
à féconder plus de 200 lieues de côtes, multipliant les
rapports, compliquant un peu les affaires, en étendant
le nombre, il devint impossible au Tribunal Patriarchal
de suffire au besoin de tous les habitans ; & Louis XIV,
pour rapprocher la Justice des Justiciables qui s'étoient
fort étendus, établit au Cap François un autre Conseil
Supérieur, sous le même mode que celui qui siégeoit
au Port-au-Prince, & lui traça son ressort.

Ces deux Cours rendirent constamment & gratuitement la justice jusqu'en 1766. Voici, Messieurs, le premier pas important du despotisme vers nos contrées
alors trop heureuses.

Les Gouverneurs & Intendans n'avoient pas été sans
s'appercevoir que des Magistrats propriétaires & gra-
tuits, n'ayant d'autres émolumens que l'honneur & la
considération attachés à leurs places, étoient ordinairement incorruptibles. La faveur, les ordres de la Cour,
les recommandations de l'autorité étoient des êtres de

raifon auprès de ces Patriarches vertueux. On imagina donc, en ce temps corrompu, de les SALARIER ; & fous prétexte de récompenfer leur défintéreffement, on les intéreffa à ne plus fe piquer d'en avoir : tous fe démirent de leurs places. Bientôt le Gouvernement qui s'étoit impofé, à deffein, la charge de payer les Juges, s'empara du droit de les choifir. Bientôt au lieu de les prendre parmi les Colons les plus éclairés fur les loix coloniales, on trouva plus fûr de les envoyer de France à Saint-Domingue, & l'on vit dans nos ports expédier des Navires de Magiftrats, comme des cargaifons de marchandifes.

PARMI ces nouveaux venus, il fe trouva, comme par-tout, vices & vertus. Les uns, efclaves des Adminiftrateurs, ne rendoient d'arrêts que par leurs ordres ; les autres, fideles à leurs fonctions honorables, n'écoutoient que la voix de leur confcience : quand ces derniers faifoient triompher la juftice, les Gouverneurs furieux s'abandonnoient aux derniers excès, & l'on en vit qui, malgré leur honnêteté perfonnelle, emportés vers l'erreur par des confeils paffionnés, ne rougirent pas de faire embarquer de force une Cour Souveraine tout entiere, & de l'envoyer en France, pour la punir d'avoir fait fon devoir.

CEPENDANT, Meffieurs, malgré les abus dont le fyftême judiciaire étoit infecté à Saint-Domingue, comme un grand nombre d'hommes affemblés ne peut fe paffer de Juges, de nouveaux accroiffemens dans une partie de l'Ifle fort éloignée du centre, avoient déterminé les Habitans à folliciter l'établiffement d'un TROISIEME Confeil Supérieur aux Cayes Saint-Louis.

ILS ne fongçoient pas qu'augmenter les Cours de Juf-tice, qui alors avoient une grande influence, c'étoit affoiblir celle du pouvoir exécutif, qui, à l'entendre, n'en avoit jamais affez; mais cette réflexion polito-defpotique fut bientôt fuggérée au Miniftre par un de ces hommes qui, novateurs par fyftême, courtifans par intérêt, intrigans par ambition, paroiffent de temps en temps fur la furface du globe, pour faire le malheur de la Contrée vers laquelle ils tournent leurs pas.

LE SIEUR LA MARDELLE, Procureur Général au Confeil Supérieur du Port-au-Prince, n'eut pas beau-coup de peine à fafciner les yeux d'un Miniftre (*M. le Maréchal de Caftries*) qui, en gagnant des batailles à la tête de nos armées de terre, n'avoit pu s'inftruire du régime judiciaire qui convenoit le mieux à nos Co-lonies.

IL lui perfuada que la demande faite par les habitans de Saint-Domingue, de l'établiffement d'un troifieme Confeil, étoit d'autant plus abfurde, qu'il falloit fuppri-mer un des deux qui exiftoient déjà.

IL lui repréfenta que la Colonie n'ayant plus qu'une feule Cour Souveraine, & cette Cour fiégeant dans la réfidence ordinaire des Adminiftrateurs, il s'établiroit bientôt, entre elle & eux, une liaifon qui mettroit, en peu de temps, tous les Colons dans une dépendance abfolue du Gouvernement.

Il l'affura que l'intérêt des habitans exigeoit cette mefure; que moins il y auroit de Juges, moins il y auroit de procès; & par une de ces difparates qui fembloient alors indigenes en France, tandis que le Chef de la Magiftrature, fous prétexte de rapprocher la Juftice des Jufticiables, créoit dans le Continent une multitude de grands Bailliages; le Miniftre de la Marine éteignoit, pour ainfi dire, à Saint-Domingue le flambeau de la Juftice, en éloignant tellement les Jufticiables de fon fanctuaire, que la plupart ne pouvoient y parvenir qu'après une route pénible & dangereufe de plus de 80 lieues.

M. de la Luzerne, prévenu de ce projet avant fon départ, auroit pu en détourner l'exécution, fi, depuis le mois d'avril 1786, époque de fon arrivée, jufqu'au mois de juillet 1787, époque de la cataftrophe, il eût fondé le vœu des habitans, il eût voulu s'occuper férieufement de leurs intérêts, & fi, défabufant le Miniftre en l'éclairant, il lui eût fait fentir les dangers d'une difpofition qui alloit porter la défolation dans la Colonie.

En dépit du filence criminel qu'il garda fur un objet de cette importance, M. le Maréchal de Caftries recueillit apparemment quelques doutes fur ce point, car, malgré la fermeté de fon caractere, malgré les inftigations preffantes du fieur la Mardelle qui ne le quittoit point, il craignit, au moment de figner l'ordre, de mettre le trouble à Saint-Domingue; & par une efpece de preffentiment de ce qui devoit arriver, il envoya à M. de la Luzerne un ordre particulier de fufpendre la caffation

du

du Conſeil du Cap, ſi la réunion comportoit de grands inconvéniens. Ces inconvéniens incalculables étoient dans toutes les bouches, dans tous les cœurs, ſur tous les viſages; & pourtant l'ordre particulier, envoyé par la prudence, fut célé par l'opiniâtreté; & pourtant l'arrêt deſpotique de la Cour n'en fut pas moins exécuté, malgré le deuil univerſel des habitans, à qui l'on enlevoit leurs Magiſtrats, pour les transférer A SOIXANTE LIEUES de leur réſidence, &, en les réuniſſant à l'ancien Conſeil, mettre le ſceau au malheur de la Colonie.

AINSI, dans cette circonſtance majeure dont vous allez, MESSIEURS, connoître toute l'importance, M. de la Luzerne fut COUPABLE de n'avoir pas prévenu un ordre dangereux; il fut plus COUPABLE de l'avoir exécuté, ayant pu s'y ſouſtraire; il fut plus COUPABLE encore, ne s'y étant pas ſouſtrait, d'en avoir, depuis ſon avénement au miniſtere, maintenu avec opiniâtreté les meurtrieres diſpoſitions.

ET afin, Meſſieurs, que cet abus du pouvoir arbitraire acquiere à vos yeux toute l'importance qu'il doit avoir, je terminerai l'eſquiſſe que je viens de vous tracer, en remettant mon foible pinceau entre les mains de mes Commettans; ce ſont eux-mêmes qui vont peindre & parler.

Voyez à la fin du volume les pieces juſtificatives du premier chef de dénonciation.

VOUS venez, MESSIEURS, de prendre connoiſſance des propres expreſſions de mes Commettans; leurs raiſonnemens me ſemblent concluans, leurs plaintes me ſemblent juſtes, leurs maux me ſemblent grands. M. de la Luzerne en eſt l'auteur & le ſoutien. Avois-je le choix de le dénoncer, ou de garder le ſilence ? Non, ſans doute ; écho fidèle de leurs doléances, je devois vous en tranſmettre les accens ; mais dès qu'ils ont parlé ſur un ſujet, je dois me taire, & que pourrois-je ajouter à ce que vous venez d'entendre ?

SECOND CHEF DE DÉNONCIATION.

GRAND CHEMIN DU CAP. — MENSONGE PUBLIC. — CORVÉES ARBITRAIRES. — DÉPENSES ÉNORMES ET INUTILES.

L'OBJET dont j'ai l'honneur de vous entretenir, MESSIEURS, vous paroîtra d'abord avoir quelque rapport avec l'article précédent ; mais le point de vue ſous lequel je ſuis chargé de vous le préſenter, l'en ſépare tellement, qu'il devient un motif abſolument diſtinct d'un reproche TRÈS-GRAVE que la Colonie de Saint-Domingue éleve contre ſon ancien Gouverneur. Il ne s'agit de rien moins que d'un FAUX MATÉRIEL & public en adminiſtration, dont il ne nous ſera pas difficile de prouver la réalité juſqu'à l'évidence.

LORSQUE le précédent Miniſtre de la Marine adopta pour notre malheur le projet déſaſtreux de la réunion des Conſeils, il ne s'étoit pas donné le loiſir d'en peſer toutes les conſéquences ; mais dans l'intervalle de temps qui s'écoula entre la détermination du Gouvernement, & l'exécution du plan, frappé de quelques objeƈtions que de bons efprits eurent le courage de lui préfenter, il commença, comme j'ai eu l'honneur de vous le dire, à avoir quelques doutes fur la poffibilité du fuccès. On lui dit entre-autres : « Le Cap eft la ville la plus florif-» fante de la Colonie, le fiége du commerce, celle où » il fe fait le plus d'affaires, celle par conféquent où » les difcuffions entre l'acheteur & le vendeur doivent » être plus fréquentes. Comment voulez - vous que » tous fes habitans quittent leurs manufactures & » leur commerce, pour aller plaider à 60 lieues de » diftance ?

« Soixante lieues, dit probablement le Mi-» niftre, ne font pas un obftacle à citer : en pofte, c'eft » l'affaire de deux jours; mais, répliqua l'Obfervateur, » vous jugez Saint-Domingue comme la France, & » vous ignorez fans doute qu'il n'y a point de grands » chemins à Saint - Domingue; que la route du Cap » au Port-au-Prince eft coupée de montagnes à pic, » de rivieres fans ponts, de fleuves dangereux, de » torrens rapides; que le pavé y eft inconnu, que le » fable eft calciné, que le climat eft brûlant; qu'il » n'y a ni poftes, ni relais, ni voitures publiques, ni » auberges; que pendant plufieurs lieues l'on ne peut » cheminer qu'à cheval, & qu'à cheval, il eft peu » d'hommes qui puiffent foutenir l'ardeur d'un foleil » ardent, qu'aucun nuage ne tempère; qu'ainfi le » voyage par terre, souvent mortel, eft prefque im-» poffible aux Européens. Je conviens qu'on peut aller » par mer; mais outre que la route eft bien plus » longue, outre qu'elle eft abfolument interceptée en

» temps de guerre, les écueils font fi multipliés le
» long des côtes, que la prudence ne permet pas de
» confier à des rifques imminens, des titres précieux, des
» pieces originales dont la perte feroit irréparable ; & les
» bâtimens du cabotage font d'ailleurs tellement incom-
» modes, que ceux mêmes qui bravent tout, y re-
» gardent à deux fois, lorfqu'il s'agit, pour aller voir
» un avocat ou folliciter un rapporteur, de fe livrer
» au perfide élément pendant plufieurs femaines ; car
» il arrive fouvent que la traverfée du Cap au Port-
» au - Prince eft de 15 jours, & que le retour eft plus
» long ».

CETTE obfervation étoit fans réplique , & il n'y a
pas de doute qu'elle influa beaucoup fur le parti que
prit le Miniftre d'envoyer à M. de la Luzerne CET OR-
DRE PARTICULIER qui l'autorifoit à fufpendre , fi les
inconvéniens lui paroiffoient trop graves. Que fit - il,
MESSIEURS? De concert avec ce malheureux la MAR-
DELLE , qui avoit ourdi toute cette trame , & avec le
Sieur de MARBOIS , Intendant, qui jouera un rôle
fâcheux dans ce Mémoire, il fe crut affuré de lever
tous les fcrupules du Miniftre, en lui CERTIFIANT que
des *chemins fuperbes* ameneroient de toutes parts ,
avec facilité, les Jufticiables dans le temple de la Juftice. M. le Maréchal de Caftries ne put réfifter à ce motif
déterminant. Il n'étoit pas dans fon ame de foupçonner
qu'il pût exifter entre trois de fes créatures une coalition criminelle , dont le feul but fût de le flatter ,
de l'abufer, & de facrifier la chofe publique à leur
Intérêt perfonnel.

Il envoya donc l'édit qui devoit frapper le coup fatal : mais comme s'il avoit prévu que cette loi PROVOQUÉE auroit un jour des suites funestes , il eut soin de déposer dans l'acte même sa justification future , & il ne manqua pas d'insérer dans le préambule, pour principal motif de la réunion des Conseils, *la belle communication des chemins* : c'est-à-dire, que dans un acte public, revêtu du sceau royal, & censé émané du Monarque en personne, trois Agens, PAYÉS par lui pour l'éclairer, LE TROMPOIENT sciemment; & sous l'égide de l'éloignement ou de la faveur, publioient sans pudeur un MENSONGE avéré, un FAUX matériel, bien propre à compromettre le nom sacré du Souverain, si un peuple entier, témoin de l'imposture, n'en avoit, dans sa justice, hautement nommé les auteurs.

Je dois me hâter ici d'aller au devant d'une objection simple & très-forte. « Puisque *cette belle communication* n'existoit pas , me dira-t-on, l'erreur du ministre n'aura pas été de longue durée ». Pardonnez-moi , MESSIEURS, *cette belle communication des chemins*, qui motivoit une réunion des conseils si redoutée , n'étoit pas dénuée de tout fondement. Elle existoit déjà dans la tête des trois provocateurs de l'édit. Dans cette tournée de quinze jours qu'avoit faite M. le Gouverneur, pénétrant d'un regard les cîmes des montagnes & les masses des forêts, il avoit saisi tous les moyens d'exécuter un chemin de quatre-vingts lieues ; & aidé dans ce travail important, non d'aucun des Ingénieurs de mérite, qui, depuis de longues années, habitoient la Colonie & en connoissoient le sol, mais de nouveaux

Ingénieurs récemment arrivés de France, aussi-tôt la réunion des conseils exécutée, ce beau chemin, qui en avoit été le principal motif, FUT ENTREPRIS avec une activité infatigable.

ON commença par demander des CORVÉES aux habitans riverains ; ils s'y prêtèrent. Leurs forces épuisées, on en exigea de ceux qui demeuroient au loin. Ils envoyèrent, avec une extrême répugnance, des Nègres à dix, quinze, vingt lieues de chez eux, au grand détriment de leurs manufactures & de la santé de leurs ateliers. Bientôt des ordres de rigueur furent promulgués ; bientôt on les exécuta avec plus de rigueur encore. Tandis que le Gouvernement, en France, SUPPRIMOIT la corvée, le Gouverneur, à Saint-Domingue, ÉTABLISSOIT la corvée. Mais la corvée fut insuffisante, parce que les Ingénieurs de France n'avoient pas prévu tous les obstacles inhérens au sol de Saint-Domingue. Alors, MESSIEURS, pendant que cinq cents Nègres, appartenans au Roi, servoient au luxe abusif des Administrateurs subalternes , les Administrateurs en chef eurent recours à la caisse publique. Le Gouverneur & l'Intendant ouvrirent ce canal par où s'écoule la substance des Peuples. On dissipa, pour un ouvrage impossible, des sommes que le discernement auroit pu appliquer à des établissemens utiles. L'entretien des bâtimens publics fut négligé, celui des fortifications oublié, les travaux de l'artillerie interrompus, le salut de la Colonie sacrifié par l'opiniâtreté à la justification des œuvres déplorables du ministère & de ses agens. Par-tout les Administrateurs forcèrent de moyens ; par-tout la nature se rit de leurs efforts ; enfin,

(23)

MESSIEURS, la réunion défaftreufe des confeils a été publiée
il y a trente mois. Le chemin, dont *la beauté* l'excufoit
en quelque forte, a été commencé il y a trente mois; mais
la réunion a été confommée en vingt-quatre heures,
& le chemin n'eft pas fait au bout de deux ans & demi.
Mais la réunion n'a coûté qu'un édit au defpotifme,
& des larmes aux Peuples, & le chemin a coûté des
SUEURS aux malheureux, des HOMMES à la Colonie,
& DEUX MILLIONS à la caiffe.

AINSI, dans ce fait grave, dont vous allez connoître
toute la vérité, M. de la Luzerne fut C O U P A B L E
d'avoir trompé le Miniftre, en lui fourniffant comme
un fait, un moyen MATÉRIELLEMENT FAUX; il fut plus
COUPABLE d'avoir voulu juftifier fon affertion par des
moyens deftructeurs de l'humanité; il fut plus COUPABLE
encore d'avoir, depuis fon avénement au miniftère, per-
fifté avec opiniâtreté dans des difpofitions fi pernicieu-
fes pour l'intérêt général, & à jamais inutiles.

Voilà mon récit, Meffieurs, permettez à mes Commettans d'en fanctionner la fcrupuleufe exactitude.

Voyez ci-après les pieces juftificatives.

IIIᵉ. CHEF DE DÉNONCIATION.

*ARRÊTEMENT SCANDALEUX D'UN CITOYEN INNO-
CENT, ET JUGEMENT ARBITRAIRE ET INJUSTE.*

LES devoirs d'un Vice-Roi de l'Amérique ne fe bor-
nent pas, MESSIEURS, vous le favez, à l'adminiftration

en grand des Provinces de fa domination ; tous les pouvoirs ont réfidé jufqu'ici dans fa main & dans celle de l'Intendant fon collègue, & fi ce fyftême anti-conftitutionnel étoit deftructif de la liberté, au moins fembloit-il impofer à l'Adminiftrateur fupérieur la loi de furveiller avec vigilance les intérêts des citoyens dont il pouvoit être, à fon choix, le defpote ou le père. Si, abforbé par la multitude des affaires, il lui étoit quelquefois difficile d'étendre fes foins paternels fur tous les individus, au moins devoit-il ne jamais paroître que la balance de la juftice à la main, & en maintenir fcrupuleufement l'équilibre. La prévention qui l'auroit fait pencher, l'opiniâtreté qui auroit approuvé cette inégalité, devenoient, aux yeux des Colons, des délits d'autant plus graves, que, contre les injuftices de ces PRESQUE SOUVERAINS, il ne leur reftoit qu'un Miniftre fréquemment prévenu, fouvent inacceffible, & le défefpoir.

JUGEZ, MESSIEURS, de celui auquel dut fe livrer le citoyen malheureux dont j'ai l'honneur de vous expofer les griefs.

UN ancien Officier, retiré du fervice, affranchi de tout affujettiffement, déformais CITOYEN paifible, avoit acquis un terrein au Cap, fur lequel il imagina de conftruire cinq maifons dont les loyers devoient augmenter fa fortune & celle de fes enfans.

SES bons & loyaux fervices n'avoient pu lui mériter les bonnes graces du fieur JAUVAIN, Commiffaire-Ordonnateur, & créature de l'Intendant MARBOIS, lequel s'étoit déclaré avec indécence L'INSTITUTEUR de M. de la Luzerne, qui le trouvoit bon. Cet Officier subalterne, enorgueilli de la faveur du conseil du Vice-Roi, crut qu'il lui seroit aisé de ruiner à jamais un citoyen qu'il n'aimoit pas. Il lui laissa avancer la construction de ces maisons, & quand le propriétaire eut versé dans cette bâtisse des fonds considérables, ou pris des engagemens importans, le sieur JAUVAIN lui fit signifier d'avoir à retirer ses ouvriers d'un terrein qui *appartenoit au Roi.*

CETTE signification fut un coup de foudre pour le constructeur. Il écrivit à M. de la Luzerne, alors Gouverneur, & lui représentant l'injuste réclamation du sieur Jauvain, il lui demanda des Juges. M. le Gouverneur nomma des Examinateurs parmi lesquels il n'eut pas honte de placer le sieur Jauvain lui-même. Le citoyen lézé, voyant SA PARTIE au milieu de SES JUGES, crut devoir en faire l'observation au Général; mais le Général persista, & le sieur JAUVAIN n'ayant pas eu la délicatesse de se récuser, l'apport des titres eut lieu en sa présence. Heureusement qu'il avoit des Collègues; les pièces & les plans furent mis sous les yeux, & après sévère examen, il se trouva, non pas que le citoyen avoit usurpé sur le terrein du Roi, mais que le sieur Jauvain, au nom du roi, avoit empiété de soixante pieds sur le terrein du citoyen.

CETTE découverte bien constatée mortifia singulièrement le sieur Jauvain, & dans le combat qui se livra dans sa petite tête, entre l'aveu d'une fausse imputa-

tion & la morgue de fa place, il s'oublia au point d'in-
jurier cruellement par un DÉMENTI FORMEL, un ancien
Officier auquel il auroit pu, fans fe dégrader, faire
quelques excufes.

L'OFFENSÉ eut le mérite bien rare de la modération. Il
ne fe permit ni un gefte ni un propos, mais il écrivit fur
l'heure à M. de la Luzerne pour le prier de lui faire faire
une réparation convenable. Ce Général ne fe crut pas
permis de prononcer fans en référer à l'Intendant, fon
confeil; & ce dernier ne pouvant fe réfoudre à mettre
fon favori Jauvain à cette épreuve, il fut convenu que
M. le Gouverneur écriroit une lettre MIELLEUSE, par
laquelle on efpéroit de terminer cette affaire.

L'HONNEUR outragé ne compofe point avec lui-
même. L'offenfé infifta auprès du Général, & ce Général, bleffé de cette noble remontrance, donna l'ordre,
bien imprudent fans doute, d'arrêter le plaignant. Des
GRENADIERS commandés pour cette exécution tyrannique; vinrent en plein jour SAISIR, au milieu de fes
ouvriers, un CITOYEN paifible fur ce terrein même,
dont le feul crime étoit d'avoir prouvé par fes titres
qu'il avoit la propriété. Traîné au Fort *Picolet*, une
prifon l'y attendoit : il y entra avec fon innocence, &
au bout de cinq jours, il en fortit avec tranquillité, pour
être conduit avec fcandale à bord d'une frégate qui le
tranfporta à foixante lieues de chez lui, au Port-au-
Prince, réfidence des fatrapes de ce malheureux pays.

EN débarquant, des Officiers-Majors vinrent le rece-

voir , & le conduifirent avec appareil au palais du Gouverneur. Un CONSEIL DE GUERRE étoit affemblé , &
le Vice-Roi s'en étoit à lui - même réfervé la préfi-
dence. Aucune ordonnance , aucune loi n'attribue au
Général le droit de tenir un femblable Confeil dans un
femblable cas ; mais je ne m'arrêterai point fur cette
tranfgreffion. Peut-on chercher l'obfervance des règles
dans la violation de toutes les lois ? Le fait eft que le
Confeil de guerre eut lieu en mars 1787.

LA parut comme un criminel , pour être jugé militai-
rement , un ancien & brave officier qui s'étoit plaint à
fon fupérieur d'avoir reçu une offenfe grave , & qui
l'avoit inftamment conjuré de punir L'AGRESSEUR.
Cette fcène , digne des Nababs de l'Inde , s'ouvrit à huit
heures du matin , & dura jufqu'à une heure après midi.
Entre le prétendu coupable & les juges , on paffa cinq
heures entières à chercher un crime , & le foupçon d'une
faute légère. même ne fe trouva pas. Les fix Officiers
que le Gouverneur s'étoit adjoints pour former de tribunal extraordinaire , rougiffoient du rôle auquel on les
avoit affociés ; les yeux baiffés , n'ofant ouvrir la bouche , ils attendoient avec embarras le dénouement.

LE VOICI , MESSIEURS. M. le Préfident du Confeil ,
M. le Gouverneur , fans faire un tour d'opinions , fans
recueillir les voix , fe leve , déclare que le Confeil de
guerre eft fini , & que *l'accufé gardera pendant trois
jours les arrêts.*

TROIS JOURS LES ARRÊTS ! & c'étoit pour lui ordon-

ner les arrêts qu'on avoit arraché de ses foyers avec éclat, qu'on avoit enlevé à des affaires les plus intéressantes pour sa fortune, à des constructions commencées, qu'on avoit resserré dans une prison, qu'on avoit embarqué avec scandale, qu'on avoit exposé dix jours aux dangers de la mer & à ses incommodités, & qu'on avoit fait comparoître sans accusation devant un tribunal imposant, un ancien serviteur du Roi, un citoyen estimé, un pere de famille, pour lui dire : « De par le pou-
» voir arbitraire qui m'a été confié, je vous mets aux
» arrêts. Vous n'aviez pas tort, mais vous aviez déplu
» à M. l'Intendant en la personne de son subdélégué
» Jauvain. Je vous ai fait faire un voyage long & péni-
» nible ; vous voilà au milieu de votre course, retour-
» nez chez vous en courant les mêmes dangers, & sou-
» venez-vous que si je ne vous ai pas fait l'injustice de
» vous punir, je ne vous ai pas rendu la justice de vous
» venger ».

AINSI, dans cet abus révoltant d'autorité dont plusieurs témoins s'assoient parmi nous, & dont le plaignant lui-même avoit obtenu pour y siéger les suffrages de ses Compatriotes, M. de la Luzerne fut COUPABLE d'avoir obstinément nommé pour arbitre un homme suspect & récusé ; il fut plus COUPABLE de n'avoir pas osé punir une injure dans le favori de son favori, quand l'honneur exigeoit cette satisfaction, & que la modération la réclamoit de sa justice ; il fut plus COUPABLE encore d'avoir attenté avec éclat à la liberté d'un citoyen, d'avoir mis sa vie en danger, sa fortune en péril, son innocence en doute ; de lui avoir avec opiniâtreté

refufé toute fatisfaction de la part de fon agreffeur, &
de l'avoir, par un arrêtement arbitraire, puni très-
injuftement, puifqu'en définitif, le tribunal, arbitraire
lui-même, n'a pas trouvé matière à la plus légère
punition.

Voila mon récit, Messieurs. M. le Chevalier
de Courrejolles, Député fuppléant de Saint-Domingue à l'Affemblée Nationale, eft la victime que
je viens de citer. Nos Collegues font fes témoins. La
correfpondance des parties en eft la preuve ; je la dépofe entre vos mains, fans y joindre aucune obfervation.

Voyez ci-après les pieces juftificatives.

IVᵉ. CHEF DE DÉNONCIATION.

*CITOYENS VENDUS A UN AVENTURIER POUR LES
PUISSANCES ÉTRANGÈRES.*

Un Adminiftrateur fouverain, qui, par prévention,
opiniâtreté ou vengeance, compromet l'exiftence, la
réputation ou la liberté d'un citoyen, eft fans doute
bien coupable aux yeux de l'humanité & de la loi ;
mais que dira-t-on de celui qui, au mépris de tous
les droits de l'homme & de tous les principes, a fait,
ou du moins a laiffé faire fous fes yeux un TRAFIC
HONTEUX & barbare de la LIBERTÉ & DE LA VIE
d'un grand nombre d'hommes fur lefquels il n'avoit
aucun droit que par la loi?

VERS les commencemens de l'année 1787 , un de ces hommes entreprenans , aftucieux , déterminés , qui s'introduifent par-tout parce qu'ils font fans pudeur , & qui tentent tout parce qu'ils n'ont rien à perdre , arrivé depuis quelque temps à Saint-Domingue , s'etablit au Port-au-Prince. Il s'appeloit VIDAL. La tournure de ce particulier , fon ton , fes projets auroient pu donner des foupçons à un homme moins méfiant que M. de la Luzerne ; mais l'adreffe de cet homme fuppléa à tout ; il fe faufila chez le Gouverneur , lui plut , devint fa fociété , & reçut , comme on va le voir , des preuves non équivoques de fa confiance.

JE ne vous rapporterai pas , MESSIEURS , les motifs de Vidal , ni les détails de fa négociation. Un voile épais a couvert des conférences très-fecretes , & l'enquête que vous ordonnerez pourra feule percer ce myftère d'iniquité. Tout ce que je puis vous expofer , ce font les réfultats , & ces réfultats font auffi intéreffans pour ceux qui veulent s'inftruire des abus de notre Gouvernement , que fâcheux pour ceux qui en furent les coopérateurs.

D'APRÈS quelques entretiens de Vidal avec M. le Gouverneur , la rigueur de la police redoubla. La moindre rixe entre les Citoyens , le plus léger foupçon d'ivreffe étoient punis par une INCARCERATION , à laquelle on ne prit pas garde d'abord , mais qui s'expliqua facilement après l'événement. Quelle fut la furprife de tous les habitans , lorfqu'au mois de Mars de l'année 1787 , après bien des entrevues de M. de la Luzerne

& de son nouveau proxenete, la geole s'ouvrit, &
l'on en vit sortir processionnellement, à plusieurs re-
prises, 4 à 500 hommes blancs, marchant deux à deux,
dont plusieurs ENCHAÎNÉS & serrés par des MENOTTES,
s'avançoient tristement vers le port; diverses embarca-
tions les reçurent, & la petite flottille fit voile, partie
vers PORTO-BELLO, & partie vers CARTHAGÈNE. Le
sort des premiers nous est demeuré inconnu; quant aux
autres, guidés par le fidèle VIDAL, ils jettèrent l'ancre
auprès d'un port situé dans une rade de la possession
espagnole; nos malheureux compatriotes y furent débarqués. Leur scélérat ravisseur se rendit à terre, vit les
Commandans pour le Roi d'Espagne, traita avec eux,
termina ses affaires, & ne reparut plus.

PEU après son départ, un détachement de troupes
espagnoles fut introduit dans le Fort, & la baïonnette
au bout du fusil, détermina en peu de momens, des
infortunés sans armes, à arborer la cocarde rouge, & à
s'engager LIBREMENT au service d'Espagne. Comme
pourtant leur bonne volonté n'étoit pas encore éprouvée, on les pria de se soumettre à la précaution des
MENOTTES; & sous une escorte convenable, on les con-
duisit ainsi, MESSIEURS,.... jusqu'à QUITTO, capitale
du royaume de ce nom, situé à 500 lieues dans les terres;
là, on leur ôta leurs chaînes, & on les incorpora avec
les troupes qui gardent le pays.

PLUSIEURS étoient morts en chemin, de fatigue & de
misere; d'autres, pressés de ce besoin naturel par lequel
l'homme s'élance vers la liberté, tenterent de s'échap-

per de Quitto , & déferterent ; on en attrapa beaucoup qui, fuivant la loi du pays , furent envoyés aux
mines. On ne peut pas douter que la majeure partie
de ces infortunés françois n'ait péri dans l'extraction
pénible de ces métaux, qui, parmi nous, repréfentent
tout, jufqu'au fang des malheureux qui les arrachent
aux entrailles de la terre ; mais un petit nombre d'entre
eux échappa aux recherches , & fe livrant aux courans
des diverfes rivieres qui arrofent ces contrées, & qui
fe jettent les unes dans le fleuve des Amazônes, les
autres dans l'Orenoque, ils defcendirent, au milieu de
mille morts, jufqu'à la Guyanne, & à Caïenne, d'où
plufieurs SONT REVENUS à Saint-Domingue.

C'EST à ces victimes du defpotifme que l'on doit le
récit que vous venez d'entendre. Libre aux partifans des
Miniftres d'en révoquer en doute l'exactitude ; mais
ils nieront difficilement un fait NOTOIRE & bien grave
que je ne me fuis pas permis de citer fans temoignages :
c'eft l'embarquement public , & fans jugement, de 4
ou 500 blancs privés de leur liberté , & chargés de chaî-
nès. Quels étoient-ils ? où alloient-ils ? M. de la Luzerne fatisfera fans doute à ces queftions ; mais quand
il rejetteroit cette exécution arbitraire fur quelque ordre
inhumain, il fut COUPABLE de ne s'être pas généreufe-
ment refufé à en être l'inftrument ; il fut plus COUPABLE,
s'il n'avoit point d'ordre, d'avoir abufé de fon autorité
fuprême, pour fe laiffer aller aux infinuations criminelles
d'un aventurier méprifable, pour le compte duquel il
permettoit une vile preffe dont il devenoit le complice.
Il fut plus COUPABLE encore d'avoir dévoué à un bannif-

fement

fement éternel, & l'on peut dire A LA MORT, des François retirés près de lui fous la fauve - garde du droit des gens, que fon devoir lui prefcrivoit de faire juger s'ils étoient criminels, ou de ne pas punir s'ils étoient innocens.

MILLE témoins oculaires nous ont dénoncé ce fait atroce dont la notoriété a fouleyé l'indignation des amis de l'humanité. La clameur publique confacrera ces témoignages, auxquels il feroit facile d'en joindre un grand nombre par écrit.

Voyez ci - après les pieces juftificatives du quatrieme chef.

Vᵉ. CHEF DE DÉNONCIATION.

REFUS OBSTINÉ DE LETTRES DE CONVOCATION A LA COLONIE DE SAINT-DOMINGUE.

APRÈS ce que vous venez d'entendre, ce feroit, MESSIEURS, abufer de vos momens, que d'accumuler ici plufieurs abus d'autorité, qui, prenant leur fource dans les principes arbitraires qui dirigeoient M. de la Luzerne, ne vous étonneroient plus. Ainfi, je ne vous ferai point la longue énumération de tous ces actes tyranniques que L'HABITUDE du defpotifme rendoit chez lui prefque involontaires. Mais après vous avoir dévoilé quelques-uns des abus de fon GOUVERNEMENT, il convient de vous expofer les torts de fon MINISTERE, & de vous entretenir des plus grands intérêts de la colonie.

LE premier de tous, MESSIEURS, d'après ce qui vient

de vous être expofé, étoit, fans contredit, de fe fouftraire à un Gouvernement dont les excès portés à leur
comble, & parvenus au dernier degré du defpotifme
oriental, étoient d'autant plus infupportables, qu'ils
contraftoient plus fortement avec les loix douces &
égales qui régiffoient un continent voifin ; mais l'amour
des Colons pour leur Roi, leur attachement inviolable
pour la France, leur feconde patrie, ne leur permettoit
d'entrevoir les douceurs d'un régime moins tyrannique
que dans la juftice & la bonté du Souverain.

L'EMBARRAS étoit de parvenir jufqu'à lui. Hélas !
bien plus près de fa perfonne, il étoit quelquefois fi
difficile de fe faire entendre ! .... Quel obftacle de plus
qu'un éloignement de deux mille lieues? Peut-être malgré
les cris de notre défefpoir, n'aurions-nous jamais pu le
franchir, fi dans fa bonté paternelle notre Souverain
n'avoit jugé à propos d'appeler fans diftinctions auprès
de lui *tous les fujets* de fon empire.

SES lettres de convocation que vous connoiffez tous,
mais dont les expreffions précieufes doivent être citées
dans cet ouvrage, parce qu'elles établiffent un contrafte
frappant entre la bonté du Monarque & la dureté de fon
Délégué ; fes lettres, dis-je, n'excluoient qui que ce
fût, & comme auffi elles ne nommoient perfonne, &
qu'elles étoient deftinées à tous, chacun de fes Miniftres
dut être RESPONSABLE de l'exactitude avec laquelle il
les feroit parvenir dans les provinces de fon département.

SOUS ce rapport, MESSIEURS, le Secrétaire d'Etat de

la Marine auroit-il dû oublier nos poſſeſſions des deux Indes, & oſeroit-il même traiter D'OUBLI une négligence qui touchoit ſi eſſentiellement à la conſervation de ces précieuſes contrées ? Ne craindra-t-il pas qu'un ſoupçon, trop aiſé peut-être à juſtifier, ne lui prête le deſſein criminel d'avoir voulu ſouſtraire à l'empire heureux de la liberté publique que la Nation demandoit, & que le Roi promettoit, des peuplades immenſes qui n'apportoient à ce bienfait général d'autres ſignes de réprobation, que d'être ſituées au delà des mers.

NON, MESSIEURS, M. de la Luzerne ne dira pas, ni qu'il a oublié les colonies, ni que l'époque fixée pour l'ouverture des Etats Généraux rendit la convocation de toutes les colonies impoſſible. Ce beſoin de la liberté, qui eſt le premier de tous chez l'homme, avoit parlé au cœur de nos compatriotes. SAINT-DOMINGUE, que j'ai ſouvent appelé la CAPITALE de nos Iſles, avoit tout prévu, & ſon activité ne laiſſoit rien à faire à la diligence du Miniſtre de la Marine.

LES lettres de convocation de Sa Majeſté ne parurent, il eſt vrai, que le 24 janvier 1789 ; & véritablement depuis cette époque juſqu'au 4 de mai, il eût été comme impoſſible de recevoir les Députés de nos colonies ; je ſais bien qu'ils auroient pu, ſans inconvénient, arriver après l'ouverture des Etats ; mais je n'ai pas beſoin d'avoir recours à ce moyen.

DÈS le mois d'avril 1788, la Province du NORD, avertie des intentions annoncées par le Roi, de convo-

quer bientôt les Etats Généraux de son royaume, avoit
éprouvé un mouvement qui ne tarda pas à se propager
dans toute la colonie. De bons Citoyens s'assemblerent,
ILLICITEMENT peut-être, mais non pas ILLÉGALEMENT.
Ils firent des réflexions sages sur leur position; ces réflexions circulèrent; des Comités se formerent, ils s'ac-
crurent; enfin presque tous les propriétaires de la colonie réclamant l'union de leurs compatriotes résidant en
France, leur adresserent des mémoires, des doléances, &
des POUVOIRS très-étendus, à l'effet de nommer des Commissaires qui pussent s'occuper efficacement de solliciter
le souvenir du Monarque, & des lettres de convocation pour la session des Etats Généraux qui devoient
prochainement s'ouvrir.

LES Colons résidant en France, animés d'un enthou-
siasme patriotique, se coalisèrent avec ceux qui résidoient
à Saint-Domingue. Un grand nombre de ceux de Paris,
de tous les Ports, & des Provinces, se réunirent en personne, ou par adhésion, & élurent NEUF COMMISSAIRES,
tous Propriétaires dans la Colonie, auxquels on donna
pour instruction principale, celle de procurer aux Représentans de Saint-Domingue une ADMISSION solemnelle dans cette Assemblée si désirée, d'ou devoit sortir
la liberté & le bonheur de la France.

VOUS jugerez, MESSIEURS, si ces Commissaires ont
rempli leur mission; mais vous n'imagineriez jamais
les obstacles renaissans sous leurs pas, dont il nous a
fallu triompher pour parvenir jusqu'à vous. Cependant
nous n'avions qu'UN SEUL contradicteur, qu'UN SEUL

oppofant, qu'UN SEUL ENNEMI, le Miniftre de la Marine; lui, par état, notre protecteur, notre foutien,
notre appui. Et remarquez pourtant, MESSIEURS, combien il eft effentiel que je vous prouve que toutes fes
démarches tendoient à nous fermer le fanctuaire de la
liberté : car fi je parviens une fois à vous le démontrer, il fera clair alors, ou qu'il avoit conçu le projet
de conferver fur nous fon tyrannique empire, & de
régner feul par le defpotifme, au milieu d'une Nation
libre déformais, ou qu'il craignoit que nos voix ne fe
fiffent entendre, & ne révélaffent des fecrets qu'il lui
importoit de cacher. Eh bien, MESSIEURS, je vais
vous prouver, jufqu'à L'ÉVIDENCE, cette propofition
importante.

LE 4 Septembre 1788, nous nous préfentâmes au
Miniftre de la Marine avec des POUVOIRS revêtus de
plus de QUATRE MILLE SIGNATURES de toutes les parties de l'Ifle & de toutes les Provinces de France ; il
ne voulût ni lire les pouvoirs, ni même fe prêter à
regarder les fignatures.

Nous lui remîmes une lettre pour Sa Majefté, &
une pour lui, toutes deux explicatives du vœu de nos
Commettans ; celui d'être appelés aux Etats Généraux.
Il les lut, fe récria, dit que c'étoit s'y prendre trop
tard, & nous renvoya à quinzaine.

Nous fûmes exacts. Il nous affura qu'il avoit remis
notre lettre à Sa Majefté, qu'il en avoit fait le rapport au Confeil le 11 du même mois, & que le Confeil

C 3

avoit prononcé, — Quoi, s'il vous plaît, M. le Comte? — *C'eſt, Meſſieurs, ce que vous ne ſaurez jamais ; le Roi me l'a défendu ; c'eſt le ſecret de l'Etat.* Ce n'étoit pas *le ſecret de l'Etat ;* le Roi ne l'avoit pas défendu ; mais le fait eſt que nous ne l'avons jamais ſu , & que nous l'ignorons encore. Avec de ſemblables déciſions, un Miniſtre demeure maître de la campagne , & un Royaume entier reſte dans les fers du deſpotiſme.

NouvELLES lettres de notre part au Roi & à tous les Miniſtres. Toutes ſont renvoyées à M. le Comte de la Luzerne , & *le ſecret de l'Etat* qui veille autour de lui, empêche l'eſpérance même de tranſpirer juſqu'à nous.

DEUX mois ſe paſſent dans cette anxiété. Les NoTABLES ſont aſſemblés , & tout auſſi-tôt les Colons ſe préſentent devant eux avec leurs pouvoirs, leurs inſtructions, & leur ignorance ſur *le ſecret de l'Etat.*

UNE liſte de queſtions avoit été envoyée aux Notables par le Conſeil du Roi. Peu , ſans doute , étoient auſſi importantes que celle dont nous demandions la ſolution ; elle n'avoit point été omiſe ſans deſſein. Cependant elle parut d'une telle conſéquence aux préſidens des divers bureaux qu'ils voulurent tous la traiter, qu'ils nous l'écrivirent , & qu'ils s'en occupèrent. Une défenſe MINISTÉRIELLE vint enchaîner leur patriotiſme , & nous empêcher de découvrir *le ſecret de l'Etat.*

AINSI renvoyés de toutes parts au Miniſtre , & toujours repouſſés par le Miniſtre , tandis que la liberté
ſurgiſſoit de toutes parts , nous fûmes les derniers jouets
du deſpotiſme ; & ſi M. le Comte de la Luzerne fut
COUPABLE de n'avoir point appelé les Colons François,
comme les Corſes, à l'Aſſemblée de la grande famille,
il fut plus COUPABLE d'avoir repouſſé le vœu bien
prononcé de Saint-Domingue, lorſque quatre mille
propriétaires le faiſoient entendre, & qu'il ne lui étoit
pas poſſible, dans ſa conſcience, de douter de l'évidente
majorité de ce vœu contre lequel l'intrigue n'avoit pas
encore ſoulevé un ſeul oppoſant ; enfin il fut plus
COUPABLE encore d'avoir ſuſcité , contre les juſtes &
patriotiques demandes des Colons , les Miniſtres ſes
Collegues, le Conſeil du Roi, & les Notables; d'avoir
étouffé les voix plaintives d'un Peuple malheureux ;
de lui avoir ſoigneuſement fermé toutes les avenues du
Trône ; de l'avoir placé dans la dure alternative , ou de
ployer la tête ſous le joug , ou de la relever par une
inſurrection qui pouvoit avoir des ſuites dangereuſes ; &
de n'avoir eu d'autre motif de tant d'oppoſitions, que
le déſir de conſerver, dans les deux mondes, un Empire
abſolu, arbitraire, tyrannique, auquel je conviens qu'il
eſt pénible de renoncer, quand on en a fait le principe
de ſon cœur & l'habitude de ſa vie.

POUR prouver , MESSIEURS , combien le vœu des
Colons étoit énergique, & combien ſa vérification étoit
facile , je ne puis mieux faire que de vous inviter à
conſulter mes COMMETTANS eux-mêmes. Les expreſſions qu'ils ont adreſſées tant de fois au ſieur LA MAR-

DELLE , Procureur général, au fieur MARBOIS , l'Intendant, & par nôtre organe & leurs écrits, à M. le comte
DE LA LUZERNE , Miniftre, qui nous a toujours écoutés,
mais qui n'a jamais voulu nous entendre, ne vous laif-
feront aucun doute fur la véracité de nos affertions,
d'après lefquelles nous avions cru qu'il étoit poffible au
Confeil de nous écouter, permis aux Notables de dif-
cuter , prefcrit au Miniftre de nous appeler ; il ne l'a
pas fait, la Colonie s'en plaint amerement ; vous le
jugerez. ,

Voyez ci-après , les pieces juftificatives du cinquieme chef.

VIe. CHEF DE DÉNONCIATION.

*OBSTACLES MIS DANS LA COLONIE A LA NOMINA-
TION DE SES DÉPUTÉS AUX ÉTATS GÉNÉRAUX.*

JUSQU'ICI , MESSIEURS , la clarté que j'ai défiré de
répandre fur les faits que j'étois chargé de dénoncer ,
m'a déterminé à m'aftreindre à l'ordre purement chro-
nologique , & à tâcher même de conferver l'unité de
lieu dans chacun des récits que j'ai eu l'honneur de vous
faire. Cette marche, moins favorable à l'Orateur , eft
plus commode pour ceux qui lui font l'honneur de
l'écouter ou de le lire, & par cette feule raifon, je m'y
ferois fcrupuleufement conformé dans le refte de ce
Mémoire, fi le NOUVEAU POSTE confié à M. le comte
de la Luzerne , étendant fes rapports fur toute la furface du Globe , ne me forçoit pas de vous le repréfenter, tantôt donnant dans fon cabinet des ordres SINISTRES
pour nous , tantôt confiant leur exécution dans les

Colonies à des fous-ordres PRÉVARICATEURS , tantôt
confacrant , par une approbation bien coupable, la flatterie de ces fubalternes , lorfqu'ils avoient fidelement
rempli des injonctions tyranniques, dont la fuite naturelle étoit d'accroître fans ceffe une maffe de haîne
toujours fi contraire aux bons effets que l'on a lieu
d'attendre du pouvoir exécutif. Et je ne puis ici me refufer à une obfervation dont l'évidence & l'impartialité
me paroiffent inconteftables ; c'eft qu'un MINISTRE
n'étant qu'un homme faillible comme tous les autres,
n'eft peut-être point ftrictement refponfable des premiers pas que font fes délégués dans la carriere admi-
niftrative ; s'il les arrête alors , s'il les juge , s'il les
dépofe , fa perfpicacité feule aura été en défaut quelques momens ; mais lorfqu'au malheur d'un mauvais
choix il joint celui d'un entêtement permanent, d'une
opiniâtreté inexpugnable , d'un aveuglement abfolu &
volontaire en faveur de fes protégés ; lorfqu'il veut
toujours les croire impeccables ; lorqu'il ferme obftinément l'oreille aux plaintes de la juftice & aux cris de
la douleur, alors on ne peut difconvenir qu'IL s'AP-
PROPRIE leur incapacité , leurs erreurs, leur fautes,
leurs délits, & leurs forfaits, & qu'il fe rend d'autant
plus coupable, qu'il foutient un plus grand nombre de
complices.

Sous ce rapport, confidérons ce qui fe paffoit dans
le cabinet du Miniftre de la Marine , & les fils qu'il
faifoit jouer , tandis qu'il nous rendoit inacceffibles
toutes les avenues du Trône. Le Roi venoit de lui
nommer un fucceffeur au Gouvernement général de

Saint - Domingue , & Sa Majefté avoit choifi M. LE MARQUIS DU CHILLEAU. Ce dernier emporta des inftructions qu'il nous montrera fans doute un jour, & qui préfenteront quelque intérêt aux Commiffaires que vous chargerez d'en faire l'examen. Je ne les ai pas vues, mais à en juger par les faits, elles étoient un peu defpotiques. Vous allez , MESSIEURS , les apprécier à l'inftant.

M. DU CHILLEAU débarque à Saint - Domingue le 24 décembre 1788 ; prévenu par M. de la Luzerne , & accueilli par l'Intendant Marbois, fans lui donner le temps de fe reconnoître , ni de rien connoître, ce perfide Collegue lui fait figner le furlendemain 26 une ordonnance qui n'étoit rien moins que la violation la plus évidente de tous les droits des Citoyens & des Nations , & qui devoit le perdre dans l'efprit de celle qu'il alloit gouverner, s'il n'eût bientôt reconnu fon erreur , & prouvé par fa conduite qu'il n'étoit réellement pas coupable.

LE but de cette ordonnance étoit , fous prétexte de condefcendre au vœu des habitans , d'en rendre la MANIFESTATION IMPOSSIBLE , de contrarier efficacement les ASSEMBLÉES COLONIALES que le Miniftre craignoit tant, & fur-tout les ÉLECTIONS DES DÉPUTÉS , dont l'admiffion paroiffoit fi redoutable à ceux qui avoient , comme lui , de fortes raifons pour ne pas laiffer paffer la vérité dans le Continent.

VOUS la verrez , MESSIEURS , cette ordonnance remarquable ; elle permettoit aux Colons d'exprimer leurs vœux *pour ou contre* une représentation aux États Généraux; & pour donner à cette déclaration toute la latitude possible, des requêtes écrites devoient être adressées aux Administrateurs. *Cinq personnes seulement pouvoient signer chaque requête. La signature d'une sixieme rendoit nul le vœu des cinq autres.* Plusieurs nullités de cette importance devenoient autant de FINS DE NON RECEVOIR, & comme ces déclarations se passoient par écrit & sous cachet, toute la Colonie auroit souscrit ces requêtes, que les Administrateurs auroient pu dire qu'ils n'en avoient pas reçu douze.

ON ne les mit pas à cette épreuve. Le piége étoit trop grossier ; personne ne s'y laissa prendre, & excepté quelques têtes timides, qui, croyant être obligées de parler, opinerent POUR la représentation, & quelques têtes vendues, qui, croyant plaire, eurent l'infamie de s'y opposer, Saint-Domingue TOUTE ENTIERE prouva, par son silence, combien elle avoit de mépris pour les bases d'une constitution combinée dans les bureaux & sanctionnée par le Ministre.

MALGRÉ tous les soins que se donna l'Intendant pour la faire prévaloir, il eut bien de la peine à obtenir un résultat, & encore ce résultat fut-il absolument CONTRE SON SYSTÊME. Que fit-il? Muni du pouvoir LÉGISLATIF, dont il étoit l'organe, soutenu du pouvoir EXÉCUTIF qui résidoit dans la main du Gouverneur, enfin aidé du pouvoir JUDICIAIRE que dirigeoit son Procureur général la Mardelle, il imagina d'intimider, par l'abus de ce dernier , ceux qui n'avoient point été effrayés par l'exercice des deux autres. Le Procureur général , le Miniftere public , dont la miffion fainte eft de pourfuivre le crime , pour conferver la vertu , menaça de dénoncer au Tribunal fouverain tous ceux qui avoient émis un vœu contraire aux vues de la Cour, de DÉCRÉTER les coupables , de les faire arrêter , de les embarquer pour le Continent , enfin de les traiter comme des fcélérats , parce qu'ils avoient fenti qu'ils étoient des hommes ; mais ce qui fut le comble de la démence chez ce digne Magiftrat, c'eft de le voir prêt à dénoncer auffi les neuf Commiffaires nommés par les Colons de France , en vertu des pouvoirs des habitans de la Colonie. Cette menace indifcretement ébruitée fauva une grande imprudence au fieur la Mardelle. Il vit que cette violence ne prendroit pas , & il nous garda fes bonnes intentions pour une occafion prochaine.

INFORMÉS de cette difpofition vexatoire qui n'auroit excité que notre MÉPRIS , fi elle n'eût pas compromis la liberté de nos Compatriotes réfidant dans l'Ifle , nous en portâmes plainte formelle à M. de la Luzerne. Loin d'improuver , il approuva , & nous confirma ainfi dans l'opinion douloureufe que les tyrans de Saint-Domingue n'étoient que les agens de fes ordres arbitraires.

Tous ces obftacles étoient autant de véhicules qui nous menoient à la liberté ; Auffi, malgré l'ordonnance abfurde & le fyftême qu'elle renfermoit, la Colonie forma-t-elle fon vœu avec énergie & paifibilité. Les

Paroiſſes s'aſſemblerent , choiſirent Préſident , Secrétaires , rédigerent leurs cahiers , & nommerent au ſcru-
tin des Electeurs. Ces Electeurs , réunis dans les trois
Capitales des trois départemens , organiſerent leurs Aſſemblées reſpectives , & procéderent à l'élection ſolemnelle de leurs Députés aux États Généraux.

ET rien ne prouve mieux la grande majorité du vœu
colonial, que la conduite que tinrent les Adminiſtrateurs. Ils craignoient, ſans contredit, ces élections ; ils les
avoient aſſez traverſées, pour qu'on n'eût aucun doute ſur
ce point ; ils n'avoient garde d'approuver ces aſſemblées
qui contrarioient ſi manifeſtement leur récente ordonnance , & cependant ils n'oſerent ſe permettre le moindre mouvement, parce que l'inſurrection, quoique tran-
quille , étoit générale ; le cri de la liberté unanime ,
l'indignation univerſelle, & que les tyrans, plus que
tous autres , craignent les peuples.

NOS DÉPUTÉS furent donc nommés, revêtus des
pouvoirs d'une grande colonie , chargés de ſes griefs , &
s'embarquerent à la vue & aux applaudiſſemens de tout un
peuple ; mais ce ſuccès fut dû tout entier à leur patriotiſme , à leur énergie ; & M. de la Luzerne n'en fut pas
moins COUPABLE d'avoir choiſi des agens malfaiteurs , &
de leur avoir donné des inſtructions de deſpotiſme & de
rigueur ; il fut plus COUPABLE d'avoir employé ou
ſecondé de petits moyens pour faire un grand mal à un
peuple fidele qui ſe jettoit tout entier entre les bras
d'un Monarque chéri qu'on déroboit aux empreſſemens
de ſes ſujets ; enfin il fut plus COUPABLE encore , après

avoir connu malgré lui , & jufqu'à l'évidence , le vœu clairement manifefté de trois grandes provinces, de l'avoir foigneufement caché à notre Souverain, & d'avoir ainfi compromis jufqu'à fon cœur. En effet, tandis que notre bon Roi , placé, pour ainfi dire, fur les confins des deux hémifpheres, préfentoit une main paternelle à fes enfans du Continent, un Miniftre barbare l'excitait à REPOUSSER impitoyablement de l'autre main SES ENFANS de l'Amérique & de l'Afie.

POUR vous prouver, MESSIEURS, combien d'aftuces ont été employées contre nous, & à quel point des refus réitérés ont ulcéré la colonie, nous allons, fuivant notre ufage, vous préfenter les œuvres du Miniftre, & les cris de nos Commettans.

Voyez ci-après , les pieces juftificatives du fixieme chef.

VIIe. CHEF DE DÉNONCIATION.

ÉTAT ENLEVÉ A UN CITOYEN ESTIMABLE, POUR COUVRIR DE SES DÉPOUILLES SON CALOMNIATEUR.

QUAND le defpotifme éleve fa voix impérieufe ; quand, avilis par l'autorité arbitraire, les interprêtes de la loi ceffent d'être fes organes ; alors la volonté d'un feul fe met à la place du bonheur de tous ; tous les liens du contrat focial font rompus, & fi dans un tel état quelque chofe peut étonner l'Obfervateur philofophe, c'eft qu'une heureufe intermittence entre les biens & les maux empêche au moins ces derniers de fe fuivre fans folution, comme les heures de la vie, & nous préferve ainfi des horreurs du défefpoir.

Ce trifte bonheur, Messieurs, eft le feul que la colonie de Saint-Domingue ait goûté , non feulement pendant l'adminiftration de M. le Comte de la Luzerne ,
mais encore depuis fon avénement au miniftere de la
marine.

Je ne puis diffimuler ici l'embarras que j'ai éprouvé ;
choifi par ma Députation pour rédacteur de ce mémoire ,
chacun de mes collegues m'a remis un fi grand nombre
de pieces, que je me fuis trouvé comme accablé fous le
poids des matériaux qui affluoient autour de moi. Chaque
objet, j'en conviens, méritoit d'être défigné ; mais votre
temps eft fi précieux , & la tâche que je remplis fi pénible , que pour ménager votre patience & foulager
promptement mon cœur de la contraction qu'il éprouve ,
j'ai feulement pris au hafard quelques faits dont l'examen
vous mettra à même d'apprécier les infortunes qui
accablent mes Commettans , & de juftifier l'amertume
des fentimens que M. de la Luzerne a élevés dans leurs
ames.

Les récits fâcheux que vous allez entendre fe font
placés d'eux-mêmes fous ma plume dans l'ordre où je
vais avoir l'honneur de vous les préfenter ; & quoique
la chronologie n'y foit pas toujours obfervée, je dois
certifier, Messieurs, que tous fe font paffés , ou fous
le gouvernement de M. de la Luzerne , ou fous fon
miniftere, ou fous l'un & l'autre également.

Hélas ! oui, je fuis forcé de le dire , & je ne le dis
qu'en gémiffant, des injuftices commencées par le

Gouverneur ou ſes ſubalternes, ont été conſommées par le Miniſtre ou ſes agens.

EN 1786, le ſieur BARADA, Médecin du Roi au Cap, citoyen généralement eſtimé pour ſes lumieres & reſpeƈté pour ſa probité, paſſe en France pour quelques affaires. En ſon abſence, le ſieur de Marbois, l'Intendant, donne la place par intérim à un ſieur Artaud ſon protégé.

BARADA revient en 1787, & reprend ſa place. Ce procédé déplut fort au ſieur ARTAUD & à ſon protecteur ; quelque temps après, la femme du ſieur Barada, non commune en biens avec ſon mari, achete le magaſin de l'Apothicaire du Roi. Auſſi-tôt Artaud ſe démaſque ; il fait dénoncer en France, au Miniſtre, une incompatibilité révoltante entre les places d'Apothicaire & de Médecin, ſelon lui très-diſparates. Le Miniſtre qui ne veut, qui ne peut décider de lui-même, renvoie le mémoire aux Adminiſtrateurs. Ces derniers feignent de chercher des lumieres ; & pour recevoir des inſtruƈtions impartiales, M. de la Luzerne & ſon collegue chargent de cette miſſion ; qui, MESSIEURS ?.... LE SIEUR ARTAUD, c'eſt-à-dire, le compétiteur de Barada. Artaud fait ſon rapport, & l'aſſaiſonne de calomnies contre Barada, & contre un autre citoyen dont le crédit pouvoit nuire à ſes vues. Sur ce rapport, au moins bien ſuſpeƈt, les Adminiſtrateurs forcent Barada à donner ſa démiſſion, & diſpoſent par intérim de ſa place en faveur du ſieur Artaud.

BARADA obéit à la force, mais à l'inſtant même il

ſe

fe pourvoit au Tribunal Supérieur de la colonie , & , de concert avec le citoyen lézé comme lui , ils demandent une réparation éclatante. La Cour Souveraine prononce EN LEUR FAVEUR , & le fieur Artaud eft condamné comme CALOMNIATEUR. Ce jugement devoit-il être une recommandation pour obtenir d'un Miniftre la confirmation d'une place accordée *par intérim* ? Eh bien , MESSIEURS , M. le Comte de la Luzerne eft appelé lui-même au miniftere. Son premier foin eft de récompenfer les complaifances du fieur Artaud avec lequel il herborifoit ou difféquoit des infectes à Saint-Domingue. Il fait caffer, par un arrêt du Confeil, l'arrêt fi jufte du Tribunal Souverain ; & comme fi un arrêt du Confeil pouvoit laver un homme entaché , il confomme la fpoliation du fieur Barada ; puis, comme Miniftre, comme difpenfateur fuprême , il nomme DÉFINITIVEMENT Artaud à la place de Médecin du Roi , qu'il lui avoit conférée DÉJA DEUX FOIS par intérim , comme Gouverneur.

AINSI, dans cette affaire , M. de la Luzerne eft COUPABLE d'avoir, pour s'éclairer, confulté une des parties ; il eft plus COUPABLE d'avoir abufé de l'autorité miniftérielle pour fanctionner l'abus qu'il avoit fait de fon autorité comme Gouverneur ; enfin il eft plus COUPABLE encore d'avoir, fans accufation, fans décret, fans preuves, fans jugement, enlevé fon état à un citoyen qui, depuis vingt-cinq ans, l'exerçoit fans reproche, d'avoir donné un défagrément injufte à un Tribunal qui avoit eû la force de n'écouter que fon devoir, & d'avoir récompenfé un calomniateur des dépouilles de l'innocent.

D

Ce fait, Messieurs, eſt atteſté par toute la colonie, prouvé par les regiſtres du Conſeil Supérieur du Cap, & par ceux du Conſeil d'Etat, & certorié par des réclamations particulieres.

Voyez ci-après les pieces juſtificatives du ſeptieme chef.

VIIIᵉ. CHEF DE DÉNONCIATION.

DÉNI DE JUSTICE RÉITÉRÉ A UN OCTOGÉNAIRE ACCABLÉ D'INFORTUNES.

Si la clémence, cette vertu ſi douce à pratiquer, mais à laquelle il n'eſt pas permis à un homme en place de s'abandonner ſans réſerve, avoit obtenu ſur le cœur d'un Miniſtre un tel empire qu'il ne pût jamais ſe ſouſtraire à ſon influence bénigne, on reprocheroit ſans doute à cet Adminiſtrateur de nuire à la propagation de la vertu en n'oppoſant aucune digue aux progrès du crime ; cependant on ſeroit au moins aſſuré que, par l'effet naturel de ſes diſpoſitions obligeantes, jamais l'homme honnête ne ſeroit repouſſé, que le mérite ſeroit toujours accueilli, & que le prix des ſervices rendus à l'Etat pendant le cours d'une longue vie, ne ſeroit point refuſé à la vieilleſſe infirme qui, comme l'enfance, a tant de droits ſur les ames bienfaiſantes. Mais ſi le criminel eſt protégé, & que l'honnête homme intéreſſant ſoit traité avec barbarie, il faudra que l'on convienne avec moi que le deſpotiſme eſt la ſeule cauſe de ces deux excès oppoſés, & que la Nation doit demander compte également à un Miniſtre de n'avoir été ni le vengeur du crime ni l'appui de l'innocence.

Ce principe s'applique également, Messieurs, &
au récit qui précede & au trait qui va fuivre.

Un vieillard de 85 ans, qui fert l'Etat depuis 60
années, qui, au milieu de ce fiecle, pénétra, le premier, le myftere d'une confpiration formée pour enlever le Pérou à la domination de l'Efpagne, & qui
révéla au feu Roi ce dangereux complot ; le fieur
Bertrand Duvernet, honoré, pour cet important
fervice, des bontés des deux Monarques de la Maifon
de Bourbon, fut dès lors attaché, comme homme de
confiance, au département de la Marine ; il reçut de
M. le Duc de Choifeül plufieurs commiffions délicates ;
il fixa , en qualité d'Envoyé extraordinaire du Roi,
les limites refpectives des poffeffions des deux puif-
fances qui fe font partagé Saint - Domingue ; &
conftamment employé depuis par tous les Miniftres
qui fe font fuccédé dans l'adminiftration de la Marine,
il jouiffoit, en travaillant, d'une penfion de cent
louis, lorfque M. de Sartines, en 1779, pour opérer
au profit de l'Etat la fuppreffion de cette penfion fi
bien méritée, propofa au fieur Duvernet une place
de Garde - magafin principal au Cap - François, qui
valoit beaucoup davantage.

Ce bon citoyen, entrant dans les vues économiques
du Miniftre, remit fa penfion, accepta la place ; mais
comme fon grand âge ne lui permettoit plus de fonger
à retourner à Saint - Domingue, il fut expreffément,
& par écrit, convenu entre le Miniftre & lui,
qu'il feroit libre de faire occuper cet emploi par un

ADJOINT , lequel s'obligeroit à lui payer à Paris la fomme de 2600 livres , fruit de fes longs & pénibles travaux. Cette fomme avoit été payée plufieurs années , lorfqu'un nouvel adjoint, placé par le Miniftre, quoiqu'il eût foufcrit la même claufe obligatoire, s'eft fouftrait à cet engagement facré , & a laiffé l'infortuné Duvernet dans une pofition déchirante.

M. le Maréchal de Caftries, ému de fa fituation, & convaincu de fon bon droit, ordonna PAR ÉCRIT, que fon traitement feroit retenu fur les appointemens de l'adjoint , & payé à Paris par le Tréforier des Colonies.

M. le Comte de Montmorin , qui eut le porte-feuille pendant quelques mois, après la retraite de M. le Maréchal de Caftries, fenfible également aux malheurs de cet ancien ferviteur du Roi, lui fit donner un acompte fur trois années qui pouvoient lui être dues.

ALORS arriva au miniftere M. de la Luzerne, & cette époque a été celle d'un DÉNI DE JUSTICE dont l'opiniâtreté ne peut fe croire que les pieces à la main. Ce Miniftre, prévenu fans doute en faveur du Garde-magafin en exercice , qui lui avoit fait fa cour à Saint-Domingue , s'eft conftamment refufé à toutes les demandes que lui a adreffées le fieur Duvernet pour lui faire toucher ce qui lui étoit fi légitimement dû.

CE dernier, preffé par le befoin, a employé quelques

protections auprès de M. de la Luzerne. Il ignoroît que des protections deviennent des torts auprès de celui qui ne peut se diffimuler son injuftice. Le feul moyen alors de la voiler, eft de calomnier le protégé auprès des protecteurs ; c'eft ce que fit le Miniftre : il répondit que la penfion étoit *abufive*. Peut-on caractérifer ainfi dès ALIMENS accordés à un vieillard pour prix de foixante ans de travaux ?

CEPENDANT l'infortuné ne touchoit rien de fon traitement. Obligé d'accepter les fecours des ames charitables, cet homme refpectable, qui n'ofoit encore découvrir fes befoins, fentit, plus que qui que ce foit, & toute la rigueur du grand hiver de 1788, & toute celle d'un Miniftre infenfible. Plufieurs mois fe font écoulés encore, & la juftice ni les remords ne produifoient rien en fa faveur.

LA patience a fes bornes, & l'indignation donne des forces. Le fieur Duvernet dreffa l'hiftorique fimple & fidele de fes infortunes, & fe fit porter à Marly le 17 Juin dernier, jour à jamais célebre dans nos annales, puifqu'il fut celui de la conftitution de L'ASSEMBLÉE AUGUSTE qui me fait l'honneur de m'entendre ; il fe jetta aux pieds de Sa Majefté, & lui préfentant un mémoire par lequel il eft prouvé qu'il eft créancier de l'Etat pour des avances facrées dont le Miniftre lui refufe auffi de liquider le montant, il donne à fon maître interdit, à toute la cour attentive, le fpectacle attendriffant d'un Vieillard qui, blanchi dans des travaux utiles à la patrie, contraint par la mifere, épuifé par la faim, eft forcé de venir à 85 ans demander à genoux à fon fouverain cet aliment de néceffité premiere que la cruauté de fon Miniftre lui refufe depuis fi long-temps.

Le Roi le releva avec bonté, l'affura que juftice lui feroit rendue, & qu'il feroit payé inceffamment. Malheureufement ces difpofitions paternelles du Monarque ne pouvoient s'exécuter que M. de la Luzerne n'en fût inftruit. Le Mémoire du fieur Duvernet, que le Roi lui remit pour y faire droit, alluma toute fa haîne.

Daignez, je vous prie, obferver les dates, & vous rappeller quel étoit le fyftême miniftériel à l'époque du 17 au 23 Juin dernier. Tout ce qui fe fit dans ces jours malheureux eft imprégné de ce fiel defpotique qui a juftement appelé le décret de la RESPONSABILITÉ des agens du pouvoir exécutif.

Eh bien, Messieurs, le 21 Juin, le lendemain de la *féance du Jeu de Paume*, M. de la Luzerne écrit au fieur Duvernet une longue lettre où il fe trouve des citations fauffes, des contradictions, des duretés, & il la termine par ces mots cruels : « *Le Roi*
» *m'ordonne d'ajouter que l'appui qu'il veut bien*
» *vous prêter encore, n'eft dû qu'à votre âge & à*
» *vos infirmités. Il vous défend de jamais dire*
» *que c'étoit le prix de la conduite que vous avez*
» *tenue à Curacco, à la Martinique, à la Havanne,*
» *à la Nouvelle Angleterre, à S. Domingue........* »

AH ! le Roi n'avoit sûrement pas dit cela. Ce n'est pas ainsi qu'il a voulu qu'on acquittât la dette de l'État envers un vieillard de 85 ans qui lui a consacré sa vie toute entiere dans des places importantes, & qui, sur le bord de sa tombe, ne demande d'autre grace que LE PAIN qui lui est dû.

CEPENDANT depuis le 21 juin, le sieur Duvernet n'a reçu aucun effet de cet *appui royal* que le Ministre lui reproche ; mais ces paroles cruelles ont retenti au fond de son cœur, & les Députés de Saint-Domingue ne peuvent voir dévouer au mépris & à l'ignominie un citoyen honnête qui a obtenu l'estime de la Colonie, & qui, dans ses derniers jours, lorsqu'on lui refuse-tout, a besoin de s'entourer des amis de la vertu, pour mettre la sienne dans tout son jour, & en recevoir la force de prouver à la Nation que dans ce déni de justice bien caractérisé :

M. de la Luzerne est COUPABLE de s'être laissé aveugler à Saint-Domingue par un homme injuste qui refuse de payer ce qu'il doit légitimement ; qu'il est plus COUPABLE d'avoir réduit à la plus affreuse extrémité un citoyen, un vieillard respectable, en lui refusant obstinément justice depuis trois ans entiers ; enfin qu'il est plus COUPABLE encore, ou d'avoir trompé le Roi en dénaturant les faits, & noircissant à ses yeux la conduite d'un de ses meilleurs serviteurs, ou d'avoir abusé du nom sacré du Souverain, pour porter MINIS-TÉRIELLEMENT la mort dans le sein d'un infortuné que vingt Ministres ont honoré de leur confiance, & que

lui feul a la cruauté de vouloir faire mourir de chagrin.

CE FAIT, MESSIEURS, attefté par des lettres originales que j'ai vues, par la correfpondance du Miniftre,
& autres pieces qui vous feront foumifes, l'eft encore
par la requête fignée du fieur Bertrand Duvernet, ancien Commiffaire des Guerres, actuellement à Paris,
qui y languit dans une grande détreffe, & qui m'a
conjuré de la dépofer fur le bureau. J'y joins la requête
imprimée qu'il préfenta au Roi le 17 juin dernier, & qu'il
a fignée de fa propre main, ainfi que le premier exemplaire de la DÉNONCIATION FORMELLE, qu'il fait pour
fon compte, du Miniftre de la Marine à l'Affemblée
nationale.

Voyez ci-après les pieces juftificatives du huitieme chef.

IXᵉ. CHEF DE DÉNONCIATION.

*REFUS CONSTANT DE JUGES IMPARTIAUX A UN
CITOYEN INCENDIÉ PAR L'ORDRE EXÉCRABLE
DES DESPOTES.*

ENTOURÉS de malheureux habitans de nos triftes contrées qui cherchent la juftice à deux mille lieues de
leurs foyers, & qui, REPOUSSÉS de toutes parts,
n'ont d'autre efpoir ici que dans les décrets équitables
des Repréfentans de la Nation, lorfque je voudrois,
MESSIEURS, reporter vos regards fur Saint-Domingue, je ne puis me refufer à vous fupplier de les arrêter encore un inftant fur un homme qui auroit péri

mille fois , si l'énergie de son caractere ne lui avoit servi d'égide contre les coups redoublés que les Adminiſtrateurs . & les Miniſtres lui portent depuis ſix ans.

LE SIEUR FOURNIER, aujourd'hui Capitaine de la garde nationale pariſienne non ſoldée , car en attendant qu'on lui rende juſtice, il veut ſe rendre utile à ſa patrie ; honoré des témoignages flatteurs de ſes camarades & des officiers de ſon diſtrict, pour le courage & la préſence d'eſprit dont il a donné des preuves les 1? & 14 juillet dernier , poſſédoit une GUILDIVERIE ou fabrique de TAFFIA à Saint-Domingue.

SON établiſſement excite la jalouſie d'un de ſes voiſins. Le Lieutenant de Roi de Saint-Marc , ami de ce voiſin , fait arrêter le ſieur Fournier, & le fait mettre AU CACHOT. C'eſt la juriſprudence du pays ; le priſonnier demande ſon élargiſſement aux Adminiſtrateurs , il l'obtient ; ſon voiſin ſe met en regle , il préſente une requête ſignée de quatre particuliers , & quoique trois d'entre eux reconnoiſſent que leur ſignature a été SURPRISE , & en demandent acte au Greffe , cependant les Adminiſtrateurs ordonnent que la Guildiverie ſera détruite , & que, ſi elle ne l'eſt pas dans quelques jours, le refuſant ſera conduit *pieds & poings liés* ſur les terres Eſpagnoles, *& le feu mis à ſes bâtimens.*

CET ordre eſt ſignifié au Lieutenant de Roi de SAINT-MARC, qui le tranſmet verbalement au ſieur Fournier, & lui en REFUSE COPIE ; il y forme oppoſition, mais l'exécution n'en va pas moins ſon train ; ON MET LE

FEU MATÉRIÉLLEMENT à la manufacture de cet habitant, on difperfe fes negres, on chaffe fes animaux,
on envoye la Maréchauffée deux fois, avec ordre de
l'arrêter MORT OU VIF. Il s'échappe fans fecours, laif-
fant en proie aux flammes toute fa fortune, toutes fes
reffources.

LE fieur Fournier demande communication de cette
requête calomnieufe fignée de quatre perfonnes, rendue
contre lui, & fource de tous fes malheurs.

ON répond à fon Avocat que cette communication
*occafionneroit un procès ruineux pour toutes les
parties*, & on refufe de l'accorder. Il paffe en France.
Il y pourfuit l'Intendant ; il le prend à partie ; il exige la
communication de cette requête fi foigneufement cachée;
mais un arrêt du Confeil en commandement, & un autre, confirmatif du premier, décident que l'Intendant
perfécuteur a eu raifon, & que le plaignant fera DÉ-
BOUTÉ de toutes fes demandes.

DEPUIS fix ans, MESSIEURS, ce Citoyen malheureux ne quitte pas les antichambres des Miniftres &
les Bureaux. Il ne ceffe de demander des juges au Souverain, & des dédommagemens à fes calomniateurs. Ces
derniers, pour fe fouftraire à fes juftes demandes, paffent
les mers. Faute de raifons, ils ont recours encore à cette
arme puiffante, la calomnie. Le Sieur Fournier les
dénonce au CHATELET ; mais depuis quatre ans que cette
dénonciation exifte, il ne peut obtenir un jugement.
On fait toute l'influence qu'une alliance directe devoit

donner à M. de la Luzerne, fur le Magiftrat fon beau-pere, qui préfidoit à ce Tribunal, & qui ne s'eft démis que pendant l'été de 1789.

Cependant le fieur Fournier, repouffé par les Bureaux, par le Ministre, & par les Tribunaux, ne perd pas courage ; il efpere tout des bontés du Monarque ; il ofe s'adreffer au Roi, & Sa Majefté, en accueillant avec bonté fon placet, croit devoir le renvoyer au Miniftre de la Marine ; il refte fans réponfe. Le fieur Fournier, avec des peines infinies, parvient jufqu'à la Reine. Nouveau placet, nouveau renvoi, même filence. Enfin, dans l'efpace de fix femaines, deux placets remis à la Reine, & quatre placets remis au Roi, obtiennent enfin de M. de la Luzerne, la réponfe que voici : *Sa Majefté a déclaré que les arrêts de fon Confeil étoient inattaquables, irrévocables fur tous les chefs, & qu'il ne pouvoit y être porté la moindre atteinte.*

Et c'eft avec ces poignards à deux tranchans qu'un Miniftre defpote rend, au nom d'un Souverain jufte, la juftice à fes fujets fideles ! Heureufement il fut bien prouvé cette fois que le Monarque n'étoit pour rien dans la réponfe de fon Miniftre ; car dans le moment où l'on ofoit dire en fon nom qu'il avoit déclaré les arrêts de fon Confeil *irrévocables*, il daignoit, par une nouvelle marque de fon équité paternelle, répondre à un nouveau placet préfenté par le fieur Fournier, & ordonner au Miniftre la révifion de ces arrêts dont cet infortuné Colon ne ceffoit de fe plaindre.

A cette preuve irréfiftible d'un abus d'autorité bien

coupable, le Miniftre ne fut répondre qu'en faifant dire au fieur Fournier *que s'il ofoit encore fe permettre quelque démarche auprès de leurs Majeftés, il le feroit enlever, embarquer de force, paffer à Saint-Domingue, & que là il y feroit puni comme il le méritoit.*

COMME IL LE MÉRITOIT !.... Ah ! quelle doctrine dans ces quatre mots ! ils contiennent, Meffieurs, toute la fcience de l'ancien gouvernement que vos fages décrets viennent enfin de détruire ; mais fans prétendre nous immifcer à porter la main fur la balance de la juftice, fans prétendre prononcer fi le fieur Fournier eft fondé ou ne l'eft pas à fe plaindre des prédéceffeurs de M. de la Luzerne, qui ont ordonné ou fouffert l'incendie de fes propriétés, il eft du moins inconteftable que ce Miniftre eft COUPABLE de n'avoir point, fur le renvoi par leurs Majeftés du premier placet du fieur Fournier, examiné attentivement deux arrêts dont l'un rendu en commandement dans une caufe femblable, devoit déjà faire naître de violens foupçons ; qu'il eft plus COUPABLE de n'avoir pas tenu compte des placets fubféquens, & d'avoir répondu au nom de fon Roi, que les arrêts du Confeil étoient *inattaquables*, tandis que dans mille caufes on en a obtenu deux abfolument contradictoires ; qu'il eft plus COUPABLE encore d'avoir, depuis près de trois ans, REFUSÉ DES JUGES à une malheureufe victime qui pourtant a approché douze fois de fes Souverains, & qui, quand elle auroit mille torts, a le droit d'être jugée ; & qu'enfin rien ne peut le laver de s'être emporté jufqu'à fe permettre, en préfence de gens refpectables qui cherchoient à vaincre fon opiniâtreté , des menaces de violence devenues des ATTENTATS publics que la LOI punit dans tous , puifqu'elle a enfin repris fa place , & qu'elle eft au deffus de tous.

CE fait , MESSIEURS , ce déni de juftice , attefté par les nombreux placets du fieur Fournier , par le certificat de leurs renvois , par la correfpondance du Miniftre , l'eft encore par un précis manufcrit figné du fieur Fournier , que je joins au procès. Il ofe vous fupplier de daigner jeter les yeux fur un mémoire imprimé qu'il a eu l'honneur de vous remettre à tous il y a quelques mois , & dans lequel il DÉNONCE à la Nation le Miniftre qui l'immole à fon opiniâtre reffentiment. Pour toute faveur il ne demande que des Juges.

Voyez ci-après les pieces juftificatives du neuvieme chef.

Xᵉ CHEF DE DÉNONCIATION.

DÉMISSION ARRACHÉE INJUSTEMENT A UN MAGIS-TRAT SEPTUAGÉNAIRE , DOYEN DU CONSEIL.

QUE la calomnie , ce poifon fubtil , puiffe obtenir le dangereux fuccès de fafciner les yeux d'un fatrape engourdi qui préfere fon apathie coupable à la lumiere qui lui manifefteroit l'innocence d'un accufé obfcur, c'eft un des plus grands maux qui puiffent affliger un empire, puifqu'il compromet fans ceffe la vie , l'honneur & les propriétés de tous les citoyens ; mais que le conducteur d'un peuple & l'homme de la loi s'affocient pour préparer cet odieux breuvage , qu'ils deviennent eux-mêmes les artifans de leur propre féduction , & que pour y affilier le Miniftre qui les dirige , & le Souverain qui les gouverne, ils ofent leur offrir la liqueur qui doit exciter leur courroux contre une victime refpectable, c'eft une connivence criminelle pour laquelle il y a peu de châtimens, & dont il eft douloureux de trouver des coupables.

Lors de la défaftreufe réunion des deux Confeils Souverains de Saint-Domingue en 1787, M. DE SAINT-MARTIN, Magiftrat feptuagénaire, Doyen du Confeil, éclairé par une expérience de quarante années dans les affaires publiques, & récompenfé par l'eftime de toute la colonie, follicita & obtint des Adminiftrateurs la permiffion de refter au Cap, pour raifon de fanté.

Ce loifir fi mérité par un Juge qui, depuis quarante ans, n'avoit pas demandé un feul congé, fut encore troublé par ce défir de fe rendre utile, qui devient un befoin pour ceux qui l'ont toujours été à leurs concitoyens. Le fieur de Saint-Martin fut chargé, avec deux de fes collegues, de préfider à l'inventaire du greffe du Cap. Tandis qu'il y donnoit tous fes foins, le Greffier s'enfuit avec la caiffe, dans laquelle il pouvoit y avoir pour cent mille francs de dépôts.

Cet événement naturel de la part d'un comptable infidele, fembloit ne devoir pas donner matiere à des foupçons outrageans; mais comme fi le vœu le plus cher des deux Adminiftrateurs eût été de trouver des coupables parmi les bons habitans de la colonie, certains par leur place de l'impunité, MM. de la Luzerne & de Marbois fe permirent d'accufer M. de Saint-Martin d'avoir coopéré à ce criminel enlevement.

Ce respectable Magistrat, pere de fix enfans, tous revêtus de places & de décorations honorables, aïeul d'un grand nombre de petits enfans dont il étoit l'exemple, environné de l'eftime de la colonie, n'avoit qu'une maniere digne de lui de repouffer cette atroce inculpation. Il se dénonça lui-même à fa Compagnie; à fa Compagnie déjà incorporée à une Compagnie étrangere; à fa Compagnie réfidante à foixante lieues de chez lui; à fa Compagnie présidée par fes deux adversaires, fes deux délateurs, fes deux accusateurs, MM. de la Luzerne & de Marbois.

Dans cette affemblée, quelque preffée qu'elle fût entre le devoir & l'autorité, fe manifefta une indignation générale contre ceux qui s'étoient crus affez puiffans pour porter impunément atteinte à l'honneur d'un feptuagénaire qui jamais ne s'étoit écarté de la voie de l'honneur. Les deux Adminiftrateurs, redoutant un jugement qui alloit les couvrir de honte, eurent l'adreffe, bien tardive, de prévenir, par une rétractation formelle, l'examen d'une calomnie qu'il n'étoit pas de leur intérêt de laiffer approfondir.

Un arrêt folemnel & unanime de la Cour vint rendre à l'innocence tout fon éclat, au mérite tout fon luftre, à la vieilleffe toute la vénération qui lui eft due.

Le Rapporteur fut chargé par toute fa Compagnie, d'écrire à leur Doyen une lettre remplie de ces témoignages d'intérêt, de refpect & d'amitié, qui feuls pouvoient guérir la bleffure que la calomnie avoit ofé lui faire.

Déja ce digne Magiftrat avoit recouvré le repos fi néceffaire à fes derniers jours ; déjà M. de la Luzerne parti pour la France, venoit d'être élevé au miniftere, lorfqu'immédiatement après les premieres dépêches reçues de ce nouveau Miniftre, l'Intendant Marbois, Souverain en fon abfence, écrivit à M. de Saint-Martin au nom du Roi, pour lui ordonner de fe rendre au Port-au-Prince *fans délai*, *ou d'envoyer fa démiffion*.

Cet ordre conçu dans ces termes qui annoncent le malheur du mécontentement, étoit bien évidemment la vengeance miniftérielle de cette rétractation publique à laquelle l'honneur outragé avoit forcé en plein Confeil MM. de la Luzerne & de Marbois.

Cet ordre étoit au nom du Roi, & pourtant la juftice & la bonté du Roi ne pouvoient avouer l'ordre inhumain d'expofer un feptuagénaire malade à entreprendre une route longue & impraticable.

Que fit cet infortuné vieillard ? Il écrivit la lettre la mieux raifonnée & la plus refpectueufe, & il conjura les deux Adminiftrateurs, au nom de leur propre honneur, de ne pas perfifter à vouloir LE DÉSHONORER ; mais vaine inftance, la victime étoit marquée ; le COMPLOT médité depuis fix mois étoit irrévocable ; le coup étoit porté ; le tyrannique Intendant, fort de l'appui du Miniftre, répondit par un ordre ABSOLU, de donner fa démiffion fous peine d'être, à l'inftant même, *faifi*, *arrêté &* *embarqué de force* pour le Continent.

Ainsi, parce qu'un feptuagénaire infirme ne pouvoit

pas

pas faire foixante lieues, on le menaçoit de lui en faire faire deux mille, c'eft-à-dire, qu'on L'ENVOYOIT À LA MORT.

ENCORE néceffaire à fa famille, il n'héfita pas entre fes jours & fon état; il envoya la démiffion qu'on lui arrachoit pour prix d'un DEMI-SIECLE de fervices, & la Colonie perdit le Doyen & l'exemple de fes Magiftrats.

AINSI, MESSIEURS, dans cette coalition monftrueufe de defpotifme, de vengeance, de calomnie, M. de la Luzerne fût COUPABLE d'avoir, fans preuve aucune, accufé d'un crime affreux un Magiftrat integre; il fut plus COUPABLE de n'avoir pas confirmé dans fon cœur la rétractation généreufe qu'avoit prononcée fa bouche, & d'avoir écouté un reffentiment qui devoit diriger le premier acte de fa toute - puiffance contre l'innocence reconnue; enfin il fut plus COUPABLE encore d'avoir confommé fon noir projet, en arrachant fon état, fans dédommagement ni retraite, fous peine d'exil & de mort, à un feptuagénaire entouré d'une nombreufe poftérité, & invefti de l'amour de tout un peuple.

CETTE caufe particuliere nous eft fpécialement recommandée par nos Commettans. Ils ont recueilli le mérite & la vertu éconduits par le Miniftre. Leurs fuffrages ont d'abord placé A LA TÊTE du Comité Colonial de la partie du Nord, M. de Saint-Martin; leurs fuffrages l'ont élevé depuis au pofte de PREMIER PRÉSIDENT du Confeil Supérieur, rétabli par l'énergie de fes Concitoyens. A tant de témoignages confolans,

E

M. de Saint-Martin ne trouve de contradicteurs que le Miniſtre LA LUZERNE , l'Intendant MARBOIS , & le Procureur Général LA MARDELLE : vous ſeuls , MESSIEURS , déciderez de quel côté eſt la raiſon.

Voyez ci-après les pieces juſtificatives du dixieme Chef.

XIe CHEF DE DÉNONCIATION.

FORFAITURE PROUVÉE DANS UNE CAUSE D'ÉTAT , ET REFUS DE RÉPARATION.

PERDRE un homme de mérite avec iniquité , tout exprès pour donner ſa place à un délateur protégé ; autoriſer un déni de paiement envers un octogénaire accablé d'infirmités & de beſoins ; refuſer des Juges à un citoyen incendié , qui depuis ſept ans en ſollicite ; enlever un Magiſtrat vertueux à une Colonie entiere qui l'honore de ſes regrets ; quel abus d'autorité , MESSIEURS , puis-je mettre à côté de ces délits , ſi ce n'eſt un nouvel acte de tyrannie , bien odieux , bien récent , & dont la réparation refuſée tout à l'heure par le MINISTRE COMPLICE de l'offenſe , eſt heureuſement encore dans vos mains.

Un ſexagénaire , pere de famille , propriétaire planteur , revêtu d'une de ces places de confiance qu'il eſt ſi difficile de conſerver long-temps , quand on ne les mérite pas , le ſieur DE SÉJOURNET , Receveur Général de toutes les impoſitions de Saint-Domingue , exerçoit depuis quatre ans cet emploi avec honneur , ſous les yeux des Adminiſtrateurs , au Port-au-Prince où ils font leur réſidence.

LE 2 mai 1787, l'Intendant Marbois entre chez lui à l'improviste; il demande à voir les regiſtres du Comptable; il n'y trouve ni erreurs, ni doubles emplois ni ratures; il ſe fait ouvrir la caiſſe, fait compter les eſpeces en ſa préſence, prétend que la ſomme qui devroit y être ne s'y trouve pas, dreſſe un PROCÈS VERBAL, le fait ſigner par UN SEUL témoin, & ſe retire.

APRÈS un tel éclat, la ſécurité du ſieur Séjournet devenoit un préjugé puiſſant en faveur de ſon innocence; cependant le lendemain 3 mai, DÉFENSE au ſieur Sejournet de faire aucune recette.

LE 6, ordre à ce Receveur Général de ſe rendre chez l'Intendant, accompagné d'un Garde. Là, en préſence DE DEUX TÉMOINS AFFIDÉS, choiſis par M. l'Intendant, M. l'Intendant, ſans plainte, ſans procédure préalable, dans ſon propre cabinet, fait prêter ſerment au Comptable, lui fait ſubir un interrogatoire de quatre heures, dreſſe procès verbal, le lui fait ſigner, & le congédie.

LE même jour, DÉNONCIATION au Procureur Général, du ſieur Séjournet, comme PRÉVARICATEUR, & injonction de rendre plainte des faits énoncés dans les procès verbaux, tant ſoit peu irréguliers, que je viens de citer. Même ſécurité de la part de l'accuſé.

LE 7, réquiſitoire du Procureur-Général. Concluſions ſéveres aggravées par l'Intendant. Ordonnance de l'Intendant en conformité de fes propres conclufions.

Le 10 , fignification ; affignation ; DÉCRET d'ajour-nement perfonnel ; fufpenfion de toutes fonctions ; SAISIE & annotation de tous les biens du comptable ; DESCENTE chez lui par l'Intendant & le fidele Pro-cureur-Général ; procès verbal de vifite ; ENLEVEMENT de fes regiftres.

Le 11, interrogatoire pardevant l'Intendant, en vertu du décret d'ajournement. Cet interrogatoire ne dure que SEPT HEURES ET DEMIE. Dans la nuit com-munication au miniftere public.

Le 12 , conclufions définitives du Procureur-Général, conformément aux vues, AUX ORDRES du dénonciateur tout-puiffant. Le même jour, convocation extraor-dinaire par ledit Seigneur Intendant du Confeil Sou-verain du Port-au-Prince , & propofition de condamner A L'HEURE MÊME le comptable.

Le Confeil , malgré le glaive du defpotifme fuf-pendu fur fa tête , eut affez de courage & de pudeur pour refufer NETTEMENT de prononcer fur une procédure auffi MONSTRUEUSE. L'Intendant éprouva un inftant d'em-barras; mais, fertile en expédiens , & voulant, à tout prix, faire condamner le malheureux comptable pour difpofer de fes dépouilles & mettre toutes LES CAISSES dans fa dépendance la plus immédiate, il imagine de créer une COMMISSION, bien plus facile à féduire qu'un Tribunal fouverain qui fe montroit impartial & récalcitrant. Pour exécuter ce projet, il invoque l'autorité suprême de M. le Gouverneur ; M. le Comte DE LA LUZERNE se prête à cet abus d'autorité inexcusable. Il prend sur lui tous les événemens & toutes leurs suites ; il nomme la commission, & sans ménagement, même pour le public justement indigné, M. de la Luzerne s'en attribue à lui-même la présidence, & se donne pour LIEUTENANT M. de Marbois.

AINSI, le Délateur, l'Accusateur, le Commissaire à l'inspection, & le Juge, vont s'identifier dans le même individu, graces à la complaisance sans bornes de l'agent du pouvoir exécutif.

IL sembloit que tous les Membres de cette Commission, honteux de l'usurpation qu'ils faisoient sur les domaines de la justice, plus honteux peut-être du complot odieux qui en étoit le motif, fussent justement empressés de mettre fin à une mission qui les faisoit rougir. Dès le 18 du même mois, ils assignent le sieur de Séjournet, pour subir son dernier interrogatoire pardevant la commission ; il comparoît, on l'interroge, il répond, & le même jour, sous la PRÉSIDENCE de M. le Comte de la Luzerne & par l'ORGANE de son digne collegue, la commission CRÉÉE PAR EUX juge, prononce, & *déclare le comptable dûment atteint & convaicu d'avoir* DIVERTI *une somme considérable provenante de ses recettes, le déclare* INCAPABLE *de posséder à l'avenir aucune place, le* BANNIT *pour six mois, le condamne en* 3000 *livres d'*AMENDE *envers le Roi, ordonne la*

VENTE de ses biens saisis & annotés, au profit de la caisse volée ; ordonne enfin que le sieur Séjournet sera tenu par CORPS de rendre dans six semaines les comptes de toutes ses recettes, & que le jugement sera imprimé & AFFICHÉ.

A la lecture d'un semblable arrêt, qui pourroit se refuser, au premier coup-d'œil, à voir dans le sieur Séjournet un homme véritablement coupable ? — Mais si la réflexion laisse tomber un rayon de lumiere sur cette œuvre de ténebres, nous verrons un Intendant, un Commissaire du Roi, se rendre DÉLATEUR d'un comptable, se porter son ACCUSATEUR public, s'établir son JUGE souverain, le préjuger COUPABLE avant de l'entendre, le décréter d'ajournement personnel avant d'avoir acquis une seule preuve, faire saisir ses biens avant qu'il soit jugé débiteur, braver l'opinion unanime de toute sa compagnie qui refuse de tremper dans cette mer d'injustice, créer, sans mission, une commission extrordinaire pour consommer une FORFAITURE, s'en déclarer le Lieutenant, appeler à la complicité son collegue, résister à l'horreur que TROIS des Membres de la commission ont témoignée de ces formes monstrueuses, condamner entre sept, à la pluralité d'UNE SEULE VOIX, un comptable comme reliquataire d'une somme considérable qu'on ne spécifie pas, prononcer sa condamnation par le même arrêt qui lui enjoint de rendre ses comptes, le destituer de sa place avant de le constituer débiteur, ordonner l'exécution & la vente de tous ses biens, avant de connoître le prétendu *débet*, avant d'en fixer la quotité,

avant d'avoir mis le comptable en demeure de payer ;
ordonner l'affiche & l'impreſſion de l'arrêt avant d'avoir
reçu aucune preuve de coupabilité , enfin diſtribuer
ſes dépouilles à deux créatures qu'on avoit deſſein d'obliger ou intérêt de placer à la tête du département du
Tréſor public. — Voilà l'ouvrage de M. le Comte de
la Luzerne & du ſieur de Marbois. Voyons quelle a
été la conduite du ſieur de Séjournet.

Il ne s'échappe point en plaintes ameres , il ne
perd point en regrets ſuperflus , des momens précieux
à ſa réputation & à l'honneur de ſes enfans. Le jugement qui l'avoit condamné lui ordonnoit de rendre
ſes comptes ; la Loi lui donnoit trois mois , mais
l'arrêt ne lui accordoit que ſix ſemaines. Il les rend
en huit jours. L'Intendant, ſon accuſateur & ſon
juge, eſt auſſi le vérificateur. Ce compte-là , ſans
doute, fut plus ſoigneuſement examiné que ceux que
le ſieur de Marbois rend tous les ans à la Colonie,
& qu'il publie au grand ſcandale de ceux qui entendent
ces ſortes de matieres. Quel en fut le réſultat ? Le
voici : Le Juge accuſateur, le Juge integre , le ſévere vérificateur, le ſieur de Marbois enfin eſt obligé
de reconnoître que ce *comptable frauduleux ; ce dé-
poſitaire infidele , atteint & convaincu d'avoir diverti
les deniers de ſa recette* eſt débiteur, ... Non ,
Messieurs , je me trompe, eſt créancier d'une
ſomme de 15065 liv., dont ſa caiſſe eſt reliquataire
envers lui ; & comme ſa caiſſe lui avoit été enlevée
par M. l'Intendant, par ordre de M. le Gouverneur ,
M. l'Intendant Marbois , de concert avec M. le Gou-

verneur LA LUZERNE, lui expédie une ordonnance de ladite fomme de 15065 liv. qu'il va toucher chez le Caiffier fon fucceffeur. Au moyen de ce REMBOURSE-MENT, la caiffe que le fieur de Séjournet AVOIT VOLÉE s'étant ACQUITTÉE envers lui., *le coupable*, docile à l'arrêt de fon banniffement, paffe en France. Il y trouve pour Miniftre de la Marine, celui qui venoit de le juger comme Gouverneur de Saint-Domingue. La toute-puiffance de ce délégué immédiat du Souverain n'effraye point fon innocence. Il fe pourvoit au Confeil du Roi. M. de la Luzerne y préfide, mais il n'y dicte pas les arrêts comme au Port-au-Prince : ici il n'a que fa voix, & fa voix n'empêche pas la loi de prononcer: un arrêt du Confeil du Roi, SIGNÉ LA LU-ZERNE, caffe un arrêt SIGNÉ LA LUZERNE, rendu par la commiffion éphémere créée par M. DE LA LUZERNE. La procédure eft renvoyée au Confeil fouverain de Saint-Domingue, pour y être jugée au fonds, avec DÉ-FENSE aux Membres qui compofoient la commiffion il-légale, d'en plus connoître.

CET arrêt, précurfeur d'un autre arrêt réclamé par la Juftice, prête des forces à un fexagénaire perfécuté. Le fieur de Séjournet repaffe à Saint-Domingue ; il y pourfuit fon jugement, & le 18 Mai 1789, deux ans jour pour jour après fa condamnation, intervient arrêt du Confeil fouverain *qui L'ABSOUT de toute efpece d'accufation, & lui permet de publier fon in-nocence par l'impreffion & par l'AFFICHE.*

RENDU à la fociété, à fa famille, à fes biens, délivré des liens douloureux d'un long décret, le sieur de Séjournet, que ce décret injuste avoit seul pu suspendre de ses fonctions de Receveur-Général des impositions de Saint-Domingue, croit qu'il va au même instant être réintégré dans son emploi. C'étoit, hélas ! un foible & bien juste dédommagement de toutes les peines cuisantes qui, pendant deux années, avoient déchiré son cœur, altéré sa santé, perdu sa fortune, dissipé celle de ses enfans. Il est forcé de s'adresser encore au sieur de Marbois, toujours Intendant, malgré ses délits répétés. Il en est repoussé avec dureté. Ulcéré de retrouver un PERSÉCUTEUR dans le calomniateur, auteur de tous ses maux, son âge ni sa santé ne peuvent le retenir, quand le bien-être de ses enfans l'appelle. Il repasse en France, & récemment, MESSIEURS, il s'est présenté à l'audience du Ministre de la Marine, & l'a supplié, lorsque les Tribunaux lui ont rendu l'honneur, de daigner aussi lui rendre son état.

CROIRIEZ-VOUS que la réponse a été un REFUS ? croiriez-vous que ce refus a été motivé sur LE CHAGRIN qu'une réparation solemnelle causeroit à MONSIEUR DE MARBOIS ? . . . . . D'autres Juges, je crois, seront moins complaisans envers cet Administrateur tyrannique; mais il ne vous échappera pas que dans cette complication de délits, M. de la Luzerne fut COUPABLE de n'avoir pas arrêté les démarches irrégulières & calomnieuses faites dans le principe par l'Intendant; qu'il fut plus COUPABLE de s'être associé à une FORFAITURE, en jugeant, avec une prévention marquée, un homme sans défense, au sein d'une commission

INCOMPÉTENTE, dirigée par un Juge-accufateur; enfin qu'il fut plus COUPABLE encore, après avoir confommé une injuftice criante dont les Tribunaux eux-mêmes ont vengé folemnellement l'honneur d'un citoyen, de s'être, tout-à-l'heure, obftinément refufé à coopérer à la réparation, toute en fon pouvoir, d'un outrage dont il a été, fans difficulté, le principal coopérateur.

ET pour vous rappeler, MESSIEURS, en peu de mots, & dans une piece légale, les faits les plus importans de cette incroyable affaire, confignés dans les Mémoires, Requêtes, & Arrêts que J'AI SOUS LES YEUX, & dont les regiftres du Confeil de S. Domingue & ceux du Confeil d'Etat FONT FOI, je vous fupplie inftamment de daigner jetter un coup-d'œil fur la très-courte Requête préfentée au fieur de Marbois par l'Infortunée victime de fes vexations arbitraires, & répondue de la main de cet Intendant.

C'EST fur cette réponfe du fieur de Marbois que le fieur de Séjournet, POUR LA TROISIEME FOIS depuis dix-huit mois, a fait la traverfée de Saint-Domingue en France. Devoit-il s'attendre que dans les circonftances actuelles, le réfultat de ce TROISIEME voyage fût de recevoir de la bouche du Miniftre de la Marine en perfonne, LA CONFIRMATION du cruel & injufte refus de l'Intendant de Saint-Domingue ?

Voyez ci-après les pieces juftificatives du onzieme Chef.

XIIe. CHEF DE DÉNONCIATION.

EXACTION PUBLIQUE. POURSUITE TYRANNIQUE ENVERS UN PERE DE FAMILLE INNOCENT, ET SUITES CRUELLES DE CE TRAITEMENT BARBARE.

QU'UN homme doué de ces caracteres prononcés qui ne voient que par leurs propres yeux, qui ne sentent que par leurs propres sens, se refuse absolument à toute impulsion étrangere, & n'écoute jamais que la voix de sa conscience ou le cri de ses passions, c'est le résultat naturel d'une maniere d'être morale, qui, pour être sujette à de grands inconvéniens, n'en inspire pas moins une sorte d'admiration pour l'individu qui nous présente ce phénomene.

QU'UN autre homme, sans énergie, sans caractere, sans ame, cede avec mobilité à toutes les directions qu'on lui donne, que dans l'abstraction de toutes ses facultés, il semble n'agir que par les sens d'autrui ; c'est un triste effet de la foiblesse humaine, qu'une expérience trop malheureuse nous défend de révoquer en doute.

MAIS qu'un être civilisé ait, pour ainsi dire, séparé son existence en deux ; qu'il se soit dit : « Je serai » toujours l'homme fort quand il s'agira de résister au » bien, je serai toujours l'homme foible quand il fau- » dra s'abandonner au mal ; je n'écouterai jamais les » grandes idées que la vérité, la magnanimité, & le pa- » triotisme me présenteront avec hardiesse ; j'accueil- » lerai toujours ces petits moyens que la flatterie, la

» baſſeſſe , l'intrigue , m'offriront avec art ; je n'accor-
» derai aucune confiance à ces citoyens généreux qui
» ſont les amis nés des peuples & les régénérateurs des
» Nations, & je me livrerai ſans réſerve à des intrigans
» ſubalternes qui ſont les fléaux de leurs ſemblables &
» les oppreſſeurs du genre humain » . . . . J'avoue
qu'un tel homme eſt un ACCIDENT dans la nature, dont
je ne conçois pas bien l'exiſtence , & que la double
propriété qu'il a de ne pouvoir s'amalgamer avec les
bons, & de ſe combiner ſans effort avec les méchans,
le rend , lorſqu'il eſt puiſſant, lorſqu'il eſt Miniſtre , le
plus dangereux de tous les êtres, puiſqu'il ASPIRE tous
les vices, & qu'il REPOUSSE toutes les vertus.

QUE n'eſt - ce là, MESSIEURS, un tableau d'imagi-
nation, & pourquoi faut - il que j'aie la douleur de vous
en offrir le modele ?

TANDIS que M. de la Luzerne refuſoit en France
toute ſorte de juſtice aux malheureux qu'il avoit per-
ſécutés à Saint-Domingue , le ſieur de Marbois, en ſon
nom, au nom reſpectable de notre Souverain, continuoit
les perſécutions , les vexations , les actes de tyrannie
de toutes eſpéces ; & puis le Miniſtre de la Marine, le
ſeul refuge qui dût reſter aux infortunés, ou ſe taiſoit, ou
approuvoit, ou appuyoit ſur leurs malheurs , & par cette
conduite inconcevable, S'EN APPROPRIOIT tous les
torts.

C'EST ainſi que l'on réduit les hommes au dernier
déſeſpoir ; c'eſt ainſi que les révolutions ſe préparent ;

c'eſt ainſi qu'elles s'achevent, parce que les annales du monde nous diſent à toutes les pages que la liberté naquit toujours des cendres du deſpotiſme.

Au mois d'août 1788, Saint-Domingue fut ravagé par un affreux ouragan. Ses dégâts s'étendirent ſur deux des trois Provinces de l'Iſle, & une partie des malheureux habitans de ces contrées, au ſein de l'aiſance & des richeſſes de l'agriculture, ſe trouva, en quelques heures, privée de gîte, de nourriture, & des premiers beſoins de la vie.

Dans cet état d'angoiſſe qui ſuſpend l'homme entre l'exiſtence & la mort, & qui lui laiſſe tout le temps de contempler l'horreur de ſa poſition, nos généreux voiſins, les habitans des États-unis, oubliant que nos lois prohibitives les banniſſent rigoureuſement de nos côtes, s'en approcherent avec empreſſement. Ils vinrent nous offrir tout ce qui nous manquoit.

Au ſein des regrets & des calamités, l'abondance au moins alloit renaître....... Le ſieur de Marbois fait fermer les ports ; ſa tête, froide comme ſon cœur, imagine, dans cette déſolation générale, de ſubſtituer une ſpéculation productive, à la pitié utile de nos libres voiſins. Les magaſins étoient garnis de biſcuit de mer qui commençoit à ſe gâter.

« Voila, dit l'Intendant, une bonne occaſion de s'en » défaire ; ces gens-ci n'ont rien à manger, il faudra » bien qu'ils s'en contentent & qu'ils le paient à tout

» prix » , & il le taxa fort cher & au comptant. Ces conditions , inadmiſſibles dans la circonſtance, alloient entraîner la perte d'une multitude de victimes , ſi les capitaines des navires marchands, indignés de cet affreux monopole, & dociles à la voix de l'humanité, n'euſſent à l'inſtant fait porter à terre toutes les farines , tout le biſcuit qui ſe trouvoit à leurs bords. Fideles interpretes des ſentimens des armateurs de nos ports, leurs Commettans, ils eurent la généroſité de livrer ces denrées ſaines & fraîches à un prix inférieur, & d'accorder, pour les payer, les termes de leur cargaiſon.

AINSI M. l'Intendant eut peu de pratiques, & ceux même qui n'avoient pas d'argent comptant, ne moururent pas de faim. Le mal réel ne fut donc pas bien grand ; mais le SPÉCULATEUR n'en devint pas moins odieux, & le Peuple qui, dans tout ce qui tient à ſa ſubſiſtance, ne peut ſe réſoudre à ſéparer l'adminiſtration des Adminiſtrateurs , ne vit plus dans l'autorité qu'une EXÉCRABLE TYRANNIE qui ne comptoit pour rien la vie des hommes , quand il s'agiſſoit d'un peu d'argent.

UN nouveau trait de fiſcalité vint mettre le ſceau à la haîne que l'on portoit à l'Intendant ; & M. de la Luzerne, d'abord par ſon ſilence, & enſuite par une APPROBATION bien coupable , ne tarda pas à étendre ſur lui-même LA TACHE dont s'étoit couvert le ſieur de Marbois. Ceci , MESSIEURS , demande toute votre attention.

LORSQUE Saint-Domingue ſe donna à la France, ce

fut fous la claufe BIEN EXPRESSE de recevoir du Souverain une protection gratuite, & de ne payer aucun autre
impôt que celui qui provenoit naturellement du bénéfice
de fon commerce.

LORSQUE Saint-Domingue, pour prouver fon patriotifme, offrit à Louis XIV, dans fes malheurs, de fe
charger elle-même des frais de la protection que lui
avoit promife la France, ces frais ne fe montoient qu'à
cent mille écus, & ce fut fous la claufe BIEN EXPRESSE
que les habitans répartiroient cette impofition volontaire entre eux, comme bon leur fembleroit, & pour
un temps limité.

VOILA deux loix FONDAMENTALES de la Colonie que
tous nos Souverains ont reconnues, refpectées, & que le
Roi a fanctionnées lui-même en 1775, lorfque, par
l'article 34 de fon ordonnance fur le gouvernement civil
de Saint-Domingue, *il défend expreffément toute
levée de deniers, fans une délibération préalable des
habitans.*

EH BIEN, MESSIEURS, quand on a le bonheur de
vivre fous des loix auffi claires, auffi précifes, auffi
facrées, celui qui d'une main impie prétend arracher
de notre Code le feuillet de la Conftitution d'un Peuple, eft un CONCUSSIONNAIRE qui brave la haîne de la
Nation, & qui appelle fur fa tête la vengeance de la
loi.

JE dois obferver ici que cet octroi gratuit de 300

mille livres accordé à Louis XIV, s'étant infenfiblement accru jufqu'à la fomme de six MILLIONS, le peuple généreux qui donnoit des marques fi éclatantes de fon dévouement à la Métropole, avoit dû s'attendre que les Adminiftrateurs qu'elle lui envoyoit, loin de chercher à augmenter ce fardeau patriotique, auroient des ordres précis d'en alléger le poids, en confervant AU MOINS précieufement LE DROIT ACQUIS aux habitans de répartir eux-mêmes entre eux cet impôt volontaire.

Au nombre de différens prélévemens qui compofoient ce produit annuel, étoit la recette des droits appelés *curiaux*, qui fervoit à l'entretien des Miniftres des autels, & la recette des droits connus fous le nom de *fuppliciés*, qui payoit les Maréchauffées & autres objets relatifs à la fûreté publique. Ces deux caiffes étoient diftinctes, & elles étoient alimentées par une capitation fixée depuis long-temps à 30 fous par chaque Negre. Le 27 février 1787, peu avant la fuppreffion du Confeil Supérieur du Cap, M. FRANÇOIS DE NEUFCHATEAU, Procureur Général, conclut à ce que, vu l'état brillant de ces caiffes, l'impofition fût modérée à 20 fous au lieu de 30.

Un an après, en mars 1788, fans caufe, fans motif, fans befoin, il plaît à MM. de la Luzerne & de Marbois de porter l'impofition à UN ÉCU par tête de Negre, c'eft-à-dire, d'en TRIPLER la quotité, de RÉUNIR ces deux caiffes, de s'en rendre les Adminiftrateurs fouverains, d'annoncer même une augmentation pour l'année fuivante, & de donner ainfi tacitement au Confeil de la Colonie

nie le droit d'impofer arbitrairement à l'avenir tous les Habitans de Saint-Domingue au gré de la cupidité ou de l'ineptie des Adminiftrateurs en chef & des Miniftres.

CETTE déviation de principes alarme tous les propriétaires ; elle décourage tous les Colons qui fentent que ces effets défaftreux vont pefer particulierement fur l'agriculture ; ils préfentent leurs juftes remontrances à l'Intendant ; mais l'Intendant, SÛR DE L'APPUI DU MINISTRE, n'écoute ni la loi, ni la foi, & fe difpofe à maintenir par LA FORCE un régime oppreſſif qu'il n'a pas établi fans raifons.

AINSI, par une fingularité que vous aurez pu, MESSIEURS, obferver plufieurs fois dans les faits contenus dans ce Mémoire, tandis que les Parlemens, en France, effrayés de l'abîme que le génie du fifc avoit ouvert fur nos pas, abrogeoient le droit d'impofer que nos Souverains avoient ufurpé, & renonçoient à ces enregiftremens abufifs, dont ils reconnoiffoient les dangers ; un Miniftre du Roi, comme s'il eût voulu conferver au defpotifme un TRÔNE en Amérique, pour le dédommager de celui qu'il alloit perdre en Europe, cherchoit à établir dans cet hémifphère l'ariftocratie parlementaire & la burocratie fifcale, que le vœu de fes anciens Habitans & le droit des gens fembloient en éloigner à jamais.

A la fuite de cette hydre infernale de la FISCALITÉ, entrerent tous les malheurs qu'elle provoque, toutes

F

les vexations dont elle eft l'ame , toutes les violences qu'elle entraîne , fléaux nouveaux pour les Colons , qui , jufqu'à ce moment , n'avoient eu à fe défendre que contre le climat , & qui maintenant font affaillis de toutes parts par des actes TORTIONNAIRES dont je ne vous citerai qu'un feul :

LE Miniftre & l'Intendant avoient bien prévu les difficultés qu'entraîneroit la recette de la nouvelle impofition. Ils en avoient chargé les Marguilliers des paroiffes , citoyens notables , & les avoient rendus RESPONSABLES des recettes qu'ils ne feroient pas.

LE SIEUR DE LA FAUCHERIE, Propriétaire planteur, Négociant , pere de famille, honoré de l'eftime de fes concitoyens, nommé l'année précédente , par leurs fuffrages , Marguillier de la Paroiffe de la ville du CAP, reçut l'ordre de collecter le nouvel impôt arbitraire , établi par le Miniftre & par l'Intendant fon organe. Il effaya en vain de faire fa collecte ; mais perfonne ne voulant payer, il écrivit au Receveur Général des droits municipaux la lettre la plus mefurée , la plus honnête, par laquelle il le prioit de défigner un autre Receveur qui feroit fans doute plus heureux que lui.

SUR cette lettre , DÉNONCIATION du fieur de la Faucherie au Procureur Général la Mardelle ; convocation extraordinaire du Tribunal alors en vacances ; conclufions rigoureufes du miniftere public , & fur ces conclufions adoptées , arrêt de la Cour qui *décrete d'ajournement perfonnel cet excellent citoyen, ordonne que fon procès lui sera* FAIT ET PARFAIT *; que ses biens seront* SAISIS *, garnison établie chez lui, ses meubles* EXÉCUTÉS, & *sa personne* ARRÊTÉE, *si, dans le délai de l'ordonnance, il ne paye pas à* LUI SEUL *la somme entière imposée sur toute la ville du Cap.*

CET arrêt est mis à exécution UN DIMANCHE, malgré le texte de la loi, & avec une publicité & un scandale qui ajoutent encore aux rigueurs de ses dispositions. Tout est SAISI au Cap chez ce Négociant respectable, au risque de lui faire perdre son crédit. La Commune s'assemble, & offre aux exécuteurs une garantie DE DIX MILLIONS ; ils la refusent. Ils se transportent à l'habitation du sieur de la Faucherie ; on le trouve alité & sérieusement malade ; mais les ordres portoient sans doute de ne respecter ni la religion ni l'humanité. On L'ARRACHE inhumainement des bras de sa femme & de ses enfans ; on l'entraîne sans ménagement jusqu'au Cap, & là, malgré les cris de tous les Habitans, malgré les remontrances respectueuses & fortes que la Chambre du Commerce juge à propos d'adresser aux Commandans, on lui fait verser de force dans la caisse municipale la somme imposée. Il satisfait, mais le décret fatal étoit lancé, il restoit à le purger. Pour éviter la PRISON, le sieur de la FAUCHERIE, en dépit d'une FIEVRE ARDENTE, est contraint de se faire transporter sous un ciel brûlant, au Port-au-Prince, à soixante lieues de chez lui ; il comparoît pardevant le Rapporteur de la Cour, & lui démontre SANS RÉPLIQUE, & à son grand étonnement, non seulement que la perception de ces nouveaux droits est absolument indépendante de la charge de Marguillier, & contraire à l'efprit & à la lettre des ordonnances du Roi ; mais encore qu'il n'eft Marguillier ou Collecteur que pour *l'année* 1787 ; que l'on eft prefque à la fin de 1788 ; que fi quelqu'un eût dû éprouver tant d'horreurs, c'eût été le Marguillier de 1788, puifqu'il s'agiffoit d'un impôt créé en 1788, collectible en 1788 ; que l'on s'eft trompé cruellement vis-à-vis de lui, & que cette méprife étrange peut avoir des fuites bien funeftes. Hélas ! il ne difoit que trop vrai. Il revient chez lui par cette route pénible, fatigante, que les Adminiftrateurs repréfentoient *comme fi belle*, & qui eft un des fléaux de la Colonie ; il nous trace le tableau déchirant des atrocités dont une autorité exagérée & des lois abufives l'ont rendu victime ; nous conjure de DÉNONCER ces exactions tyranniques au Roi, à la Nation ; SIGNE de fa main, avec les autres Commiffaires élus par la Paroiffe du Cap, les pouvoirs néceffaires pour parvenir à ce but ; nous SOMME de venger fa Patrie, ET MEURT.

A l'inftant toute la ville eft en deuil, tous les Habitans, comme dans une calamité publique, fe cherchent, fe rapprochent, & la maifon du malheureux la Faucherie devient le rendez-vous de toutes ces ames émues & le théâtre de la fcene la plus touchante. Dans cette confternation générale, dans ce moment de contraction univerfelle, où tous les cœurs ferrés avoient befoin d'épancher leur douleur, un citoyen patriote, un ancien ferviteur du Roi, Officier général dans fes armées, & juftement honoré de l'eftime de la Colonie qui depuis lui a accordé fes fuffrages en le nommant l'un de fes Dépu-

tés à l'Assemblée Nationale , M. LE MARQUIS DE ROU-
VRAY prend la plume , & plaçant un papier SUR LE
CERCUEIL même de notre infortuné compatriote , il écrit,
fous la dictée de tous les cœurs , aux Commandans particuliers du Cap , une lettre revêtue d'un grand nombre
de fignatures , & qui n'exprime que LITTÉRALEMENT
les fentimens D'EXÉCRATION dont les excès du defpotifme avoient rempli toutes les ames.

APRÈS cette fatisfaction aux mânes de la victime
immolée , tout le cortége fe rendit à l'Eglife. Là , en
prefence d'une foule immenfe de Peuple qui honoroit
de fes larmes celui qui avoit fu mériter fon eftime & fes
regrets , M. LE MARQUIS DE ROUVRAY s'avançant noblement vers les repréfentans des Adminiftrateurs , leur
remit à eux-mêmes une minute de l'adreffe funebre qui
exprimoit fi bien le fentiment général. Je ne puis mieux
vous le peindre , MESSIEURS , qu'en tranfcrivant à la
fuite de ce mémoire L'ORIGINAL que j'ai dans mes mains,
& qui eft parfaitement conforme au *duplicata* qui a été
envoyé à M. le Comte de la Luzerne , & qui eft refté
dans les fiennes fans réponfe & fans fatisfaction.

DOIS-JE m'aftreindre ici à la forme ordinaire
que j'ai adoptée? Dois-je vous récapituler ici les délits
dont M. de la Luzerne eft COUPABLE? Hélas ! fi les
détails horribles que vous venez d'entendre font les
crimes de fon Intendant & de fon Procureur Général ,
la protection SPÉCIALE accordée par lui à ces
deux vampires de la Colonie , lui eft perfonnelle. Le

fieur de Marbois fut COUPABLE d'avoir ofé rifquer l'exiftence des Habitans, pour fe défaire d'un aliment qui pouvoit être dangereux pour leur fanté ; il fut plus COUPABLE
d'avoir , au mépris des loix fondamentales de la Colonie,
ofé promulguer une impofition qu'elles n'avoient pas
autorifée ; il fut bien plus COUPABLE d'avoir, malgré
les remontrances de la Chambre d'Agriculture , ordonné
la réunion des caiffes , comme il avoit exécuté la
réunion des Confeils , malgré les vœux unanimes des
Colons ; il fut plus COUPABLE encore d'avoir dénoncé
fans motif & fait décreter fans fujet un citoyen qu'il
n'avoit pas le droit de rendre refponfable d'une recette illégalement établie ; enfin il fut fingulierement COUPABLE
d'avoir, par une intention criminelle, ou par une inad-
vertance inexcufable , dirigé tous les traits de fon defpotifme & fes injuftes réclamations contre un officier
qui n'étoit plus comptable.

QUANT à M. de la Luzerne, alors Miniftre , il fut
COUPABLE de tous ces faits , puifqu'il en a autorifé plufieurs, & qu'étant inftruit des autres par la clameur
publique & par les Repréfentans eux-mêmes de la Colonie, qui les lui ont plufieurs fois OFFICIELLEMENT
DÉNONCÉS, non feulement il n'a pas eu égard à nos
juftes griefs, non feulement il n'a pas ordonné de réparer le mal déjà fait, non feulement il n'a pas puni les
inftigateurs de tant de forfaits; mais il les a APPROUVÉS
par fon filence, ou ENCOURAGÉS par fes correfpondan-
ces, ou RÉCOMPENSÉS par des témoignages honorables
dont l'exiftence, MESSIEURS, devroit vous paroître une
fable, fi, dans un des chefs de dénonciation qui va fuivre,
je n'étois à même d'en mettre la preuve écrite fous les

yeux de l'Assemblée Nationale. En attendant, je dépose entre vos mains toutes celles qui ont trait à la perte du malheureux LA FAUCHERIE, notre compatriote, notre ami, & le CLIENT de la Colonie toute entiere. Je dépose LES POUVOIRS que sa veuve infortunée nous a adressés pour pourfuivre fes perfécuteurs & fes affaffins ; je dépofe dans vos cœurs les cris de fes ENFANS intéreffans qui redemandent à M. de la Luzerne un pere de trente-quatre ans qui pouvoit les amener au même âge. Je remets à votre humanité les pleins pouvoirs de ces OR-PHELINS, victimes des defpotes. Ce ne fera point en vain qu'à cet âge tendre ils auront invoqué les PERES DE LA PATRIE ; ils n'auront rien perdu fi vous daignez les adopter.

XIII.ᵉ CHEF DE DÉNONCIATION.

MAINTENUE OPINIATRE D'UN INTENDANT PROS-CRIT ; RAPPEL SOUDAIN D'UN GOUVERNEUR CHER A LA COLONIE.

QUAND une tempête affreufe a privé un vaiffeau de tous fes agrès, quand, dépouillé de prefque toute fa mâture, un vent impétueux le pouffe vers la terre, & qu'il ne lui refte plus qu'une feule voile pour manœu-vrer au milieu des écueils qui défendent le port ; que diroit-on d'un barbare qui, au lieu d'envoyer vers ces infortunés en péril, des fecours que l'humanité réclame, dirigeroit contre eux les forces dont il difpofe, & à l'aide de ces machines formidables, qui, comme la foudre, renverfent tout, tâcheroit de brifer le feul mât auquel eft attaché le falut de ces malheureux ?

F 4

EH BIEN, MESSIEURS, vous avez entendu le récit D'UNE PARTIE de nos maux ; vous avez contemplé le tableau de la tourmente cruelle qui nous agitoit ; vous nous avez vus dans les horreurs du naufrage ; une SEULE PLANCHE nous reſtoit encore, c'étoit un bienfait du Souverain ; pourquoi M. de la Luzerne s'eſt-il hâté de nous la ravir quand elle nous étoit ſi néceſſaire ?

VOUS n'avez point oublié qu'en octobre 1788 le nouveau Miniſtre de la Marine avoit eu pour ſuccéſſeur dans le gouvernement général de Saint-Domingue, M. le Marquis DU CHILLEAU. Le Roi, un peu malgré ſon Miniſtre, avoit fait de ce poſte important la digne récompenſe d'un des vainqueurs de la DOMINIQUE, qui, après avoir puiſſamment coopéré dans la derniere guerre à la conquête de cette Iſle, s'y étoit fait adorer en la gouvernant juſqu'à la paix.

Ce Général parti avec des inſtructions miniſtérielles que nous avions lieu de craindre, avoit pris terre au Port-au-Prince dans les derniers jours de cette même année 1788. Vous n'avez point oublié que l'Intendant Marbois avoit débuté par engager ce nouveau Vice-Roi à ſigner, dès le lendemain de ſon arrivée, une ordonnance DÉSASTREUSE qui devoit ÉTERNISER le deſpotiſme à Saint - Domingue, puiſque ſon but étoit d'éloigner A JAMAIS les colons des Etats-Généraux, ſource unique de la liberté ; cette ſignature eſt le ſeul reproche que la Colonie ait à faire à M. du Chilleau, s'il en mérite toutefois, pour avoir, en arrivant, cédé à des ordres POSITIFS du Miniſtre, & à la néceſſité, que le ſieur de Marbois lui peignoit comme très-urgente.

Cet Intendant, qui, jadis précepteur des enfans de M. de Monaco, s'étoit déclaré, par habitude, le péda-gogue de M. de la Luzerne; qui, avec orgueil & scandale, l'avoit asservi pour commander, qui avoit RÉGNÉ sous son nom, & qui ne lui avoit laissé de liberté que celle de s'ASSOCIER à ses délits; cet Intendant despote comptoit aussi gouverner M. du Chilleau, & prolonger une vice-royauté d'autant plus intéressante pour lui, que de nombreux griefs avoient passé en Europe, & devoient lui faire craindre le moment où, rentrant en France, & pouvant y trouver de grands changemens, il ne lui resteroit plus ni protecteur, ni soutien, ni égide contre la multitude de ses ennemis.

Il essaya donc de circonvenir le nouveau Général, & de l'affilier à ses principes; mais ce dernier, dès qu'il eut reconnu le terrain, remercia son guide, c'est-à-dire, qu'il ne voulut plus de bandeau. Franc, loyal, vertueux, il voulut voir par SES YEUX, commander par SA RAISON, ordonner par L'HUMANITÉ, gouverner par LA LOI. Cette maniere d'être étoit absolument incompatible avec celle du sieur de Marbois. De là, des différences dans leurs opinions; de là, des aigreurs dans leurs discussions; de là, de l'humeur dans leurs dispositions respectives; de là enfin une opposition publique & soutenue dans leurs actions, & un éloignement qui finit par rendre tout rapprochement impossible.

Tout ce que proposoit l'Intendant, éprouvé au creuzet du vertueux Gouverneur, étoit ordinairement reconnu mauvais & rejetté; tout ce que proposoit le

Gouverneur, quelque fage que ce fût, étoit, par re-préfailles, réprouvé par l'Intendant; & de ce choc per-pétuel entre deux pouvoirs égaux, réfultoit prefque toujours le malheur de la Colonie.

UN exemple frappant vint appuyer cette vérité. LA DISETTE fe fit fentir à Saint-Domingue. M. du Chil-leau & fon collegue ouvrirent, aux termes des ordon-nances, les trois ports d'entrepôts aux farines améri-caines, & attendirent de cette mefure le retour de l'abondance; mais l'abondance ne revint point, parce que les Américains n'avoient pas la liberté d'exporter de ces ports, en paiement de leurs farines, des denrées coloniales. Le Gouverneur voyant que le mal ne cédoit point au remede, jugea le remede INSUFFISANT, & convaincu que le falut du peuple eft la loi fuprême, & que toutes les PROHIBITIONS doivent tomber devant le befoin impérieux de conferver fon exiftence, il propofa une feconde ordonnance par laquelle *il ouvroit aux farines étrangeres tous les ports d'Amirauté, & per-mettoit aux navires qui les importeroient de fe char-ger en retour des denrées de nos manufactures.* Cette ordonnance devoit être le falut de la Colonie. L'Inten-dant s'y oppofa de toute fa force, & finit par REFUSER hautement de la figner.

LE Gouverneur jugea froidement le réfultat de ce refus; il ne fe diffimula pas qu'il falloit fe perdre ou perdre la Colonie. Il n'héfita pas; il SIGNA SEUL l'or-donnance, il la porta au Confeil Souverain de Saint-Domingue, & cette Cour, électrifée par le dévouement

patriotique du Décius françois, ofa, en préfence de l'Intendant lui-même, enregiftrer unanimement cette ordonnance fi néceffaire , & lui donner ainfi publicité &
FORCE DE LOI. La colonie fut fauvée : mais le fieur
Marbois n'étoit pas homme à fouffrir tranquillement
cet échec. Il écrivit au Miniftre fon pupille; je n'ai
pas cru devoir exiger de M. de la Luzerne de me communiquer fa correfpondance, & de me fournir ainfi des
armes trempées contre lui-même , quand j'en avois déjà
de fi terribles; mais on peut juger du contenu de cette
lettre par l'effet qu'elle produifit. On dit que l'audacieux
Intendant eut affez de confiance dans l'aveuglement du
Miniftre, pour lui mander qu'il falloit qu'il OPTAT
entre M. du Chilleau & lui.

Ici , MESSIEURS, je dois vous fupplier de vouloir
bien obferver les époques; cette lettre & cette menace
de l'Intendant arriverent à Verfailles le 29 juin, c'eft-
à-dire, fix jours après le 23 , & quatorze jours avant
celui de la révolution.

LE même bâtiment nous apporta des lettres de nos
Commettans, & des ordres précis fur la conduite que
nous avions à tenir. La DÉPUTATION de Saint-Domingue fe tranfporta toute entiere chez M. le Comte de la
Luzerne, pour lui dénoncer LA PERFIDIE de l'Intendant , & exalter auprès de lui la MAGNANIMITÉ du Gouverneur. De grandes vérités furent dévoilées dans deux
conférences fucceffives, & M. de la Luzerne n'en nieroit
pas une feule , puifque nous étions DIX TÉMOINS. Ces
deux entrevues fe terminerent par la demande expreffe, de

notre part, du RAPPEL de M. de Marbois, & d'une APPRO-
BATION formelle de la conduite de M. du Chilleau.

VOICI la réponfe du Miniftre, après notre feconde
converfation :

*Je ne puis, MESSIEURS, me difpenfer de donner
une petite réprimande à M. du Chilleau, parce qu'il
a manqué aux formes ; mais je vais rappeller fur le
champ M. de Marbois, puifqu'il paroît que la Colonie le défire.*

CES propres termes de M. de la Luzerne furent tranfmis par nous le même jour à nos Commettans. Quelle fut
notre furprife, lorfqu'au milieu des fecouffes violentes qui
agitoient la Cour, le Confeil, L'ASSEMBLÉE NATIO-
NALE, Paris & toute la France, nous apprîmes que M. le
Marquis du Chilleau avoit été RAPPELÉ SECRETE-
MENT, que fon fucceffeur avoit été nommé auffi SECRE-
TEMENT, qu'il étoit parti très-brufquement, que déjà
il étoit fous voile, que par conféquent le Miniftre s'étoit
fait un jeu DE NOUS TROMPER indignement; qu'il
avoit craint que l'Affemblée Nationale n'éclairât la
religion du Roi, & nous vîmes alors clairement que dans
ces jours de fermentation & de défordre, où quelques
Confeillers coupables étoient parvenus à élever, entre
le Monarque & la vérité, un mur d'erreurs & de menfonges, M. de la Luzerne, par une connivence criminelle avec ces ennemis de la patrie, s'étoit réfervé le
foin de MAINTENIR dans nos poffeffions d'outremer, cet
arbitraire odieux que la franchife américaine vouloit

DÉNONCER à la Nation, comme l'Affemblée Nationale ne ceffoit de DÉNONCER au Souverain les efforts que le defpotifme faifoit pour perpétuer fon empire en France.

ET remarquez, MESSIEURS, quelle importance le Miniftre de la Marine attachoit à ce fecret ! Son infouciance habituelle fit place, en cette occafion, à la vigilance la plus active. Il craignit que l'expéditionnaire des patentes du Gouverneur général ne laifsât tranfpirer cette difpofition, & il ne fit point expédier ce BREVET ; il craignit que l'armement d'une frégate pour Saint-Domingue ne donnât quelques foupçons, & il envoya l'ordre à Breft de difpofer une frégate COMME POUR L'INDE, de l'approvifionner, & de l'expédier avec la perfonne de M. de Peynier. Il ne pouvoit pas ignorer que cette deftination SIMULÉE pour les régions les plus lointaines, coûteroit en pure perte à l'Etat une fomme confidérable au delà d'un fret pour nos Colonies ; mais dans cette crife violente qui devoit décider de l'efclavage ou de la liberté ; dans ces momens défaftreux où le Confeil, au milieu de la paix, prenoit contre la Nation toutes les précautions que des hoftilités étrangeres auroient pu feules juftifier : qu'étoit-ce que de l'argent PRIS fur le tréfor public, pour conferver à un Miniftre, auquel il n'en coûtoit rien, un empire abfolu que rien alors fembloit ne pouvoir plus détruire.

AINSI, dans la circonftance la plus critique où fe fût depuis long-temps trouvée la Monarchie ; dans un moment où la puiffance de la Nation affemblée

devoit applanir tous les obstacles, si des Ministres ré-
fractaires à ses loix n'en eussent été les promoteurs ;
dans un instant où une explosion souterraine pouvoit,
d'un moment à l'autre, miner sur le Continent les fon-
demens de l'autorité légitime, l'agent suprême du pouvoir exécutif dans les deux Indes ne craignoit pas
d'étendre cette commotion dangereuse jusques dans nos
Colonies, en arrachant à la principale d'entre elles
un Gouverneur qu'elle chérissoit ; en rappellant, au
bout de six mois de commandement, un Général qui,
s'il eût été moins aimé, auroit, sans aucun doute,
gouverné trois ans Saint-Domingue ; en sacrifiant cet
Administrateur ADORÉ, pour lequel on votoit une sta-
tue, à cet Intendant DÉTESTABLE dont l'effigie, malgré
la protection & l'attachement tendre de M. de la Luzerne,
a depuis subi le DERNIER SUPPLICE. Trop heureux
qu'une fuite précipitée ait dérobé sa personne à la vengeance des victimes de son administration tyrannique.

C'EST le souvenir cuisant des malheurs & des vexations de tout genre que nous avions éprouvés, qui nous
a autorisés, au commencement de cet article, à repré-
senter notre infortunée Colonie sous l'emblême d'un
vaisseau violemment battu par la tempête ; notre
perte eût été certaine sans les soins de notre vigilant
Gouverneur, c'étoit la *planche dans le naufrage* ; le
Ministre vient de nous l'enlever.... Nous sommes donc
fondés à conclure que dans ce cas capital :

M. de la Luzerne fut COUPABLE de n'avoir pas
voulu, dans une correspondance très-claire, dont nous

avons vu une partie, diftinguer les calomnies de l'Intendant, de la loyauté du Gouverneur; d'avoir facrifié
M. du Chilleau, vertueux & chéri, au fieur de Marbois,
prévenu & détefté; qu'il fut plus COUPABLE, lors des
plaintes graves & fans répliques que nous lui portâmes contre l'Intendant, de nous avoir formellement
PROMIS fon rappel, lorfqu'il étoit bien loin de le rappeller; de nous avoir dit de lui-même que notre Gouverneur général ayant péché contre la forme, il
ne pouvoit fe difpenfer de lui faire une légere
réprimande, lorfque l'ordre injufte qui le deftituoit
étoit déjà parti; qu'il fut bien plus COUPABLE, puifque ce délit-là, MESSIEURS, appartient tout entier
à la Nation, d'avoir, entre le 23 Juin & le 12
Juillet, difpofé avec defpotifme du fort entier des
Colonies, & fait courir à la France le hafard d'une
infurrection que le patriotifme auroit réprouvé, mais
qui, dans les premiers momens d'une fermentation dont
les fuites font incalculables, pouvoit nous faire perdre
la plus importante de ces poffeffions fi précieufes pour
la Métropole; enfin qu'il fut plus COUPABLE encore
de ne s'être prêté à ces manœuvres criminelles qu'avec
une parfaite connoiffance de leur coupabilité, puifqu'au milieu de la paix il les obombroit du manteau
myfterieux du filence, & les couvroit d'un voile dont
le Tréfor public faifoit les frais.

APRÈS ce récit, MESSIEURS, c'eft à mes Commettans
eux-mêmes, à vous prouver que le Gouverneur étoit
CHÉRI, que l'Intendant étoit HONNI, que le rappel
de M. du Chilleau a été injufte, que le départ de

M. Peynier a été fecret, & que fon arrivée à Saint-Domingue à la place d'un Général adoré, a été l'étincelle d'une infurrection qui nous a fait trembler fur le fort de cette immenfe contrée.

Voyez ci-après les pièces juftificatives du treizieme Chef.

XIVᵉ. CHEF DE DÉNONCIATION.

LETTRE D'APPROBATION DICTÉE AU ROI EN FAVEUR DE L'INTENDANT COUPABLE.

Sɪ la liberté eft le plus bel apanage de l'homme naturel, fi l'homme civilifé n'a confenti à fe priver d'une légère portion de cette liberté, que pour s'affurer à jamais la jouiffance de l'autre portion & de tous les biens qui en découlent ; fi l'homme, en fe rapprochant par befoin de fes femblables, a fenti qu'il auroit en eux autant d'adverfaires que d'égaux, à moins qu'une hiérarchie de convention n'aflignât à chacun la place d'où peut dépendre la félicité de tous ; fi, fous ce rapport, les Nations n'ont choifi des chefs que comme des guides vers le bonheur, & fi les Peuples ne fe font donné des Rois que pour punir le vice, récompenfer la vertu, & maintenir ainfi la tranquillité publique ; enfin fi ces principes, reconnus par l'Affemblée Nationale, étoient de tout temps confacrés par la raifon, comme les bafes fondamentales du droit naturel & du droit des gens, QUEL NOM donnerons-nous à un délit, qui, fapant toutes ces vérités imprefcriptibles, abrogeant toutes les claufes de ce contrat folemnel qui a réuni les fociétés fous l'empire de leurs chefs & de la Loi, dénaturant

les

les vœux des Peuples qui n'avoient confenti à obéir que
pour être heureux, & trompant les intentions du Souverain qui ne vouloit commander que pour le plus grand
bien de fes fujets, rifqueroit ainfi de brifer les liens
qui uniffent le pere & fes enfans, OUTRAGEROIT les
droits de la Nation, & LÉZEROIT également ceux de
la Majefté fuprême ? . . . . Ah ! CE NOM TERRIBLE,
MESSIEURS, ne fera pas bien difficile à trouver, quand
l'exiftence d'un femblable délit ne vous aura été que
trop évidemment démontrée.

M. le Comte de la Luzerne, en cédant le premier
Juillet dernier, comme j'ai eu l'honneur de vous le
dire tout-à-l'heure ; à la demande que faifoit l'Intendant Marbois, de rappeler le vertueux Gouverneur
avec lequel des principes diamétralement oppofés ne
lui permettoient plus de partager l'adminiftration de
Saint-Domingue ; M. de la Luzerne, dis-je, ne s'étoit
pas diffimulé la hardieffe de cette décifion purement
miniftérielle, dans un moment où la France attentive
à la voix de fes Repréfentans fembloit ne vouloir plus
obéir qu'à des DÉCRETS NATIONAUX, fanctionnés par
le Souverain.

CEPENDANT, accoutumé à voir plier les Colonies
fous le joug fi pefant de fes ordres arbitraires, il imagina que, par habitude, les Colons fe foumettroient
encore, fur-tout fi, à caufe de l'importance qu'il
mettoit à faire régner fouverainement fon Intendant,
le plus grand fauteur du defpotifme, il donnoit à la
manifeftation de fa volonté un dégré de folemnité qui,

G

encore nouveau pour les peuples, les éblouît par son éclat, & ne leur laissât que la liberté de gémir en se prosternant.

Deux puissans motifs le déterminoient à adopter cette mesure ; la fermeté que les Députés de la Colonie lui avoient montrée dans les deux conférences qu'ils avoient eues avec lui , & les nombreuses plaintes qu'il avoit reçues de toutes parts contre son favori Marbois.

D'un côté, il ne doutoit pas que nous n'eussions écrit avec la plus grande franchise à nos Commettans, que nous ne les eussions informés de tous les obstacles que le Ministre avoit élevés contre notre admission aux Etats Généraux, & que leur ayant rendu compte de nos conversations énergiques, nous ne leur eussions annoncé la situation des affaires en France, la RESPONSABILITÉ des Ministres, réclamée par toutes les Provinces, & la promesse POSITIVE du rappel de l'Intendant qui faisoit leur malheur.

D'un autre côté , une foule d'avis lui signalant chaque jour de nouveaux griefs contre le sieur de Marbois, le sieur de la Mardelle, & leurs sous-ordres ou créatures, il fut obligé de convenir avec lui-même qu'ils étoient EN HORREUR à tous les honnêtes gens. Dans cette persuasion , consolante pour les amis de la liberté, puisqu'elle leur prouve que le despotisme porte avec lui son ver rongeur, M. de la Luzerne devoit craindre qu'un FIRMAN qui présenteroit au Peuple

étonné le RAPPEL de celui qu'on aimoit & la MAIN-
TENUE de ceux qu'on abhorroit, ne devînt pour toute
la Colonie le signal du désespoir, & pour les mécontens celui d'un soulevement général ; & cette crainte
avoit tellement affecté son ame, que, malgré la pré-
cipitation avec laquelle on expédia les instructions
de M. de Peynier , ce Général reçut celle *de ne
descendre à terre que lorsque le Général rappellé
auroit, en vertu du FETFA du Visir, mis le
pied dans la frégate qui devoit le reporter en
France.*

AINSI M. de la Luzerne, tranquillement assis dans
son cabinet à Versailles , donnoit de sang froid des
ordres injustes & dangereux, dont il connoissoit l'injustice & le danger. Assuré par la discrétion de ses
agens affidés de pouvoir soustraire pendant quelques
mois aux Représentans de la Nation , la connoissance de ses machinations secretes , il pensoit sans
doute, & à cette époque mémorable du mois de Juillet, l'aristocratie, encore existante, pensoit de même,
que des coups d'autorité très-prochains devoient bientôt
anéantir ce colosse formidable de l'Assemblée Nationale, & détruire jusqu'au souvenir de ses décrets. Initié
dans les secrets du Conseil, les ordres qu'il donna
alors dans son département, & le MYSTERE dont il
les couvrit, prouvent qu'il avoit adopté le système
de ceux de ses collegues que la Nation A RÉPROUVÉS,
& que, s'il fut depuis implicitement compris, *sans
pourtant aucune désignation expresse ni nominative,*
dans la Requête que le Corps législatif crut devoir

G 2

préfenter au Monarque, pour demander le rappel d'une partie de fon Confeil, inconnu jufques-là à l'Affemblée nationale, avec laquelle il n'avoit encore eu aucune efpèce de rapport, il ne dut cette faveur qu'à une circonftance heureufe, qui, l'éloignant, par hafard peut-être, au même inftant que M. Necker, fembloit l'attacher au char d'un grand homme, & pouvoir l'affocier à fon triomphe, lorfqu'il avoit paru le compagnon de fes revers.

Quoi qu'il en foit, M. de la Luzerne fabriqua, dans ces jours défaftreux, deux arrêts du Confeil, dont M. de Peynier fût porteur. L'un d'eux, fuivant l'ufage, caffoit & annulloit les ordonnances rendues par M. le Marquis du Chilleau, quoique la Colonie leur fût redevable de fon falut, & l'autre, en prorogeant inutillement une PRIME confidérable en faveur de la traite des Noirs, offroit, à la vérité, un bénéfice aux Armateurs négriers, mais pouvoit coûter plus d'un million à l'Etat. La Nation, fans être exigeante, auroit pu défirer d'être confultée fur ce point.

Cependant ces deux arrêts, fi contraires aux vœux manifeftés à Saint-Domingue, n'étant propres qu'à fatisfaire M. de Marbois, qui les avoit PROVOQUÉS, & non à concilier, en faveur de leur exécution, une obéiffance que les vexations inouïes de cet Intendant n'avoient que trop affoiblie, M. de la Luzerne, tourmenté fans doute également, & par le défir de fervir fon favori, & par l'inquiétude d'une refponfabilité certaine, fi la Nation triomphoit, imagina un moyen tout nouveau, & qu'il eut l'aveuglement de croire infaillible, pour mettre le defpotifme lui-même à l'abri des recherches de la Nation, en le plaçant plus immédiatement fous l'égide de l'autorité royale.

IL écrivit, comme Miniftre, à M. de Marbois une lettre dans laquelle il lui donnoit fes ordres & lui traçoit fa conduite; & comme s'il eût craint dans fa confcience que les Colons ne CRUSSENT plus à ces prétendus ordres du Souverain, dont les Miniftres abufoient depuis fi long-temps pour confacrer le malheur de la Colonie, il ofa, par un renverfement bien étrange, au lieu d'ordonner au nom du Roi, & de certifier par fon feing la vérité de la fignature royale, il ofa, dis-je, déterminer fon Roi à certifier que fon Miniftre n'étoit, POUR CETTE FOIS, que l'organe fidele de fes intentions, & ne trompoit point fes fujets; & faififfant cette occafion précieufe d'annuller d'un trait de plume tous ces griefs effrayans que la Colonie entiere reprochoit à fon favori, même de fanctionner authentiquement tous les actes tyranniques de fon adminiftration, il abufa de l'empire que lui donnoit fa place fur un Monarque qui, quelles que foient fes propres lumieres, ne peut pas étendre fes regards bienfaifans fur toutes les parties de fa domination dans les deux Indes, & il ne rougit point de l'engager à écrire de fa propre main, au bas de fa propre lettre, à l'Intendant Marbois, ce que Louis XIV n'écrivit peut-être jamais à Colbert.

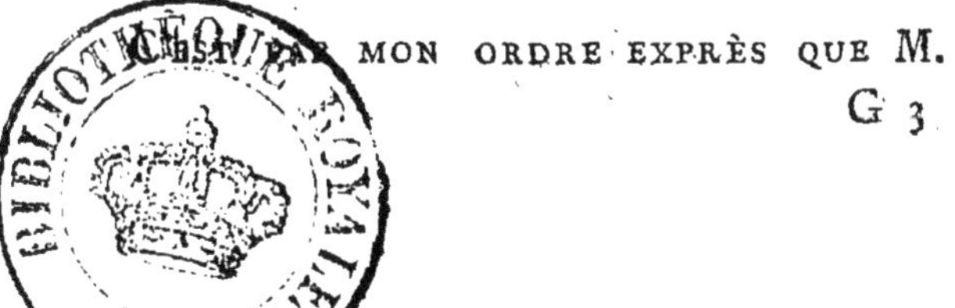

« C'EST PAR MON ORDRE EXPRÈS QUE M. DE LA

Luzerne vous écrit. Continuez a remplir vos fonctions, et a m'être AUSSI UTILE que vous me l'avez été jusqu'ici. Vous pouvez être sûr de mon APPROBATION, de mon ESTIME, et compter sur mes BONTÉS. Signé LOUIS.

Que de réflexions, Messieurs, l'analyse de ces quatre lignes royales ne présente-t-elle pas aux Législateurs de la France !

C'est par mon ordre EXPRÈS *que M. de la Luzerne vous écrit.* Ainsi, dans ces contrées éloignées, situées à 2000 lieues du Trône, où l'authenticité des ordres du Souverain est bien plus nécessaire que dans le continent, toutes les fois que le Monarque n'écrira pas DE SA MAIN quelques phrases entieres au bas de chaque ordre donné, sa signature royale, si révérée jadis, ne produira plus d'autre effet que de paroître au Peuple un moyen subreptice que le Ministre aura mis en œuvre pour les tromper.

Continuez à remplir vos fonctions. Mais personne ne les lui disputoit, & cette autorisation suggérée coupablement, n'a pu avoir, dans l'esprit de l'instigateur, d'autre sens déterminé que celui-ci. « Si » le Peuple, justement soulevé contre vos prévarica- » tions, vouloit, dans son désespoir, vous expulser » de la Colonie, dites-lui, & montrez-lui DE LA MAIN » DU ROI, qu'il veut lui-même que vous continuiez » à remplir vos fonctions ».

Et continuez à m'être aussi utile que vous me l'avez

été jufqu'ici. Ah ! que les Rois font à plaindre, puifque le meilleur de tous peut être abufé à ce point ! *Aufſi utile !* . . . . *Marbois utile !* . . . . . J'avois cru jufqu'ici que parmi les agens du pouvoir exécutif, ceux-là feuls étoient des ferviteurs vraiment utiles, qui, pénétrés des intentions pures du fouverain, & gouvernant par la loi, affocioient fans ceffe dans tous les cœurs & dans toutes les bouches le nom du Roi aux expreffions de la reconnoiffance & de l'amour des Peuples. Mais ceux qui, fubftituant leurs paffions particulieres à celles d'un Monarque qui n'en a d'autres que de faire le bonheur de fes fujets, n'emploient fon nom facré qu'à autorifer leurs malverfations, couvrir leurs bévues, ou récompenfer leurs flatteurs, & qui finiroient par lui aliéner le cœur de fes peuples, s'il étoit poffible à des François de ceffer d'aimer leur Roi ; ceux-là, non fans doute, ne lui font point *utiles ;* je dis plus, ce font les plus dangereux ennemis du Trône, puifque toutes leurs actions tendent à avilir l'autorité dont le maintien eft fi néceffaire à l'ordre public.

Vous pouvez être fûr de mon approbation, de mon eftime, & compter fur mes bontés. Eft-il bien poffible que ce foit A UN SIEUR DE MARBOIS que M. de la Luzerne ait fait adreffer par le premier fouverain de l'Europe ces paroles honorables qui mettroient le fceau de l'immortalité à la réputation d'un de ces hommes de génie & de vertu qui ont de temps en temps paru fur la furfarce du Globe ? Ah ! quand notre excellent Roi les traçoit avec complaifance de fa propre main, il croyoit qu'elles étoient la récompenfe de grands fervices, & il n'avoit garde de penfer qu'elles étoient deftinées à couvrir de grandes fautes & à confacrer de grands délits. Il ignoroit qu'un jour cet écrit rémunérateur viendroit fe placer entre le coupable & la juftice de la Nation. Il ignoroit que lorfque la colonie entiere dénonceroit à l'Affemblée Nationale des opérations défaftreufes, des affertions évidemment fauffes, des abus inouis d'autorité, des trafics honteux, des intrigues criminelles, des traits incroyables d'inhumanité, des exactions tyranniques, des dénis de juftice révoltans, des oppreffions cruelles, des calomnies atroces, des forfaitures prouvées, des jugemens pervers, des concuffions démontrées ; enfin tous les délits dont le fieur de Marbois eft d'autant plus coupable qu'il a eu conftamment l'adreffe de s'affocier pour complice le Gouverneur fon collegue, ou le Miniftre fon fupérieur; cet Intendant feroit à même de dire à tous les Colons foulevés contre lui : « Appaifez vos cris, & retirez-vous » fans efpoir de réparations; toutes vos dénonciations » font des menfonges, puifque le Roi a *approuvé* » toutes mes actions, puifque le Roi m'a accordé » toute fon *eftime*, puifque le Roi m'a promis toutes » fes *bontés* ».

C'est ainfi que le defpotifme, flottant entre l'efpérance & la crainte, & renverfant tous les principes, mettoit l'autorité royale aux prifes avec la puiffance nationale , & compromettant l'une & l'autre, les lézoit également toutes deux.

C'est ainfi que des expreffions royales, qui, depuis

l'établissement de la Monarchie, traversoient les mers, pour la premiere fois peut-être, sans altération, pour la premiere fois peut-être avoient été FIDELEMENT tranf-mifes aux Habitans d'un autre hémifphere, au lieu de ne leur peindre que des fentimens de bienfaifance & d'ap-peller l'alégreffe publique, la bénédiction de toutes les Provinces, & la reconnoiffance de tous les cœurs, al-térées dans leur fource par le fouffle miniftériel, pro-duifirent des effets tout contraires & bien fâcheux : triomphe infultant du defpotique Intendant, qui fit, à fon de trompe, PUBLIER dans toutes les villes cette let-tre fi flatteufe de fon Roi ; mépris plus infultant de fa part pour fes nombreux ennemis, douleur unanime, défefpoir univerfel, infurrection générale, & préparatifs de la fcene la plus TRAGIQUE dont l'exécution alloit fuivre, fi la fuite précipitée du coupable n'eût épargné à la Colonie une cataftrophe fanglante.

AINSI, tandis que le Miniftre engageoit le Roi à écrire de fa propre main à un Adminiftrateur, *je vous approuve, je vous eftime, je vous aime ;* les Peuples, qui ne fe trompent pas fur leurs perfécuteurs, s'écrioient unani-mement, nous vous BLÂMONS, nous vous MÉPRISONS, nous vous DÉTESTONS : tandis que la trompette du per-fide proclamoit avec emphafe ces mots magnifiques, *je vous récompenferai,* la voix du peuple, fynonyme de la voix de Dieu, murmuroit, JE VOUS PUNIRAI.

AINSI, M. de la Luzerne fut COUPABLE d'avoir faifi un moment de trouble pour faire fecretement dans fon département des difpofitions extrêmement importantes

fous les yeux de l'Affemblée Nationale , SANS LA CON-
SULTER , & contre le vœu formel des Députés de Saint-
Domingue ; il fut plus COUPABLE , fentant , comme il
le faifoit , le danger de ces difpofitions , d'avoir , à quelque prix que ce fût , tenté d'en maintenir l'exécution
entiere ; il fut encore plus COUPABLE , d'avoir , pour
échapper à la refponfabilité qui l'attendoit , effayé un
moyen abfolument inufité , qui ne tend rien moins qu'à
mettre l'opinion du Roi en contradiction avec le jugement des Peuples ; enfin én infpirant au Monarque de
tracer de fa main royale le témoignage le plus honorable en faveur d'un homme vraiment indigne de fes
bontés , il s'eft rendu véritablement COUPABLE , & envers
la NATION dont il vouloit enchaîner la juftice , & envers la MAJESTÉ fouveraine dont il a compromis les
droits.

CES réflexions , MESSIEURS , n'ont point échappé à
nos Commettans eux - mêmes. Ce font eux qui nous
ont expreffément chargés de vous les tranfmettre , & de
dénoncer à l'Affemblée Nationale ces délits & leurs fentimens. Veuillez bien leur prêter un inftant d'attention.

Voyez ci-après les pieces juftificatives du quatorzieme chef.

XVe. CHEF DE DÉNONCIATION.

DISETTE DE FARINES , INSOUCIANCE CRIMINELLE DU MINISTRE.

S'IL eft vrai qu'après la liberté rien ne foit plus cher
à l'homme que fa confervation , rien auffi ne doit exci-

ter plus vivement fa gratitude, que les foins qui ont pour but SA SUBSISTANCE, & rien ne doit encourir plus juftement fon animadverfion, que l'infouciance qu'affecteroient fur ce point important ceux qui gouvernent. Mais quand bien même les Adminiftrateurs feroient doués, pour commander, de tous ces talens qui fouvent leur manquent, il eft impoffible que leurs facultés, qui ont néceffairement des bornes, puiffent s'étendre également & à tous les détails du Gouvernement, & à tous les dédales de la cabale & de l'intrigue ; & l'on peut dire avec vérité que les momens confacrés par un Miniftre au maintien de fon autorité paffagere, font autant de larcins qu'il fait à la Patrie.

Nous avons, à cet égard, un reproche BIEN GRAVE à faire à M. le Comte de la Luzerne.

Il n'a jamais ignoré fans doute que de toutes les portions d'un vafte Empire, celle qui a le plus de droit à la certitude de fes fubfiftances, c'eft UNE COLONIE qui ne produit point l'aliment de premiere néceffité, & qui, fituée au milieu des eaux, à deux mille lieues de la Métropole, pourroit périr dans les angoiffes du défefpoir par l'oubli coupable, fût - il même involontaire, d'un Miniftre négligent.

M. de la Luzerne n'ignoroit pas non plus que les intempéries défaftreufes de l'année 1788 avoient diminué l'abondance des farines, & avoient laiffé fur cette denrée fi néceffaire des inquiétudes qui devoient naturellement refferrer la quotité des exportations. Dans cette circonſtance, ſes regards, devoient ſe tourner avec intérêt vers Saint - Domingue & vers nos ports de France, & ſi ces derniers ne ſe trouvoient pas à même de fournir abondamment aux beſoins de la Colonie, les champs de l'Amérique nous préſentoient des reſſources dont la PROHIBITION nous interdiſoit pourtant l'uſage, juſqu'à ce qu'il plût à la puiſſance exécutrice de nous laiſſer profiter des tréſors de ces guérêts.

CEPENDANT la diſette avoit commencé à ſe faire ſentir à Saint-Domingue, & le Miniſtre, uniquement occupé à Verſailles à nous interdire l'entrée des Etats Généraux, n'avoit pas encore ſongé à donner aucun des ordres qui devoient procurer efficacement des ſubſiſtances aux Colons.

M. le Marquis du Chilleau y pourvut le 30 mars par une ordonnance ſage qui ouvroit aux navires étrangers les trois principaux ports de la Colonie. M. de Marbois, qui n'étoit pas encore en guerre ouverte avec le Gouverneur, ſe prêta à cette meſure, mais elle fut infructueuſe. Les Armateurs des Etats-Unis ne pouvant point, au terme de nos loix prohibitives, charger en retour leurs bâti-mens des denrées de nos Manufactures, emportoient le peu de numéraire que nous avions, nous faiſoient ainſi un tort irréparable, ſe retiroient mécontens, & ne reve-noient plus. La diſette reparut donc, & avec elle la né-ceſſité d'un moyen plus efficace.

LE SEUL qu'il y eût à prendre fut propoſé en plein Conſeil par M. le Marquis du Chilleau; c'étoit d'ou-

vrir les dix ports d'Amirauté , & de permettre à nos voisins de charger des sucres & des cafés en retour de leurs farines. L'Intendant s'y opposa ouvertement ; il plaida avec force la cause de la prohibition contre LE SALUT de la Colonie. Ses discours publiés par son ordre dans les gazettes , & sa correspondance imprimée vont être mis sous vos yeux. Vous y lirez la condamnation FORMELLE de M. de la Luzerne, que la force de la vérité arrachoit au sieur de Marbois , sans qu'il s'en doutât. « Pourquoi , disoit-il en substance , présenter de nou-
» velles facilités à l'introduction des farines ? Je con-
» viens qu'elles sont rares , mais cette rareté ne peut pas
» durer. Elle doit nous faire présumer au contraire que
» les mers sont couvertes de bâtimens bordelois qui
» cinglent vers nos ports ; & quoique l'on n'en ait point
» d'avis certain , la meilleure preuve que l'on puisse en
» offrir , c'est LA VIGILANCE CONNUE du Ministre de la
» Marine ; IL SAIT NOTRE POSITION , il connoît notre
» détresse ; assis au Conseil d'Etat , il a sous les yeux
» toutes les ressources du royaume, & dans les mains
» les moyens de les diriger vers nous. Peut - on sup-
» poser qu'il nous laissât en péril , sans avis , sans
» ordres , sans pouvoirs de veiller par nous - mêmes à
» nos pressans besoins » ?

ET tandis qu'il parloit ainsi , le Ministre ne songeoit point à nous ; il connoissoit l'arrêt du Parlement de Bordeaux qui proscrivoit sévérement l'exportation des farines , & il n'écrivoit ni à Bordeaux , ni à Philadel-phie , ni à Saint-Domingue : il voyoit l'inquiétude sur les subsistances augmenter chaque jour en France , & il n'en concevoit aucune fur l'état critique où nous étions ; il écoutoit avec diſtraction les repréſentations vives des Députés de la Colonie , & il ſourioit à leur impuiſ-fance ; il voyoit la diſette ou le reſſerrement des grains préparer ici des RÉVOLUTIONS de la plus haute impor-tance , & il ne ſongeoit pas que la même cauſe pou-voit produire ſous le Tropique les mêmes effets ; enfin il ſe rendoit coupable ici de cette haute négligence dont ſon favori ſe faiſoit, à Saint-Domingue, un argument contre le Gouverneur prévoyant qui vouloit nous ſau-ver. Le croiriez-vous, MESSIEURS, du 5 juillet au 20 ſeptembre , il n'eſt pas entré UN SEUL navire de France dans les Ports de Saint-Domingue.

QU'ARRIVA-T-IL ? c'eſt que M. du Chilleau ſigna ſeul l'ordonnance , & qu'à ce dévouement généreux nous dûmes, nous notre SALUT, lui SA DISGRACE.

BIENTÔT les Américains entrerent dans nos ports ; l'abondance ſembloit devoir amener une diminution dans le prix de la denrée , lorſque la Colonie vit, à ſon grand étonnement , le ſieur de Marbois entretenir LA CHERTÉ, en achetant par préférence une grande quantité de farines ; *c'étoit*, diſoit-il, *pour les troupes*........ Juſques-là leur ſubſiſtance étoit expédiée de France en droiture , & par conſéquent n'étoit point prélevée ſur les beſoins des Colons ; mais depuis la rareté des grains en France , non ſeulement M. de la Luzerne n'avoit pas pourvu à nos beſoins , mais il avoit eu la cruauté de nous charger , dans notre diſette , de pourvoir à ceux de nos garniſons. Nous ignorions ce nouveau déſaſtre ;

non feulement il contribua à foutenir le haut prix des farines , mais il ouvrit la porte au plus dangereux des abus. L'Intendant, fous prétexte d'acheter pour la troupe, fut foupçonné D'ACCAPARER pour le compte du Gouvernement. Ce foupçon fe changea prefque en certitude , quand on vit affiché , dans un nouveau moment de détreffe , que le Gouvernement vendroit pour 120 livres, en détail, ce qu'on avoit pu fe procurer à 80 francs en gros. Le fouvenir du bifcuit GÂTÉ & TAXÉ fe retraça douloureufement dans toutes les têtes. On obferva que le fieur de Marbois avoit chez fon beau-pere , à Philadelphie, des MAGASINS DE FARINES qu'il avoit propofé de tranfporter dans la Colonie ; & de cette maffe de remarques fur un monopole dont la rareté d'un aliment néceffaire accréditoit le bruit , & dont la négligence du Miniftre avoit été la premiere caufe , il réfulta que M. de la Luzerne fut trouvé COUPABLE de n'avoir pas furveillé un objet auffi important que la fubfiftance d'une Colonie immenfe , fpécialement confiée à fes foins ; plus COUPABLE d'avoir févi contre l'Adminiftrateur généreux qui avoit appliqué fi à propos le remede au mal ; enfin plus COUPABLE encore de n'avoir pas prévenu en temps utile fes coopérateurs à Saint-Domingue , de l'état de pénurie où fe trouvoit le royaume , de n'avoir pas même approvifionné les troupes dans le moment où la difette fe faifoit reffentir à tous les Habitans, & d'avoir autorifé ou toléré , de la part de l'Intendant, des accaparemens inutiles dans l'abondance ; odieux dans la difette, & qui , dans des circonftances critiques , deviennent tôt ou tard le prétexte fâcheux des infurrections les plus dangereufes.

CE que je viens, MESSIEURS, d'avoir l'honneur de vous expofer, n'eft point un récit, ce font les plaintes de nos Commettans, dont nous ne fommes que les organes.

Voyez ci-après les pieces juſtificatives du quinzieme chef.

XVIᵉ CHEF DE DÉNONCIATION.

TRAIT D'INHUMANITÉ ENVERS DES CITOYENS NATURALISÉS ET LABORIEUX.

A ce trait d'infouciance coupable que je viens de vous expofer, MESSIEURS, nous fommes forcés d'oppofer un trait de vigilance bien rigoureux, que la clameur publique vous dénonce, & dont elle partage les torts entre le Miniftre qui a donné l'ordre, & l'Intendant qui l'a provoqué.

EN 1764, peu après cette paix déplorable qui cédoit à nos heureux rivaux nos établiſſemens dans l'ACADIE, le Gouvernement touché de l'attachement que quelques familles Acadiennes avoient témoigné pour les intérêts de la France, & voulant leur offrir, contre les perfécutions de leurs conquérans, un afile agréable pour eux, & utile pour nous, les tranfporta au nombre de 4000 à Saint-Domingue, & les dépofa dans les plaines du MÔLE SAINT-NICOLAS, pofte très-important par fa pofition, & fufceptible d'un grand intérêt par la beauté de fon port.

CES braves gens, pour la plupart d'origine Allemande, endurcis

endurcis aux fatigues de la culture, s'étoient flattés de défricher aisément le sol de Saint-Domingue, que l'on peut regarder en général comme le plus fertile de tous les pays; mais la nature qui a posé des bornes à notre puissance, & qui n'a pas permis que LES BLANCS pussent travailler de leurs mains sous le vingtieme degré de latitude, a vu peu à peu succomber ces Colons laborieux, & les a réduits à cinquante familles, tristes restes de ces 4000 hommes qui y furent débarqués il y a vingt-cinq ans.

RIEN, sans doute, n'est plus intéressant que le sort de ces infortunés qui, après avoir échappé aux horreurs de la guerre & au fer ennemi, se sont éteints encore en voulant nous être utiles.

LE Roi, dans sa justice, paye une foible solde à ces malheureux, & tout l'agrément de leur vie consistoit dans la jouissance de quinze carreaux de terre, c'est-à-dire de trente-six arpens plat pays, dans les environs du Môle Saint-Nicolas.

TRANQUILLES & heureux, ils cultivoient ce petit terrein, lorsque le génie FISCAL du sieur de Marbois a cru apercevoir un léger bénéfice à les spolier de ce coin de terre qui devoit être un jour leur tombeau. En conséquence, sans considération pour leurs anciens services, ni pour leur dévoucment, ni pour leurs malheurs : ORDRE à ces infortunés d'abandonner cette habitation qui leur devoit culture & fécondité, & de la céder à des Fermiers, CRÉATURES du sieur de Marbois, qui promet-

H

toient d'en rendre 1400 livres au gouvernement ; c'eſt vendre bien bon marché le malheur d'une peuplade entiere.

En 1789, M. du Chilleau faiſant ſa tournée dans la partie du nord, eſt entouré de ces intéreſſans habitans. Ils tombent à ſes pieds, lui content leurs maux, lui expriment leurs déſirs ; & le ſenſible Gouverneur, touché de leurs cris & de la modération de leurs demandes, ne croit pas outrepaſſer ſes pouvoirs, ni les intentions du Roi, en payant leur bonheur par le léger ſacrifice d'un modique fermage de 1400 livres ; la jouiſſance du petit terrein leur eſt rendue, & cinquante familles béniſſent tous les jours, avec le nom du Souverain, celui d'un Général qu'ils nomment leur pere.

L'Intendant Marbois, incapable d'un remords, ne l'eſt pas d'une perfidie ; il dénonce au Miniſtre, ſon ami, cet acte d'humanité & de juſtice qu'il auroit dû imiter à l'avenir ; il le dénonce, & M. de la Luzerne, qui ne ſauroit rien refuſer à ſon ancien Précepteur, improuve la bienfaiſance de M. du Chilleau, & la donation eſt annullée, & M. le Comte de Peynier emporte l'ordre de dépouiller une ſeconde fois ces infortunés Germains, que leurs anciens ſervices & leurs longs malheurs ne peuvent ſouſtraire à une ſpoliation itérative, qui les réduit à la ſituation la plus critique.

L'ordre de M. l'Intendant, tranſmis par le Miniſtre, vient d'être exécuté par le nouveau Gouverneur ; & le ſieur de Marbois, glorieux d'avoir donné ce nouveau déboire à fon ancien collegue, prouve, par fa conduite, qu'il eft difpofé à répéter fouvent de pareils actes, puifqu'ils lui valent, graces à M. de la Luzerne, *l'approbation* de *Sa Majefté*, fon *eftime* & fes *bontés*, écrites de fa main.

C'EST ainfi, MESSIEURS, qu'à bien peu de frais M. de la Luzerne fe rend COUPABLE, aux yeux de la colonie, d'un petit acte tyrannique qui annonce un cœur flétri, infenfible aux befoins du peuple, & qu'il partage avec fon déplorable Intendant une animadverfion qui enleve au pouvoir exécutif toute fon influence & tout fon éclat.

CE trait, entre mille autres, nous a été tranfmis par nos Commettans.

Voyez ci-après les pieces juftificatives du feizieme chef.

XVIIe CHEF DE DÉNONCIATION.

RÉUNIONS TYRANNIQUES AU DOMAINE DU ROI, ET CONCESSIONS FRAUDULEUSES.

LORSQUE l'homme, le plus impérieux fans contredit de tous les êtres, après avoir foûmis tous les animaux à fa puiffance, voulut auffi maîtrifer le plus féroce d'entre eux, le tigre de l'Afie, jamais il ne put parvenir à dompter cet animal fuperbe, qu'en s'attachant à le tourmenter fans ceffe, & le harcelant jour & nuit de toutes parts. Ce raffinement de cruauté, qui ne fait pas l'éloge de l'inventeur, valut à notre ESPECE

une trifte victoire dont elle ne peut guere s'enorgueil-
lir. . . . . Eh bien , voilà l'exemple qu'à choifi le
defpotifme. La tâche étoit difficile fans doute ; il ne
s'agiffoit de rien moins que de dominer toutes les facultés d'une multitude d'individus à chacun defquels
le befoin inné de la liberté infpiroit le défir d'en
conferver à tout prix la jouiffance imprefcriptible.
Les difficultés ne rebuterent point les defpotes. Ils
s'acharnerent fur leurs victimes , ils les captiverent ;
& à force de les contrarier, de les tourmenter, de
les défoler fous mille formes , ils parvinrent à affaiffer
leurs femblables fous le poids d'un joug honteux dont
l'Affemblée nationale aura la gloire un jour d'avoir
affranchi toute l'Europe.

Les points de notre être fur lefquels ces defpotes
cruels dirigerent de préférence leurs traits déchirans ,
furent toujours les objets qui nous étoient les plus chers :
liberté, santé, existence, propriété. En effet,
l'homme ceffe d'être quand on lui enleve ces biens
précieux. Cette marche cruelle, raifonnée par la tyrannie, fut donc adoptée par tous les tyrans, & c'eft
fans doute avec horreur, mais fans furprife, que vous
avez vu dans le cours de ce Mémoire les infortunés
Colons de Saint-Domingue victimes du plus outrageant
defpotifme, privés, fans motifs, fans jugement, de
leur liberté individuelle, forcés par la cupidité de faire
ufage d'alimens dangereux, être encore contraints de
rifquer fans ceffe leur exiftence dans des routes pénibles qui en ont vu périr un grand nombre. Ainfi ,
le Miniftre & l'Intendant, qui s'étoient fait un jeu

cruel de compromettre la liberté, la fanté, la vie même des citoyens, n'avoient plus qu'un pas à faire pour achever le tableau, & mériter d'être comparés à ces barbares qui, plus cruels que les TIGRES qu'ils apprivoifent, réuffiffent à les dompter.

Nos propriétés territoriales, aux impôts.arbitraires, aux coucuffions près, fembloient avoir échappé aux tyrans. Vous allez voir, MESSIEURS, comment nos Adminiftrateurs font parvenus à nous en ravir le fonds.

QUAND les conquérans, les propriétaires, les fou-verains valeureux de Saint-Domingue attacherent ce riche fleuron à la couronne de France, ils laifferent à l'induftrie nationale le foin de mettre en œuvre ce diamant précieux.

LOUIS XIV n'eut pas plutôt reçu le don de ce fecond Royaume, qu'il s'empreffa d'en divifer les terres & de les partager entre des cultivateurs patriotes qui ofaffent les défricher, braver les influences d'un climat alors bien dangereux, & féconder ces contrées loin-taines. Ces conceffions auroient trompé le vœu du Prince, fi des loix fages n'avoient furveillé l'exécu-tion de fes intentions politiques.

QUOIQUE ces aliénations, fi profitables à l'Etat, n'euffent aucune analogie avec celles dont on a fait tant d'abus dans le continent, quoique celles-ci fuffent un facrifice arraché par la faveur à la fubftance du

Peuple , tandis que celles-là étoient une semence de prospérité pour là Mere-Patrie ; cependant le Gouvernement crut devoir imposer aux Concessionnaires des obligations raisonnables. Là CONTENANCE de chaque concession fut limitée ; l'obligation de CULTIVER fut imposée ; la défense de VENDRE avant d'avoir commencé un établissement, fut intimée à la cupidité qui n'auroit vu dans la cession multipliée de ces terres qu'un aliment à l'agiotage, sans aucun profit pour la Métropole. Ainsi, sous peine de réunion au domaine du Roi, il falloit, dans le cours de la premiere année, avoir opéré des DÉFRICHEMENS, avant-coureurs d'une récolte prochaine. C'est à ces loix, dictées par la plus sage politique, que Saint-Domingue dut des accroissemens rapides, & c'est à leur observation, modifiée par la prudence, que l'on peut attribuer le degré de splendeur qui lui donne aujourd'hui tant d'importance dans la balance du commerce Européan.

CHAQUE terre cultivée étant extrêmement féconde, chaque propriétaire d'une CONCESSION nouvelle devoit craindre alors de s'en voir privé, si sa négligence attendoit sans travail le terme fatal où des propriétaires plus actifs lui seroient substitués.

MAIS depuis plusieurs années, depuis environ quinze ans, les choses ont bien changé de face dans ces précieuses provinces. L'INDIGO, plante vorace & d'une culture facile , à laquelle les premiers planteurs avoient confié d'abord le soin d'absorber les sels trop

fubftanciels dont ce riche fol étoit pénétré, avoit préparé les terres à la végétation de ce rofeau balfamique
qui nous donne le SUCRE. Déjà toutes les plaines couvertes de CANNES fembloient avoir rempli les intentions du Légiflateur, & avoir fermé tout accès aux
fpéculations de l'induftrie.

MAIS l'induftrie ne fe rebute pas aifément. Après
avoir promené fes regards fur ces plaines couronnées
de fucre, & contemplé avec fatisfaction fon ouvrage,
elle leva les yeux fur ces montagnes élevées dont des
bois épais ou des lianes rampantes couvrent la cime.
Elle chercha la culture qui pouvoit convenir à ce
local, & bientôt les forêts antiques & le cacao peu
productif céderent la place à cet arbriffeau précieux
qui nous donne le CAFÉ.

L'USAGE de ce fruit, auffi agréable que falutaire,
étant devenu univerfel, les établiffemens de ce genre
ne tarderent pas à obtenir de grands fuccès & à fe
multiplier rapidement. Les parties les moins élevées
de ces MORNES jadis incultes fe métamorphoferent en
peu de temps en vergers d'un grand rapport, & une
nouvelle branche de commerce fut ainfi préfentée par
les Colons à l'induftrie de la Métropole.

TANDIS qu'elle s'appliquoit à en recueillir les avantages ; une découverte fâcheufe vint contrebalancer
nos fuccès. On s'apperçut que le café, comme l'indigo,
épuifoit prodigieufement la terre, & qu'après quelques
récoltes, elle avoit befoin d'un très-long repos pour
être en état de reproduire le même plant.

CETTE obfervation fut bientôt fuivie d'une foule de demandes en conceffions. Sans s'arrêter aux COSTIERES douces, on fe promit de défricher les PICS les plus efcarpés, & on s'en fit adjuger la propriété par le Gouvernement, qui ne vit dans cette facilité qu'une augmentation de culture & par conféquent de richeffes. Ce fut ainfi que la prefque totalité des terres fe trouva partagée entre les Colons, à la charge, comme par le paffé, d'y former des établiffemens. Heureufement que les forces des Planteurs, que leurs moyens aratoires fe trouverent au deffous de leur zele. S'ils euffent pu défricher tout ce qui leur avoit été concédé, le café feroit tombé fans doute à un prix très-bas, qui n'auroit pas dédommagé des frais de culture, & dans dix ou douze ans l'Europe & l'Amérique auroient été foudainement privées d'une boiffon devenue prefque un befoin. Il auroit fallu attendre un demi-fiecle peut-être pour fe procurer de nouveau les avantages commerciaux de cette graine, & cet inconvénient n'eût pas été le dernier.

QUAND on connoît nos Colonies, quand on a parcouru cet autre Univers, on fait que dans ces pays où l'on trouve beaucoup de torrens & très-peu de rivieres, où l'on rencontre des bois immenfes & pas un feul canal de navigation, la feule maniere de défricher eft d'appliquer le feu à la deftruction de forêts anciennes comme le monde.

ON fait auffi que dans ces climats brûlans, la vie ne feroit pas fupportable, fi l'air n'étoit quelquefois rafraîchi par des pluies bienfaisantes. Or, détruire les forêts, ces conducteurs que la Nature a si sagement établis entre les nuages & nous, ce seroit nous souftraire à sa bienfaisance, & nous priver à jamais de ces rosées célestes auxquelles seules une terre calcinée doit sa prodigieuse fécondité.

De ces connoissances nécessaires, Messieurs, pour juger le cas qui vous est soumis, il résulte qu'un Ministre qui, sans considérer la différence des époques & les changemens que le temps apporte à toutes les institutions humaines, prétendroit se référer servilement aux loix du siecle dernier, & les faire observer avec rigueur, seroit un très-mauvais politique, qui serviroit très-mal sa Nation, & la Province particulierement confiée à ses soins.

Cette erreur seroit moins excusable dans un Naturaliste profond, dans un Chimiste consommé, pour qui les détails physiques que j'ai eu l'honneur de vous offrir, sont des élémens familiers.

Elle seroit, j'ose le dire, impardonnable, si ce Ministre & ses sous-ordres avoient devant les yeux des exemples que l'expérience de leurs prédécesseurs se seroit plu à leur présenter.

Or M. le Comte de la Luzerne se trouve dans ce cas le moins graciable de tous. Il étoit sur les lieux; il passoit sa vie à herboriser; il connoissoit le sol ou devoit le connoître; il pouvoit ou devoit consulter les

Habitans. Tous les Journaux de la Colonie lui auroient appris à chaque page que tous les Adminiftrateurs qui l'avoient précédé avoient fenti que, pour ne pas RUINER les propriétaires actuels des cafeteries ; que, pour ne pas rendre cette fource de richeffes NULLE dans la main des commerçans ; que, pour ne pas occafionner bientôt à l'Univers une PRIVATION abfolue qu'une abondance momentanée rendroit encore plus fenfible ; que pour ne pas expofer, par une fauffe démarche, le fort de toutes les fucreries & l'exiftence même des Habitans, en rifquant de changer totalement le climat par la deftruction fubite & univerfelle des forêts, il falloit déformais ufer avec une extrême modération de la loi fur les RÉUNIONS ; qu'il falloit bénir l'heureufe impoffibilité où fe trouvoient plufieurs Colons d'étendre dans ce moment une culture précieufe, au delà des befoins de la confommation ; qu'il falloit économifer pour la poftérité le peu de terre qui reftoit à défricher ; qu'il ne falloit pas incendier en un jour tous ces BOIS DEBOUTS, dont la rareté augmente fans ceffe, & dont la confervation importe tant à la falubrité du climat ; qu'il falloit enfin ne pas braver l'expérience, & qu'il étoit fage d'imiter des Adminiftrateurs qui, déterminés par les motifs qui viennent d'être développés, n'avoient pas depuis dix ans prononcé vingt réunions par chaque année.

TOUTES ces confidérations importantes n'avoient point frappé M. de la Luzerne pendant fon gouvernement, & lui échapperent encore pendant fon miniftere. Mais n'allez pas croire, MESSIEURS, que je lui en faffe un crime, & ne préfumez pas que je veuille affoiblir les dénonciations graves qui précedent, en inculpant un Adminiftrateur de n'avoir pas bien vu, & en plaçant fon incapacité au nombre de fes délits.

Non, Messieurs, après vous avoir feulement démontré que le fyftême immodéré des réunions ne tendoit à rien moins qu'à confommer *publiquement le malheur de la Colonie*, je vais vous montrer une concussion véritable dans les actes tyranniques exercés par M. de Marbois, & fanctionnés par M. de la Luzerne.

Il y a eu tyrannie, fi les propriétés ont été arrachées aux Citoyens avec injuftice; il y a eu concussion, fi les tyrans ou leurs fous-ordres ont trouvé dans ces larcins publics, ou des avantages perfonnels, ou le plaifir de la vengeance, ou le moyen funefte d'énerver la liberté & de perpétuer le defpotifme, & fi je prouve ces affertions, ce ne fera pas m'écarter des regles de modération que je me fuis prefcrites, que d'appeler cela des délits.

Vous avez vu que depuis plufieurs années il n'y avoit prefque plus de réunions à Saint-Domingue. Le fieur de Marbois eft nommé à l'Intendance de ce malheureux pays, & forme le projet d'en bouleverfer tous les ufages, d'en changer toutes les loix, d'en modifier à fa guife la conftitution. Pour parvenir à ce but, quel moyen de fuccès? Commander avec hauteur ne fuffit pas ; il faut fe faire des créatures, il faut donc devenir riche & donner beaucoup. Mais on ne peut devenir riche en peu de temps & être à même de donner, fans prendre. IL PRIT donc, mais il eut foin de couvrir fes exactions odieufes du voile refpectable de la loi.

DÉJA, de concert avec M. de la Luzerne, il avoit RÉUNI les Confeils Souverains, & vous en avez vu les abus ; déjà il avoit RÉUNI toutes les caiffes, & vous en avez déploré les fâcheux effets ; il ne lui reftoit plus qu'à RÉUNIR au domaine les propriétés les plus facrées, & vous allez voir, & tous les maux qui découlerent de cette fatale opération, & à quel deffein elle avoit été concertée.

M. l'Intendant fe fit informer exactement de toutes les terres qui n'étoient point établies ; & un beau jour fes Commis, fes Secrétaires, & autres gens AFFIDÉS, préfenterent à M. l'Intendant requête en réunion de plufieurs de ces terreins. Ces requêtes ne peuvent être appointées fans la permiffion du Gouverneur. Cette formalité ne pouvoit être un obftacle entre AMIS ; M. de la Luzerne donna les PERMISSIONS, & les RÉUNIONS furent prononcées. Voilà donc des propriétaires indigens, de pauvres peres de famille, des veuves, des orphelins dépouillés ; mais auffi, me dira-t-on, voilà le domaine du Roi enrichi de toutes ces propriétés ? Quelles richeffes, MESSIEURS ! Des propriétés incultes, & qui, fuivant la Loi, doivent être concédées à un nouveau maître fans aucune rétribution. Vous fentez que l'enrichiffement de l'Etat ne pouvoit être le but de l'agiotage du fieur de Marbois, car jufques-là il n'y avoit que du mal de fait & de profit pour perfonne.

Il faut vous dire que les ordonnances & l'ufage accordent aux pourfuivans en réunion la préférence pour la nouvelle conceffion des terres réunies. Or les pourfuivans étoient les créanciers des Adminiftrateurs ; donc les créatures des Adminiftrateurs furent très-légalement gratifiées de ces terreins enlevés & réunis.

Nantis de ces terres incultes, il falloit, au terme de la Loi, *les établir dans l'année, & ne pas les vendre que l'établiffement ne fût fait*. Sur ces deux points embarraffans, les Adminiftrateurs interpréterent la Loi, & permirent, en premier lieu, de ne pas établir les terreins ; en fecond lieu, de les vendre fans être établis.

On fent déjà toute l'utilité de ce nouveau commerce, qui n'offroit aucun rifque & préfentoit des bénéfices certains. De fi heureux commencemens encouragerent puiffamment tous les fubalternes & bien d'autres à fe mettre au nombre des Courtifans de M. le Gouverneur & de M. l'Intendant. Bientôt ils furent accablés de demandes ; bientôt les gazettes & affiches de la Colonie furent fouillées de ces nombreufes annonces. La cupidité une fois éveillée ne s'endort pas facilement. D'abord on demandoit pour cultiver, enfuite on demanda pour vendre. Un mortel heureux qui avoit obtenu quatre conceffions, en vendoit trois pour établir la quatrieme, & la fpoliation de quatre Citoyens compofoit la fortune d'un favori des Adminiftrateurs.

La reconnoiffance de ces nouveaux conceffionnaires étouffa pendant quelque temps les cris des propriétaires anciens. Egorgés par le couteau facré de la Loi, leurs plaintes juftes ne pouvoient en impofer aux FIDELES interpretes des Lois, à Meffieurs de la Luzerne & de Marbois ; mais le fieur de la Mardelle, enivré de leurs fuccès, ne fut pas fe tenir dans de juftes bornes, & voulant CONFISQUER, non pas feulement les terres non établies, mais même celles qui l'étoient, ce qui, à la vérité, préfentoit à fa cupidité un attrait bien plus propre à remuer fon ame ; ce coupable magiftrat ne rougit pas de faire revivre une loi barbare, pour autorifer ce nouveau crime, & profitant de l'afcendant que lui donnoit fa place fur les dépofitaires des Loix, fur le Confeil fouverain qui devoit en être l'organe, mais qui n'avoit pas le droit d'en créer une feule, il fit paffer dans le Confeil pour toute la Colonie en AXIOME judiciaire, cette horrible maxime : *CONCESSION SUR CONCESSION NE VAUT.*

Cette loi infernale lui donnoit toute la Colonie. En effet, en vain un Habitant avoit-il obtenu, il y a cent ans, une conceffion : en vain avoit-il rempli toutes les formalités prefcrites : en vain avoit-il appelé fes voifins à fon abornement : en vain avoit-il verfé des fonds immenfes fur cette propriété : en vain avoit-il élevé des bâtimens confidérables : en vain avoit-il contracté une alliance analogue à fes poffeffions : en vain avoit-il marié fes enfans & difpofé leurs par-

(127)

tages ; . . . un inconnu fe préfentoit , & difoit : « Il
» y a cent ans que vous jouiffez, mais mon titre a
» cent un ans, & quoiqu'il ne foit connu de perfonne ,
» quoique j'aie négligé les formalités d'ufage , quoique
» je n'aie fait aucune réclamation , quoique vous
» foyez poffeffeur de bonne foi, vous voudrez bien
» me céder vos bâtimens qui tiennent au fol, vos
» cannes qui tiennent au fol, vos cafés qui tiennent
» au fol, enfin le fruit de vos peines & de vos
» foins, de vos fueurs & de vos travaux, parce que
» la nouvelle loi dit que *conceffion fur conceffion ne*
» *vaut*, & que votre conceffion fut abufive, puifque
» la mienne exiftoit . . . . » Et l'on fent bien que
cette exiftence, que cette propriété douteufe pouvoit ne tenir qu'à une date FALSIFIÉE, ou à un titre
FABRIQUÉ, ou à des reffources de chicane qui
perpétuellement faifoient triompher la fraude au nom
de la loi.

C'EST ainfi qu'un Secrétaire intime de M. de Marbois, par une activité fans exemple & une avidité
inextinguible, parvint à réunir dans fes mains SEIZE
CONCESSIONS à la fois, digne récompenfe de plus
de cent fpoliations dont lui feul avoit été l'infatigable
agent.

CET oubli de toute pudeur avoit élevé un cri
univerfel d'indignation dans toute la Colonie. Plufieurs
Habitans, à la convenance defquels fe trouvoient des
biens véritablement négligés, voyant avec quelle facilité les RÉUNIONS fe prononçoient , & craignant

d'être prévenus par les furets de l'Intendant, formerent en leur nom perfonnel des demandes en réunion de ces terreins incultes. De crainte d'être dépouillé, on devenoit fpoliateur. Jufques-la les pourfuivans avoient aufli toujours obtenu la conceffion nouvelle ; ainfi ces Habitans n'eurent pas la moindre inquiétude du fuccès, & crurent qu'il fuffifoit de pourfuivre pour être fûr de l'inveftiture défirée. Ils firent donc & les pourfuites & les frais affez confidérables qui y font relatifs. Les jugemens furent favorables & les réunions furent prononcées. Mais quand ils fe préfenterent pour recueillir le fruit de leur découverte & de leurs dé-marches, ils apprirent avec autant de furprife que de douleur que quelque favori des Adminiftrateurs avoit obtenu, fans peines ni foins, les objets de leur con-voitife.

Un de ces Citoyens éconduits, le fieur Rousseau de la Gautraye, habitant depuis vingt ans à *Cavaillon*, partie du fud, pere d'une nombreufe famille, avoit fongé, pour l'établir, à profiter des circonftances favorables. Il venoit de faire prononcer la réunion d'un terrein de 1500 pas carrés, appartenant à la dame Noguez. Il en demande aufli-tôt la conceffion : point de réponfe. Il fe rend au Port-au-Prince, s'adreffe di-rectement à MM. de la Luzerne & de Marbois, & apprend que le fieur Wante, Secrétaire particulier de l'Intendant, ce ceffionnaire univerfel que j'ai déjà cité, vient d'être gratifié de ce terrein. Il ne cache pas fon mécontentement, la douleur qu'il éprouve de voir paffer ce fol à fa convenance entre les mains

d'un

d'un homme chargé de dettes & couvert de bienfaits.....
Le sieur WANTE n'étoit pas cruel. Il fait propo-
ser au sieur ROUSSEAU de lui céder cette terre dont
il a envie, & ne lui demande que 40,000 livres
pour ce sacrifice. On peut juger de là que le métier
étoit bon. Aussi le sieur Torrès, un des sous-ordres des
bureaux de l'Intendance, encouragé par la brillante
fortune du sieur Wante, écrit-il au sieur du Lyon son
ami, *qu'il va marcher sur les traces de son Patron,
& tâcher de gagner comme lui, s'il est possible, en
une seule année TROIS CENT MILLE LIVRES dans
le commerce des réunions.*

CE brigandage, source inépuisable de fortune pour
soi ou ses protégés; ce brigandage, objet de scandale
& de corruption, se continua publiquement sans pudeur, sous les yeux de M. de la Luzerne, & pendant
tout le temps qu'il fut Gouverneur. Saint-Domingue
étoit aux abois, le désespoir dans tous les cœurs,
lorsqu'heureusement M. le Marquis du Chilleau dé-
barqua dans la Colonie. Sa délicatesse naturelle lui
inspira une méfiance involontaire contre cette opération usitée; sa politique lui en découvrit les abus, &
sa fermeté lui prescrivit de ne pas se laisser entamer
sur ce point. Il refusa toute permission, & ce trait
d'honnêteté, qui lui valut l'amour des Colons, fut,
dit-on, une des causes de sa disgrace. Un seul homme
avoit suspendu les calamités dont deux hommes seuls
avoient été les instrumens.... SA PERTE FUT JURÉE,
SON RAPPEL ORDONNÉ.... Alors le sieur de Marbois, redevenu souverain, & par conséquent despote,

I

reprend fes anciens erremens. LE TRAFIC HONTEUX ET LUCRATIF des réunions recommence. M. DE PEYNIER obtint la place de M. du Chilleau, mais on ne l'avoit pas nommé fon fucceffeur pour être le contradicteur de l'Intendant. Jufqu'au moment où ce dernier a pris la fuite, il s'eft montré fon complaifant, & ne s'eft point oppofé a ce défaftreux commerce, qui fait gémir toute la Colonie, pour enrichir quelques favoris ou quelques fripons.

ET ces fcandaleufes opérations, M. DE LA LUZERNE en a été le témoin; M. de la Luzerne en a fu la continuation; M. de la Luzerne ne les a pas prof-crites ! . . . . Qu'il nous montre la correfpondance de M. du Chilleau ! Qu'il vous laiffe jeter les yeux fur l'effroyable tableau que lui fait de tant d'attentats, ce vertueux gouverneur, & qu'il convienne *qu'après avoir fait le malheur de la Colonie de Saint-Do-mingue*, un de fes agens affidés, fon Procureur-Gé-néral la Mardelle, a penfé *confommer fa ruine*, en abrogeant le réglement fage par lequel un conceffion-naire qui, au défir de fon titre, avoit rempli les for-malités d'ufage & formé un établiffement fur fon ter-rein, ne pouvoit plus être troublé par un conceffion-naire, même plus ancien, qui avoit laiffé décheoir fon titre en ne cultivant pas; qu'il convienne enfin *qu'après avoir fait le malheur de la Colonie, il a voulu confommer fa ruine*, en autorifant la continuation de ces réunions perfides au domaine du Roi, prétextes de tant d'injuftices & de tant de maux.

ARNSI, dans ce chef de dénonciation de la plus
grave importance, fous un rapport politique; de la
plus criminelle connivence, fous un point de vue moral,
quatre individus chargés fpécialement par le Monarque
du bonheur & du falut d'une contrée utile & éloignée, un Procureur-Général, un Intendant, un Gouverneur, un Miniftre (M. DE LA LUZERNE JOUOIT
A LUI SEUL CES DEUX DERNIERS RÔLES) , fe font
rendus collectivement COUPABLES :

D'IMPÉRITIE envers les deux mondes, en rifquant
de faire difparoître fous peu d'années de tous les mar-
chés Européans cette graine recherchée à laquelle nous
devons une boiffon falutaire;

D'IMPÉRITIE envers Saint-Domingue, en rifquant
de la priver tout à coup des reffources que lui préfentent fes forêts, & de provoquer dans fon climat
un changement auffi dangereux pour les manufactures,
qu'infalubre pour les habitans;

DE TYRANNIE envers des peres de famille indigens,
en prêtant une extenfion rigoureufe à une loi que,
vu le changement des temps , la prudence devoit
reftreindre;

DE CONCUSSION envers tous les Colons, en leur
enlevant leurs biens, COMME VERRÈS, pour inveftir
de leurs dépouilles, fi ce n'eft eux-mêmes, au moins
leurs favoris, & par-là rétrécir le domaine de la liberté, en étendant les conquêtes du defpotifme;

Enfin d'un crime public envers la Nation, en attaquant ouvertement l'un des plus précieux apanages de l'homme, SA PROPRIÉTÉ, pour prostituer le produit de ces larcins à l'entretien d'un agiotage honteux, d'un commerce infâme, d'un brigandage scandaleux, indigne dans tous les temps de la loyauté Françoise, & diamétralement opposé aux principes actuels de la Nation magnanime qui marche avec tant de majesté vers la régénération & la liberté.

Tous les faits que je viens d'avoir l'honneur de vous citer, MESSIEURS, ne font que la quintessence des NOMBREUX Mémoires qui nous ont été adressés sur cet important sujet par nos Commettans. Permettez-nous, suivant notre usage, de les mettre eux-mêmes en votre présence. La vérité ne s'altere point en passant par ma bouche, mais la conviction pénétrera plus avant dans vos cœurs, quand la colonie vous parlera sans intermédiaire.

Voyez ci-après les pieces justificatives du dix-septieme chef.

XVIIIᵉ. CHEF DE DÉNONCIATION.

DIVISION ENTRETENUE PAR LE MINISTRE ENTRE LES DÉPUTÉS DE LA COLONIE ET LES COLONS, ET FALSIFICATION MATÉRIELLE D'UN ACTE D'OU DÉPENDOIT LE SORT DE SAINT-DOMINGUE.

SI dans un moment de révolution, où toutes les opinions se choquent, où tous les intérêts se croisent, où toutes les passions se développent, où tous les pouvoirs fe confondent, un MINISTRE, abufant de l'influence que le préjugé lui procure, employoit les moyens qui reſtent dans fes mains pour achever de BRISER les reſſorts de la machine politique, & d'en difperfer toutes les pieces, certes il feroit d'autant plus coupable, que les devoirs de fa place lui auroient impofé plus particulierement la loi de ne rien négliger pour préferver de la diffolution les rouages de ce mécanifme que la confiance du Souverain fembloit avoir mis fous fa fauve-garde.

EH BIEN, MESSIEURS, j'ai ce REPROCHE GRAVE à adreffer à M. DE LA LUZERNE; & quand j'ai dit *qu'après avoir fait le malheur de Saint-Domingue, il avoit voulu confommer la ruine de cette colonie,* je n'ai rien avancé que je ne fuffe à même de prouver aux plus incrédules.

VOUS n'avez pas perdu de vue tous les foins que ce Miniſtre s'étoit donnés pour nous fermer les avenues du Trône, toutes les peines qu'il avoit prifes pour nous interdire l'entrée de l'affemblée de la grande famille. . . . . . Vains efforts ! Votre équité nous avoit vengés de tant d'injuſtices. Déjà les murs du *jeu de paume* avoient été témoins de notre ADMISSION provifoire, de nos SERMENS, & les trois Ordres réunis alloient confacrer définitivement ce juſte décret, lorſqu'une OPPOSITION que nous ne pouvions pas prévoir, vint alarmer notre impatience. . . . . Je crois même qu'elle auroit déconcerté nos mefures, fi le

Tribunal eût été moins ferme & les Juges moins clair-voyans.

Dès ce moment, plusieurs avis secrets murmu-rèrent des soupçons contre M. DE LA LUZERNE. . . . Long - temps notre délicatesse s'obstina à les repousser comme calomnieux ; mais l'évidence éleva son flam-beau au milieu de nous, & l'IMMORALITÉ du Mi-nistère ne parut pas plus douteuse que la LOYAUTÉ CRÉOLE qui avoit présidé à toutes nos démarches.

LEUR publicité pour obtenir du Gouvernement le bienfait d'une REPRÉSENTATION, avoit, depuis un an, frappé tous les regards ; pas un seul opposant n'avoit cherché à ralentir notre zèle. Qu'on juge de la sur-prise que nous éprouvâmes, lorsqu'à l'instant de re-cueillir le fruit de nos travaux, lorsqu'au moment d'une admission si fortement réclamée, & qui alloit décider du sort de Saint-Domingue, la voix de quelques-uns de nos compatriotes vint rompre, pour la premiere fois, cette UNANIMITÉ importante qui nous avoit en-vironnés jusqu'alors !

LEUR opposition TARDIVE n'eut aucune influence sur la décision nationale.

LES Députés de la plus belle colonie du monde eurent la gloire d'être admis, & pour la REPRÉSEN-TER dans l'Assemblée de la Nation, & pour en OU-VRIR LA PORTE aux Représentans de toutes nos pos-sessions d'outre-mer.

UN tel décret, CONTRADICTOIREMENT RENDU, n'en

étoit que plus solemnel. Cependant, peu de jours après, nous apprîmes qu'un plus grand nombre de Colons s'étoient assemblés; qu'ils avoient cherché à se constituer SANS POUVOIRS, à se donner une mission SANS COMMETTANS, & qu'ils avoient fait à ce sujet des démarches que le Ministre avoit très-favorablement accueillies.

NOUS ne vîmes dans cette Assemblée de nos compatriotes, composée de soixante ou quatre-vingts Colons distingués, qu'une réunion d'intérêts précieuse pour nos Commettans, dont ils faisoient partie ; nous n'aperçûmes dans cette coalition qu'un foyer de lumieres où nous serions certains de pouvoir en emprunter sans cesse, sans crainte de les épuiser jamais ; mais nous fûmes justement indignés de cette PRÉVENTION MINISTÉRIELLE, qui, d'un côté, repoussoit obstinément DEPUIS DIX MOIS, des Commissaires dont les pouvoirs étoient revêtus de quatre mille signatures données dans la Colonie elle-même, & de trois cents signatures reçues dans le continent ; & d'un autre côté, accueilloit avec tant d'EMPRESSEMENT des Colons dont le caractere indélébile, comme le nôtre, étoit sans doute de vouloir le bien de leur pays, mais qui n'ajoutoient pas à ce titre inaliénable, celui d'être ÉLUS les VRAIS REPRÉSENTANS du peuple.

BIENTÔT nous invitâmes ces Colons, nos frères, à déposer entre nos mains le résultat de leurs réflexions pour le bonheur général, & nous nous empressâmes d'aller à notre tour leur exprimer, dans leur assemblée, combien nous avions à cœur d'entretenir une liaison si désirable. Nos forces mutuelles alloient donc s'accroître par cette union, & nous nous en promettions les plus heureux effets, lorsque sur une demande faite à M. DE LA LUZERNE par la députation, il osa se permettre de lui répondre qu'il ne pouvoit rien décider sans l'adhésion de la Société des Colons Américains.

NOUS ne pûmes nous dissimuler alors que ceux qui avoient le vœu de la Colonie, que ceux qu'elle avoit ÉLUS au scrutin, que ceux qui étoient PORTEURS de ses cahiers, qui avoient été ADMIS à l'Assemblée Nationale, qui y SIÉGEOIENT comme Représentans de Saint-Domingue & de la Nation, entachés, sans doute, auprès de M. DE LA LUZERNE, du crime affreux d'avoir osé LES PREMIERS porter au despotisme ministériel un coup dont il ne pouvoit plus se relever dans nos Colonies, n'étoient pas les *Députés selon son cœur*, qu'ils étoient honteusement méconnus, officiellement rejetés, & qu'à son sens, les vrais délégués de Saint-Domingue étoient ceux qui n'en avoient reçu aucune mission, aucun pouvoir.

VOUS le savez, MESSIEURS, il est dans l'homme d'être flatté des égards qu'on lui témoigne. Nos compatriotes, sensibles à la confiance d'un Ministre dont nous n'étions pas les apôtres, se montrerent un peu moins confians vis-à-vis de nous; les conférences se ralentirent, & nous apprîmes avec douleur que M. DE LA LUZERNE avoit osé s'appuyer de leur consentement pour envoyer à Saint-Domingue UN ORDRE DU

Roi, à l'effet de CONVOQUER toute la Colonie fous un MODE MINISTÉRIEL, d'où devoit réfulter, felon lui, une nouvelle nomination de DÉPUTÉS LÉGAUX.

AINSI, MESSIEURS, ce Miniftre, que QUATRE MILLE SIGNATURES n'avoient pu déterminer à une convocation follicitée pendant dix mois, n'attendit, pour en confentir une, que l'aveu de SOIXANTE OU QUATRE-VINGTS COLONS. Il n'attendit que notre ADMISSION folemnelle à l'Affemblée Nationale, pour travailler à notre EXCLUSION ; & tandis que vos décrets nous donnoient le titre de Repréfentans de Saint-Domingue, & que nos fermens nous lioient irrévocablement à l'achevement de la Conftitution, M. DE LA LUZERNE fongeoit à faire affembler la Colonie pour nommer des *Députés légaux*, & nous donner des fucceffeurs.

A deux mille lieues d'ici les méprifes font bien dangereufes. Nous favions bien que nos Commettans, en garde contre les expéditions du miniftere, ne fe laifferoient pas abufer par des ordonnances qui n'auroient eu que le fceau de la burocratie ; mais nous devions craindre que le vœu de quelques-uns de nos compatriotes, affociés à la pancarte miniftérielle, ne lui donnât une influence qu'elle ne devoit plus avoir. Nous fentîmes que fi la Colonie s'affembloit, & que fi les menées fourdes de l'Intendant déterminoient dans ces affemblées INCONSTITUTIONNELLES un choix AGRÉABLE au Miniftre, & par conféquent DANGEREUX pour la Nation, il pourroit arriver un jour de Saint-Domingue, des ANTI-DÉPUTÉS qui fûrement n'auroient

(138)

pas accès dans le fanctuaire de la Patrie, mais qui,
fenfibles même à ce refus néceffaire, éleveroient peut-
être autel contre autel, & finiroient par devenir
l'occafion du plus grand de tous les malheurs, le
SCHISME entre les compatriotes, la DISCORDE entre
les frères.

DANS cette circonftance délicate, où jamais nous ne
nous ferions trouvés fi M. de la Luzerne eût RESPECTÉ
vos décrets, s'il eût eu pour des Membres du Corps
légiflatif les ÉGARDS qui leur étoient dus, s'il eût
été un ANGE DE PAIX entre nos frères & nous, &
qu'il n'eût pas fomenté un éloignement que leurs
cœurs & les nôtres defavouoient : dans cette conjonc-
ture, dis-je, nous crûmes devoir faire un facrifice à
la paix, & nous nous réunîmes à nos compatriotes,
pour avifer aux moyens de leur accorder, fans compromettre l'irréfragabilité de vos décrets, ces ASSEM-
BLÉES COLONIALES qu'ils défiroient fi vivement. Ce
fut là où nous vîmes tout ce que peut l'ambition,
la foif de l'autorité, ou le défir de la vengeance fur
ces êtres MOBILES auxquels le féjour des Cours a
donné l'habitude inconcevable de facrifier leur AMOUR-
PROPRE à leur ORGUEIL. Ce même Miniftre qui,
depuis un an, avoit bien confenti à nous écouter, &
n'avoit jamais voulu nous entendre ; ce même Miniftre qui avoit empêché le CONSEIL du ROI, les
MINISTRES fes collegues, les NOTABLES, de nous
accueillir, de faire droit fur nos juftes demandes,
n'héfite pas, A LA PREMIERE RÉQUISITION de quelques
Colons ifolés, qui n'avoient d'autre titre auprès de

lui, que de devenir dans sa main, s'ils en avoient été
capables, un moyen contre nous ; n'hésite pas, dis-je,
à convoquer un comité général DE TOUS les Ministres
du Roi, qui se tint chez M. le Garde des Sceaux ;
& ce jour-là sa complaisance fut si marquée, si com-
municative, si PRÉVENANTE, qu'il nous obtint, de
tout le Conseil d'Etat, une audience de TROIS
HEURES, où, après lui avoir fait ÉNERGIQUEMENT
sentir combien cette faveur nous eût été PLUS PRÉ-
CIEUSE dix mois plutôt, nous arrêtames, de concert
avec nos compatriotes, un mode de convocation qui,
autant que les localités pouvoient le permettre, ne
s'éloignoit pas de l'esprit de vos décrets.

LA rédaction devoit s'en faire quelques jours après.
Quelle fut notre surprise, lorsque nous trouvâmes le
projet absolument DÉNATURÉ ! Les Députés votans,
admis à vos séances, & pénétrés de vos principes,
refuserent de le signer, & M. DE LA LUZERNE qui, peu
de temps avant, avoit rejeté une de leurs demandes,
parce que *la signature d'un seul d'entre eux avoit
été omise* ; M. DE LA LUZERNE, dis-je, n'en réclama
pas une seule, & sous les yeux de l'Assemblée Nationale elle-même, sans lui en rendre compte, &
malgré les oppositions des Députés votans, il expédia pour Saint - Domingue cette ordonnance de CON-
VOCATION que nous avions IMPROUVÉE, & qui, nous
persistons à le croire, auroit infailliblement mis le
TROUBLE dans la Colonie, si sa proclamation n'eût
été précédée par une INSURRECTION générale que la
nature des choses, le malheur des temps, & les excès

de nos tyrans firent éclater pour leur punition & notre vengeance.

Dans cet état de défordre où tous les pouvoirs font confondus, les dépêches que venoit d'expédier le Miniftre, & qu'il avoit adreffées à fon Gouverneur général & à fon Intendant, font INTERCEPTÉES par l'affemblée provinciale du Nord. Le paquet eft ouvert PUBLIQUEMENT ; la lecture en eft faite. L'INDIGNATION univerfelle éclate contre fon contenu. Que renfermoit-il donc ? Etoit-ce le projet de convocation que les Députés de la Colonie avoient concerté avec les Colons Américains chez M. le Garde des Sceaux ? Non, MESSIEURS, ce projet-là, trop favorable à la liberté, avoit été reformé par M. DE LA LUZERNE. Etoit-ce au moins le travail des Colons Américains, revêtu de leurs fignatures, & confié par eux au Miniftre expéditionnaire ? Non, MESSIEURS ; ce projet-là, rédigé par des Colons, ne pouvoit pas être contraire aux vrais intérêts de la Colonie.

Qu'ÉTOIT-CE donc ? C'étoit une FALSIFICATION notoire de l'œuvre faite fous les yeux du Miniftre, & qu'il auroit au moins dû envoyer CONSCIENCIEUSEMENT fans modification. C'étoit une ADDITION CRIMINELLE de quatre articles dangereux, une VARIANTE PERFIDE, préparée dans le laboratoire miniftériel, & envoyée fous le nom de ceux qui N'EN AVOIENT PAS EU connoiffance.

DEUX lettres accompagnoient ce préfent empoifonné. La première, OSTENSIBLE, refpiroit le patriotifme

& la liberté; la seconde, vouée au SECRET du cabinet des Administrateurs, leur fournissoit tous les
moyens de CONTRARIER une opération utile, de la
tourner au profit d'une autorité abusive, & les char-
geoit même, en quelque sorte, de tout le risque des
événemens.

L'ASSEMBLÉE provinciale du Nord crut ne pouvoir
neutraliser ces coupables desseins, qu'en les DÉNON-
ÇANT à la Colonie & à la Nation. Elle fit imprimer ces pieces authentiques, & y ajouta un COM-
MENTAIRE qui en dévoiloit tous les dangers.

AINSI, il ne fallut rien moins qu'une insurrection
universelle, pour sauver la Colonie, ou des horreurs
d'une GUERRE CIVILE, ou des nouvelles chaînes que
le despotisme avoit forgées dans le silence, sous le
nom de nos compatriotes, QUI NE S'EN DOUTOIENT
PAS.

M. DE LA LUZERNE fut donc COUPABLE d'avoir
accueilli l'opposition formée contre l'admission définitive
de nos Députés; il fut plus coupable de n'avoir pas voulu
nous PRÉSENTER à S. M. sous cette qualité honorable;
comme si les Elus de la Nation devoient être RÉ-
PROUVÉS par le Souverain, quand ils n'avoient pas
obtenu l'assentiment de son Ministre; il fut encore
PLUS COUPABLE, après nous avoir privés de cette
faveur, dont NOUS SEULS n'avons pas joui, d'avoir
entretenu avec une société estimable, mais SANS POU-
VOIRS, une correspondance ÉCRITE, à laquelle il

s'étoit obftinément refufé vis-à-vis de nous ; correfpondance dont l'objet étoit d'affembler la Colonie
CONTRE LE VŒU d'une partie de fes Députés, pour
nommer d'autres Repréfentans EN OPPOSITION avec
ceux que l'Affemblée Nationale venoit d'admettre,
& AU MÉPRIS DE SES DÉCRETS. Il fut BIEN PLUS
COUPABLE d'avoir cherché à appuyer fon defpotifme
de l'influence des Miniftres d'Etat, en les rendant
confidemment témoins d'une conférence difpofée avec
art, dont le feul but étoit de nous faire concourir,
par une INFIDÉLITÉ condamnable, à des mefures in-
conftitutionnelles, qui devoient à la fois NOUS PERDRE
dans l'efprit de nos Commettans, & nous attirer
L'IMPROBATION de l'Affemblée Nationale. Enfin il fut
SINGULIÈREMENT COUPABLE de n'avoir pas rougi,
pour parvenir à fes fins, d'avoir recours à une FAL-
SIFICATION MATÉRIELLE, & à toutes ces miférables
précautions, indignes d'un grand Roi & d'un grand
Peuple, dont le réfultat infaillible eût été d'allumer
dans la plus malheureufe Colonie de l'Amérique, le
feu de la guerre civile, fi le génie tutélaire de Saint-
Domingue n'avoit RALLIÉ toutes les opinions à
ce fignal profpère de la LIBERTÉ, que l'Affemblée
Nationale venoit de DÉPLOYER aux yeux de l'univers.

Tous ces faits, encore récens, femblent n'avoir
befoin que d'être rappelés pour être conftatés fuffifamment ; mais j'ajouterai à leur évidence, en dépofant
fur le bureau les lettres de M. DE LA LUZERNE à la
DÉPUTATION, fa correfpondance avec la SOCIÉTÉ DES
COLONS de Paris, & fes dépêches HEUREUSEMENT

intetceptées, commentées, publiées, & dénoncées par mes Commettans. On y verra clairement que si les mouvemens qui agitent le continent, s'étendent dans nos Colonies, LUI SEUL, pour y conserver son empire, aura FOMENTÉ les divisions qui quelque jour, peut-être, déchireront leur sein.

Voyez ci-après, les pieces justificatives du dix-huitieme chef.

PÉRORAISON.

DIX-HUIT CHEFS de dénonciations capitales, de Saint-Domingue SEULE, contre un SEUL Ministre, vous ont été tracés, MESSIEURS, par le foible organe qu'il a plu à mes Collegues de choisir.

MALGRÉ l'adhésion FORMELLE de la Colonie entiere, arrivée pendant l'impression de cet ouvrage; malgré les ENCOURAGEMENS flatteurs que mon travail a reçus DES TROIS PROVINCES de Saint-Domingue; malgré l'injonction EXPRESSE de mes Commettans de ne rien laisser en arriere, & de manifester avec énergie, à la face de la Nation, TOUS les sujets de plaintes qui sourcent de toutes parts contre le Ministre de la Marine & ses coupables agens : mon cœur oppressé des tableaux déchirans qu'il a été forcé de soumettre à vos regards, ma main fatiguée, mes crayons émoussés, tout m'avertit qu'il est temps de TERMINER enfin cette œuvre pénible.

NOUS savons d'ailleurs que les momens d'une assemblée

constituante sont le patrimoine de la Nation ; nous savons que chaque portion de l'Empire n'a qu'un droit proportionnel à ce dépôt précieux, & quelque importante que soit la Colonie au nom de laquelle nous avons parlé, quoique la masse de ses infortunes publiques ne soit composée que de la somme de tous les malheurs privés, nous n'aurons pas l'indiscrétion de laisser parvenir jusqu'à vous mille griefs particuliers qui ont attristé nos ames. Les accens douloureux de chaque opprimé iront se confondre dans le cri général qui s'éleve à la fois de toutes nos Colonies contre le Ministre qui les tyrannise ; & sans trahir notre mission, les doléances individuelles pourront être sacrifiées à l'unanimité des réclamations coloniales.

Ainsi, je passerai sous silence ces ordres tyranniques, qui, pour perpétuer un abus de pouvoir de la part d'un Ministre prédécesseur, défendent à un habitant de nos Isles, sans décret, sans jugement, de retourner dans sa patrie, sous peine de punition corporelle, à quelque époque & sous quelque prétexte que ce soit, & je rougis de ne pouvoir douter qu'il y eut des Visirs qui, dans l'égarement de leur despotisme, ont pu écrire ministériellement : *Sa Majesté vous défend de retourner à Saint-Domingue, ni dans aucune des autres parties de l'Amérique, a quelques puissances qu'elles appartiennent*, (quelle folie !) *& quelles que soient les réparations auxquelles vous offrez de vous soumettre,*

(quelle

(quelle inhumanité !) J'ai l'ordre original fous les yeux (1).

JE pafferai fous filence la PROSTITUTION des graces du Roi, & les DÉNIS de juftice, mélange odieux, employé à la fois à Saint-Domingue, pour conferver des efclaves au defpotifme, & décourager les amis de la conftitution. Je rougis de fonger que cette décoration honorable que je porte, a pu, récemment encore, devenir dans les mains d'un Miniftre, en l'accordant AVANT LE TEMPS, un moyen de SUBORNER des patriotes; en la refufant au temps PRESCRIT, un moyen de fe VENGER des fectateurs de la liberté (2).

JE pafferai fous filence les cris, les gémiffemens de deux infortunés ci-devant employés à Trinque-Maley, accufés à tort ou à raifon, peu m'importe, mais victimes d'une procédure MONSTRUEUSE, mais SPOLIÉS de leur bien, mais accablés fous les liens d'un DÉCRET rigoureux, enfin transférés en France, & DEPUIS CINQ ANS y demandant EN VAIN au pouvoir exécutif, des juges pour les condamner s'ils font criminels, ou pour les abfoudre s'ils font innocens (3).

---

(1) LETTRE de M. de la Luzerne au fieur de LILLECHANTEGRIT, habitant de Saint-Domingue, du 17 janvier 1788.

(2) LETTRE de M. de la Luzerne à M. DE PEYNIER, en lui envoyant des Croix de Saint-Louis, du 11 février 1790.

(3) MÉMOIRE du Sieur l'ABADIE, & du Sieur GALLET, garde-magafin général à Trinque-Maley, du 5 juillet 1790.

LETTRE du fieur EVEN, leur avocat, à M. de la Luzerne, de Breft, le 21 juin 1790.

Je passerai sous silence les traitemens affreux qu'a essuyés un Officier public, lorsqu'emprisonné & MIS AUX FERS sans jugement & SANS DÉCRET, le Commandant chargé par M. de la Luzerne de l'INTERIM, entroit dans sa prison, s'avilissoit jusqu'à le frapper LUI-MÊME, & le menoit ainsi à une MORT DOULOUREUSE & certaine, qui seule a pu terminer son supplice (1).

Je passerai sous silence tous les efforts que le Ministre & ses agens se sont permis pour empêcher la RÉGÉNÉRATION d'une Colonie infortunée, & je ne dirai rien des cruautés inouies exercées contre un citoyen patriote, qui, coupable du crime irrémissible d'avoir FAVORISÉ la révolution en prêchant l'ordre & la paix, fut DÉPOUILLÉ de tous ses biens, ARRACHÉ de sa maison, EMBARQUÉ sur une pirogue, jeté sur une terre BARBARE, & abandonné au milieu des sauvages de CUMANA, dont il n'a échappé que par un miracle (2).

Je passerai sous silence, & la SÉVÉRITÉ qui refuse un secours à un ancien officier du Régiment de la Guadeloupe, & la DURETÉ qui l'oblige à repasser les mers, quand une maladie CONSTATÉE le retient dans un hôpital, & l'INHUMANITÉ qui ne lui laisse de ressources que SON ÉPÉE, dont il s'est dernierement PERCÉ de désespoir aux yeux d'une société patriotique, que

----

(1) Le Sieur MAGNÉ, notaire royal à Tabago, mort en 1789.

(2) Le Sieur BOSQUE, Avocat au Conseil, & habitant à Tabago. 1790.

le récit de ſes maux & des injuſtices miniſtérielles venoit de toucher juſqu'aux larmes (1).

Je paſſerai ſous ſilence la mauvaiſe foi qui, dans une année malheureuſe, promet à un fourniſſeur des INDEMNITÉS, & qui conſomme ſa ruine en les lui REFUSANT, malgré l'authenticité de ſes droits; & je rougis pour le Miniſtre qui, préſumant aſſez mal de la loyauté de la Nation françoiſe, pour la croire capable d'approuver de telles ÉCONOMIES, a mérité qu'une mere courageuſe, plaidant pour ſon époux & pour ſes enfans, ait adreſſé à un Repréſentant de la Nation ces paroles remarquables :

« *La dénonciation du Miniſtre de la Marine eſt*
» *devenue la cauſe de tous les François, depuis*
» *que vous ſollicitez de la juſtice de l'Aſſemblée*
» *Nationale un arrêt qui puiſſe ſervir à* LA VEN-
» GEANCE *du Nouveau Monde,* A LA DÉLIVRANCE
» *de l'ancien, à* L'EXEMPLE *des deux* (2). »

Je paſſerai ſous ſilence cet incroyable DÉNI DE JUSTICE, ce refus opiniâtre de donner des juges à un Sous-Lieutenant de vaiſſeau, auquel un caprice du DESPOTE a enlevé ſon état & ſon honneur, ſans preuves, ſans informations, SANS JUGEMENT ; je paſſerai ce trait ſous ſilence, parce que cet infortuné a

---

(1) M. du D. . . . . ., Lieutenant en premier, 12 juillet 1790.

(2) MADAME DE CASTERA. 15 ſeptembre 1790.

trouvé dans M. BOUVIER , Député à l'Affemblée Nationale, mon honorable collegue , un défenfeur pref-
fant , qui a publié fon innocence , & qui , fans doute,
a fait rougir M. de la Luzerne d'avoir répondu à vingt
ATTESTATIONS BRILLANTES , produites en faveur de
l'accufé , par cette phrafe qui porte bien le cachet
de l'ancien régime : *des certificats ne prouvent
rien.* (1)

JE n'arrêterai point vos regards fur cette victime
intéreffante du pouvoir arbitraire, que fes chefs , fes
camarades , & les DÉPUTÉS DE TOUS LES PORTS ont
fi fpécialement recommandée à la juftice de l'Affemblée
Nationale , dans le champ de la FÉDÉRATION. Elle
n'oubliera jamais que c'eft au moment même où ces
braves marins venoient, en préfence du Dieu des armées , de s'unir de cœur & d'ame à la CONSTITUTION,
qu'ils ont, dans la ferveur de leur patriotifme, adreffé
cette pétition aux peres de la patrie : *Nous vous
fupplions de faire rendre à M. de Margouet le rang
& l'exiftence dont il a été injuftement dépouillé
dans la Marine royale*, & qu'il avoit en vain réclamé de la juftice de M. de la Luzerne (2).

Je pafferai fous filence, & les inculpations ATROCES,
& les réticences CALOMNIEUSES que le Miniftre de la

___

(1) ET d'après ce principe ASIATIQUE , le fieur PIGNOL
refte dégradé , fans être flétri. Juin 1790.

(2) MÉMOIRE du fieur de MARGOUET à M. de la Luzerne.
Août 1790.

(149)

Marine s'eſt permiſes contre LE SEUL qui nous reſte
des compagnons du valeureux d'ASSAS. Trois coups
de feu reçus à ſes côtés, quarante ans de ſervices, &
des grades ſupérieurs gagnés à la guerre, REPOUSSENT
ſuffiſamment le déshonneur qu'une main miniſtérielle
s'efforce de verſer ſur ſes cheveux blancs ; & quand
elle s'obſtine, MALGRÉ les ordres du Roi, à refuſer
de rendre à un opprimé un état injuſtement enlevé,
n'en eſt-il pas dédommagé par l'avis unanime du Comité
des rapports de l'Aſſemblée Nationale, qui, après
mûr examen, A VOTÉ, il y a pluſieurs mois, pour
qu'une RÉPARATION authentique fût faite à cet officier
reſpectable, & que le GOUVERNEMENT d'une de nos
Colonies lui fût accordé (1).

MAIS n'éveillerai-je point votre ſollicitude paternelle ſur ces DÉLITS PUBLICS qui compromettent,
à chaque inſtant, l'exiſtence ſi précieuſe des citoyens
& la conſervation des propriétés nationales ?

VOUS laiſſerai-je ignorer qu'à SAINT-MARC, ville
à peu près centrale de la partie françoiſe de Saint-
Domingue, une riviere placée par la nature pour
rafraîchir ce ſéjour embraſé, eſt obſtruée par la cupidité de quelques riverains qui en détournent les
eaux pour des ſpéculations lucratives ; que des maladies
ÉPIDÉMIQUES ſont la ſuite naturelle d'une infiltration

---

(1) M. de la Luzerne n'a point obtempéré à ce vœu équi-
table, & le Chevalier DE LABORIE, accuſé, calomnié, bleſſé,
languit SANS RÉCOMPENSE & SANS EMPLOI au ſein d'une Patrie pour laquelle il a verſé SON SANG, & qu'il brûle de ſervir
encore. 1790.

malfaifante ; que les Magiftrats de police ont ordonné
fagement l'enlevement des obftacles qui arrétoient le
cours d'une eau fi néceffaire pour abreuver une ville
entiere ; que cet ordonnance, approuvée de tous les
habitans, a été improuvée par trois particuliers qui
s'étoient arrogé un PRIVILÉGE EXCLUSIF fur la riviere ; que parmi ces trois habitans étoit UN PROTÉGÉ
de M. le Gouverneur & de M. l'Intendant ; que pour
obliger cet individu, au rifque de faire périr une
ville entiere, M. le GOUVERNEUR & M. l'INTENDANT
ont déclaré le Tribunal de police INCOMPÉTENT ; mais
que redoutant la compétence, & fur-tout la juftice du
Confeil fupérieur, juge en dernier reffort des fen-
tences des Sénéchaux, ils fe font créés COMMISSAIRES
AD HOC ; qu'ils ont infirmé AU SOUVERAIN le jugement prononcé ; qu'ils ont décerné des peines & des
condamnations PÉCUNIAIRES contre les premiers Juges,
& qu'ils ont ordonné le RÉTABLISSEMENT des obftacles,
afin d'abandonner la riviere aux trois intéreffés, & de
n'abreuver la ville que de la filtration infuffifante
d'une eau ftagnante, imprégnée de particules méphi-
tiques qui portent avec elles la MALADIE & la MORT?

VOUS dirai-je que, juftement indignés de cet arrét
monftrueux, les premiers Juges en ont interjeté appel
au confeil des dépêches ; qu'ils ont eu la douleur
d'avoir en France pour RAPPORTEUR ce même Miniftre qui déjà les avoit condamnés, comme GOUVER-
NEUR, à Saint-Domingue ; que loin de fe récufer, il
ja maintenu fon arrêt ; qu'une nouvelle injuftice a confacré un attentat à la juftice ; que les jours des Ci-

(151)

toyens font reftés en danger ; que les cris du peuple opprimé ont été étouffés, & que le bras de la Loi, paralyfé par le defpotifme, a été impuiffant poùr frapper ces defpotes, pour qui la LOI n'eft qu'une CHIMÈRE, & la VIE des hommes n'eft QU'UN JEU (1) ?

Vous laifferai-je ignorer qu'au Port-au-Prince, ca-pitale de la Colonie, la Providence, en refufant une riviere aux habitans, les en a dédommagés par deux fources abondantes, à l'ufage defquelles eft attachée, fous un ciel brûlant, l'exiftence de tous les Citoyens ; que l'eau de ces fontaines eft mille fois plus précieufe pour eux que toutes les richeffes dont un fol fertile récompenfe leurs travaux, & que, malgré le joug odieux qui pe-foit fur leurs têtes, ils n'ont pas héfité de crier à la tyrannie contre le GOUVERNEUR & L'INTENDANT qui, pour arrofer, l'un SON JARDIN ANGLOIS, & l'autre SON HERBIER, fe font permis, pendant CINQ MOIS de fuite, de dérober CINQ HEURES chaque jour à la fubfiftance des Colons, un tréfor communal que l'ÉGOÏSME appliquoit à un agrément frivole (2) ?

Vous laifferai-je ignorer ces ÉCONOMIES CRIMI-NELLES dont un Intendant coupable a ofé fe faire gloire,

---

(1) EXRTRAIT des minutes du greffe de la Sénéchauffée de Saint-Marc.

EXTRAIT des regiftres du Confeil d'Etat.

(2) MÉMOIRE & Lettre de M. MALLET DE LA BROSSIERE, ancien médecin du Roi, dans la Marine & les Colonies, Décembre 1789.

K 4

dans les nombreux mémoires qu'il a répandus en France fur les finances d'une Colonie que perfonne ne connoît ; économies qui lui ont attiré tant d'éloges de la part d'un collegue, aujourd'hui Miniftre, dont l'aveuglement n'a été que trop prouvé par l'IMPROBATION éclairée qu'un Gouverneur moins fifcal, mais plus CITOYEN & plus MILITAIRE, a publié contre ces économies dangereufes ?

Vous laifferai-je ignorer le DÉSORDRE RÉEL de cette adminiftration prétendue brillante, qui, après avoir épuifé les caiffes publiques par la conftruction d'un chemin inutile, n'a trouvé d'autre moyen de les remplir, qu'en fufpendant tous les travaux relatifs à l'entretien des bâtimens publics, des FORTIFICATIONS, & de l'ARTILLERIE ? Quelques écus de plus garniffent INUTILEMENT le tréfor colonial, & les AFFUTS font délabrés, & les BATTERIES font dégradées, & les OUVRAGES ne font pas entretenus, & un FORT, dont la néceffité a été indiquée pendant la guerre derniere, n'a pas été conftruit, & les ARSENAUX font dépourvus d'armes & de munitions, & Saint-Domingue n'eft pas en état de défenfe, & la plus précieufe de nos poffeffions nationales eft A LA MERCI de nos ennemis, n'eft pas à l'abri D'UN COUP DE MAIN de quelques corfaires, & peut être livrée par des mal - intentionnés, parce que les bons Citoyens font privés des moyens de la conferver à la Nation (1) !

---

(1) VOYEZ la correfpondance de M. DUCHILLEAU. Lettre à M. de la Luzerne, au Port-au-Prince, mars 1789.

ENFIN vous dévoilerai-je la VÉRITABLE CAUSE de tous les troubles qui ont agité toutes nos îles, & qui les agitent encore, fans que nous en puiffions prévoir l'iffue ?

LE 17 Juillet 1789, la COCARDE nationale, placée fur la tête de notre Souverain, devint, pour toutes les parties de l'Empire, le fignal de la liberté. Si le Miniftre de la Marine eût agi dans le fens de la révolution, il auroit, dès le lendemain, proclamé ce figne de CONFRATERNITÉ dans les deux Mondes.

EH BIEN, ce ne fut QU'EN JUIN 1790, c'eft-à-dire, ONZE MOIS après, que des lettres interceptées nous apprennent que M. de la Luzerne EXHORTOIT le Commandant de Saint-Domingue à autorifer ce fymbole d'harmonie, que les Créoles avoient déjà adopté, non fans empêchement de la part du Gouvernement.

LE 11 août 1789, l'Affemblée Nationale DÉCRÉTA une formule de SERMENT pour les troupes & pour les Commandans. Si le Miniftre de la Marine eût agi dans le fens de la révolution, il auroit, dès le 12 du même mois, pris LES ORDRES de l'Affemblée, pour ce qu'il avoit à faire dans fon Département.

EH BIEN, ce ne fut QUE LE 27 OCTOBRE, c'eft-à-dire, DIX SEMAINES après, qu'il vous adreffa fa première queftion à ce fujet; & le 14 janvier 1790, le Gouverneur de Saint-Domingue REFUSOIT de prêter le ferment que tous les Citoyens réclamoient de lui, parce que, difoit-il, *il n'avoit reçu aucun ordre fur ce point.*

LES 8 & 28 mars l'Affemblée Nationale a DÉCRÉTÉ le fort des Colonies. Si le Miniftre eût agi dans le fens de la révolution, une corvette fous voile eût emporté LE LENDEMAIN ces décrets bienfaifans.

EH BIEN, comme fi l'on avoit voulu laiffer à la fermentation des efprits le temps de produire une EXPLOSION & d'occafionner quelque défordre, ce ne fut que VERS LA FIN D'AVRIL pour les Antilles, & qu'au mois d'AOUST pour l'Inde, que des bâtimens appareillerent pour cette miffion importante.

LE 20 juin 1789, en dépit de tous les obftacles que les intrigues miniftérielles fouleverent contre nos efforts, les Députés de Saint-Domingue parurent dans *le jeu de paume*, &, fraternellement accueillis par les Repréfentans de la Nation, ils jurerent avec eux de s'unir A JAMAIS à la Conftitution françoife. En août de la même année, ils ouvrirent à leurs freres de la GUADELOUPE la porte de l'Affemblée de la grande famille. En feptembre fuivant, les Députés de la MARTINIQUE vinrent y prendre féance.

SI le Miniftre des Colonies eût agi dans le fens de la révolution, éclairé par ces trois admiffions confécutives, il fe feroit EMPRESSÉ de faire paffer à toutes nos îles des lettres de CONVOCATION, pour provoquer les élections de leurs repréfentans.

EH BIEN ; toutés nos poffeftions d'outre - mer font reftées dans une IGNORANCE PROFONDE fur ces points importans , & M. de la Luzerne a laiffé à chacune de ces portions ifolées de notre territoire , le foin pénible d'ENFANTER SANS SECOURS la révolution ; & il en a réfulté de grandes erreurs , & nous avons éprouvé de grands maux , & TABAGO, accablée d'infortunes , n'a point encore fes Repréfentans parmi vous ; & SAINTE-LUCIE n'en a point envoyé , & CAYENNE n'en a point élu , & les îles DE FRANCE & DE BOURBON , les plus malheureufes de toutes peut-être , n'ont point encore de Députés. . . . .

AH ! MESSIEURS , s'il eft vrai que les pouvoirs dont nous ont honorés nos Commettans , que ces MANDATS particuliers qu'ils ont remis à chacun de nous, fe foient tous confondus dans l'obligation facrée de faire le bien général ; s'il eft vrai que le Député du plus petit Bailliage foit devenu le REPRÉSENTANT de la Nation entiere : cette miffion augufte ne prefcrit-elle pas à chaque Membre de cette Affemblée de franchir, dans fon patriotifme, ces limites dont la nature a aborné les grandes divifions du globe ? Ne nous impofe - t - elle pas la loi d'étendre notre furveillance fur toutes les contrées qui recelent des FRANÇOIS , & , fous ce rapport, pourra-t-on s'étonner de voir un Député de l'Amérique diriger un inftant vos regards fur l'ASIE ?

LES territoires précieux que la France y poffede n'ont point encore occupé les Légiflateurs de l'Empire. Cependant, d'un côté, des ILES productives, des COMPTOIRS intéreffans, des ÉTABLISSEMENS utiles méritent votre attention, follicitent vos bienfaits, réclament auffi votre JUSTICE ; d'un autre côté, du moment où l'ambition angloife, trop refferrée dans les îles voifines de notre continent, a cru devoir fonder fur les bords de l'INDUS un fecond Empire, à la profpérité duquel eft attachée toute l'influence qu'exerce l'Angleterre dans l'équilibre de l'Europe ; la politique, l'intérêt du commerce, & la raifon ont dû nous indiquer le degré d'importance qu'il convient d'attacher à nos poffeffions dans les mêmes parages. Elles font, dans la balance des rapports commerciaux, le feul CONTRE-POIDS que nous puiffions oppofer aujourd'hui à la puiffance de nos rivaux.

EH BIEN, le defpotifme d'un MINISTRE, & l'impéritie des ADMINISTRATEURS qu'il a choifis, défolent à l'envi ces contrées malheureufes. Leurs INFORTUNES font en raifon directe de l'éloignement où elles fe trouvent de la puiffance nationale, & les DÉPRÉDATIONS dons elles font le théâtre, font telles, qu'en n'énonçant que des vérités, on a l'air de ne débiter que des fables.

L'INEXCUSABLE évacuation de PONDICHÉRY, abandonnée déformais à l'invafion & au pillage, les réclamations des DÉPUTÉS de ce pays, l'ADRESSE touchante préfentée à l'Affemblée Nationale, il y a déjà quelques mois, par les habitans des îles de FRANCE & de BOURBON, les VEXATIONS de tout genre dont ils

sont les victimes, les TRIBULATIONS qui les envi-
ronnent, la TYRANNIE d'un Gouverneur qui n'a de
loi que ses caprices, les BÉVUES pardonnables d'un
Intendant, allié de M. de la Luzerne, qui, en 1789,
a cessé de juger des PROCÈS au Châtelet de Paris,
pour aller ADMINISTRER tous nos établissemens dans
l'Inde, des TAXES intolérables, imposées arbitrairement
sur les Citoyens, l'INCULTURE d'une Colonie fertile,
placée sous le plus beau ciel de la Nature, des DILA-
PIDATIONS dont on ne peut se faire une juste idée,
une SÉRIE non interrompue d'opérations désastreuses,
des PRÊTS faits sur la Caisse royale à tous les favoris du
Gouvernement, TROIS MILLE ESCLAVES entretenus
aux frais de la Nation pour servir au luxe asiatique
des despotes, des BAYONETTES & des cartouches op-
posées aux premiers élans de ce peuble vers la régénération & la liberté, des OBSTACLES insurmontables
élevés contre les Assemblées électorales & la nomination des Députés, enfin plus d'UN MILLION de
dépenses ANNUELLES à réformer, & plus de TRENTE
MILLIONS échappés du trésor royal, à faire rentrer
dans les coffres de la Nation : . . . . . . VOILA l'es-
quisse fidelle de la situation déplorable à laquelle un
Ministre opiniâtre & foible a réduit nos établissemens
au de là du Cap de Bonne-Espérance.

VOYEZ, MESSIEURS, voyez pourtant quelles suites
effrayantes peuvent avoir les erreurs de celui auquel
est confiée l'administration presque SOUVERAINE de la
Marine & des Colonies. Bien différent d'un Ministre
de la Guerre, d'un Ministre de l'intérieur ; l'un ne

peut malverfer que dans fon département, l'autre ne peut nuire qu'à la Capitale ou aux Commenfaux de la Maifon royale, tandis qu'un Miniftre des Colonies peut étendre fon influence malfaifante fur les François DES DEUX MONDES. Les délits de fes collegues feront toujours bornés comme leurs fonctions ; mais celui qui tient dans fa main les rênes de l'Amérique & de l'Afie, peut verfer fes forfaits fur la MOITIÉ de l'Univers.

DE tous les agens du pouvoir exécutif, c'eft un TEL MINISTRE dont le choix eft le plus important ; de tous les délégués de la fuprême puiffance, c'EST LUI, dont les lumieres étendues, dont les connoif-fances profondes doivent diriger avec plus de fagacité la nomination de ceux auxquels il confie l'exécution de fes ordres ; & loin que la France jouiffe de cet avantage, celui qui y dirige aujourd'hui, avec une autorité fans bornes, ce département magnifique, eft à chaque pas CONVAINCU d'impéritie, d'opiniâtreté ou de foibleffe. Accablé fous le faix des pieces irré-cufables dont j'ai fait le dépôt, & dont l'extrait eft imprimé à la fuite de cet ouvrage, il ne peut fe juf-tifier, ni de fes erreurs PERSONNELLES, ni de l'ap-probation criminelle par laquelle il s'eft APPROPRIÉ les délits de fon Intendant favori & de fes agens fu-balternes. Enfin, entre tous les Miniftres, celui qui, vu l'étendue de fes rapports, devroit être par excel-lence *l'homme de la Nation*, eft juftement celui qui, par tant de PREUVES acquifes, fe trouve bien évidemment COUPABLE ;

D'AVOIR commis ou laiſſé commettre :— des opérations déſaſtreuſes, — des faux matériels, — des abus inouis d'autorité, — des trafics honteux, — des intrigues criminelles,— des traits odieux d'inhumanité, — des exactions tyranniques, — des dénis de juſtice révoltans, — des oppreſſions cruelles, — des calomnies atroces, — des forfaitures prouvées, — des jugemens pervers, — des concuſſions démontrées, — des négligences meurtrieres, — des ſpoliations barbares, — des actes anti-conſtitutionnels, — des fautes politiques preſque ſans remedes. . . . .

DONC *il a fait le malheur de la Colonie ; donc il vouloit conſommer ſa ruine*, ainſi que je l'avois TEXTUELLEMENT énoncé le 1ᵉʳ décembre 1789.

MAIS alors n'a-t-il pas mérité ſon *exécration*, & cette expreſſion qui parut exagérée le jour où la vérité me l'arracha, aujourd'hui que les lettres & mémoires de nos Commettans l'ont tecniquement conſacrée, ne ſemblera-t-elle pas exprimer avec juſteſſe le ſentiment que j'avois à peindre ?

SI l'on en doutoit, j'en appelle au traitement que le peuple fit ſubir, à Saint-Domingue, à l'EFFIGIE du Miniſtre, & à celle de ſon Intendant, lorſque ce dernier déroba, par la fuite, ſa tête coupable au ſupplice qui l'attendoit.

DONC ils étoient tous deux *exécrés dans la Colonie*, comme je l'avois AVANCÉ le 1ᵉʳ décembre, comme je l'avois froidement CONFIRMÉ le lendemain, CE QU'IL FALLOIT DÉMONTRER.

MAIS fi je l'ai démontré, c'étoit donc une vérité frappante que je proférois alors ; je n'étois donc pas un *calomniateur* ; & fi je n'ai pas calomnié, je n'ai donc point fait à M. de la Luzerne une *injure gratuite*, ainfi qu'il n'a pas craint de l'avancer dans la lettre irrefpectueufe qu'il fe permit d'adreffer à l'Affemblée Nationale, comme fi le fentiment d'une *bonne confcience* pouvoit juftifier un Miniftre d'ofer manquer à la vérité & à la plus augufte Affemblée de l'Univers !

JE ne fuis donc pas un de ces hommes défignés par lui : *qui, dans les circonftances préfentes, ayant befoin de fe rendre favorable, ou l'opinion qu'ils foutiennent, ou la caufe qu'ils défendent, cherchent à y lier de quelque maniere que ce foit des plaintes contre les Miniftres du Roi.*

ET cet *adminiftrateur vertueux* fera bien, déformais, *d'oppofer à cet artifice ufité, & à la calomnie qui le pourfuit,* d'autres armes que *fa conduite, fa fermeté, & fon filence :* car fa conduite eft coupable, fa fermeté eft un entêtement aveugle, & fon filence eft un aveu.

ET puifque M. de la Luzerne *a défiré d'être entendu,* rien de plus jufte, on l'entendra ; & comme il a demandé *que je fuffe tenu d'articuler des faits,* j'ai j'ai nettement articulé des faits nombreux ; & comme il m'a requis *de produire des preuves*, j'ai produit dès preuves irréfiftibles, & je les publie ; *de communiquer des pieces au foutien*, j'ai communiqué des pieces fans réplique, & je les imprime ; & comme je penfe que *la réfutation* n'en fera ni facile ni *complette*, je conclus que l'imputation qui me concernoit dans fa lettre, eft dénuée de tout fondement, & par confé-quent attentatoire au caractere dont la confiance de la Nation nous a tous revêtus.

Donc c'eft lui qui *m'a fait injure* ; Donc c'eft lui qui *m'a calomnié*, ... ce que j'avois encore entrepris de démontrer (page 7).

Et cependant, Messieurs, au fein même de cette Affemblée de lumieres, c'étoit à un tel agent du pou-voir exécutif que plufieurs opinans avoient propofé *de renvoyer l'examen de nos juftes demandes, la dif-cuffion des plus chers intérêts des Colonies* ! Quel fentiment pénible ne dut pas m'affecter, moi, aux yeux de qui tous les faits que j'ai cités, & bien d'autres que j'ai tus, étoient dès lors indubitables ; moi, à la confcience duquel tant de méfaits étoient victorieufe-ment démontrés ! Devois-je, en cet inftant, céder à des confidérations particulieres ? Aurois-je été digne de la confiance de mes Commettans, fi j'avois été ca-pable de Foiblir ? Non ; la vertu fans ressort eft une vertu fans principes ; dès quelle ne frémit pas à l'afpect des vices, elle en eft fouillée.

L

J'AI donc dû m'oppoſer à cette meſure DÉSASTREUSE; & quels moyens étoient à ma diſpoſition pour en écarter les effets, ſinon de n'en point cacher les dangers, de lever le voile, de le déchirer, de manifeſter tout ce que je ſavois moi-même, enfin de DÉNONCER le Miniſtre, ſur-tout quand j'en avois reçu l'ORDRE exprès de mes Commettans, & que c'étoit LE VŒU de ma Députation toute entiere. JE DÉNONÇAI DONC, &, quoiqu'il m'en coutât, je ne m'en repens point. L'INDULGENCE pour le deſpotiſme eſt une CONSPIRATION contre la liberté.

JE ne me permettrai aucune réflexion ſur les MOTIONS légeres, inconſidérées, INCONSTITUTIONNELLES, auxquelles cette dénonciation a donné lieu. Elles font honneur à la loyauté & à la ſenſibilité des honorables Membres qui les ont faites. Ils ne pouvoient pas croire qu'un Miniſtre fût réellement SI COUPABLE, & ils prenoient pour une exagération de la liberté, ce qui n'étoit que le cri de la douleur.

S'ILS ont écouté tout ce qui précede, ſi ſur-tout ils daignent lire ATTENTIVEMENT les Pieces Juſtificatives que je mets ſous leurs yeux, un regret de leur part compenſera dans mon âme le chagrin qu'un ſoupçon élevé dans la leur contre ma véracité avoit pu me faire éprouver.

JE m'arrêterai bien moins encore ſur les erreurs de L'OPINION PUBLIQUE. La nouveauté de mon action a dû élever plus de préventions contre elle, que ſa hardieſle n'a pu lui mériter de faveur; mais ELLE-MÊME me vengera; & ſi cette ſatisfaction ſouffroit quelque délai, j'attendrois tranquillement les effets de ſa juſtice, en ſongeant que les PRÉJUGÉS des hommes honnêtes ne doivent DÉCOURAGER ni le patriotiſme ni la vertu.

MAIS c'eſt trop parler de MOI, quand je ne ſuis que l'organe de mes Collègues, un ſoin plus important m'occupe. . . . .

SI l'on excepte les Rois, les Empereurs, & les Sultans, dont les contemporains ou la poſtérité ont fait juſtice, L'HISTOIRE ne nous préſente pas un grand nombre de dénonciations publiques.

PARMI les hommes revêtus d'une portion ſeulement de l'autorité ſouveraine, ſi, entre VERRÈS & HASTINGS, je retranche ceux qui, comme LES VISIRS, ont été les victimes, innocentes peut-être, d'un deſpotiſme atroce, ſi je retranche encore ceux qui, comme VASCONCELLOS, ont reçu du peuple en fureur un châtiment toujours injuſte, quand il n'eſt pas prononcé par la Loi, je trouve peu de Miniſtres qui, DÉNONCÉS ſolemnellement, aient parcouru la route ordinaire d'un jugement LÉGAL.

UNE Aſſemblée Nationale CONSTITUANTE n'a pas beſoin ſur ce point de l'autorité de l'exemple. C'eſt à elle à le donner à l'univers. C'eſt au pouvoir conſtituant à RÉSOUDRE cette grande queſtion politique;

c'eſt à la légiſlature ACTUELLE à ſtatuer ſur toutes les queſtions ſecondaires qui en découlent.

LE décret célebre qui prononça la RESPONSABILITÉ des Miniſtres, ne poſa que le principe. Des décrets d'exécution conſtateront LA FORME & régleront le MODE en vertu duquel la reſponſabilité ſera exercée. La HAUTE COUR NATIONALE ſera probablement chargée de ces fonctions terribles & reſpectables.

DANS des cauſes de cette importance, LA SOLEMNITÉ ſera placée, ſans doute, au rang de ſes premiers devoirs. Si ce fut une belle inſtitution, de conſacrer par des monumens & par des fêtes le ſouvenir des Rois & des Citoyens qui avoient rendu de grands ſervices à l'humanité, on ſentira, par analogie, que de GRANDS EXEMPLES préviendront de grands crimes, empêcheront de grands maux. La France jugera un Miniſtre dénoncé, comme l'Egypte jugeoit ſes Rois, avant de leur rendre les honneurs funebres.

MAIS en attendant la RÉDACTION ſolemnelle de ce nouveau Code de Loix nationales qui, apparemment, remplira le dernier feuillet de l'Hiſtoire de notre liberté, une COLONIE puiſſante, une Colonie malheureuſe, la plus grande & LA PLUS IMPORTANTE des Colonies françoiſes, gémit depuis pluſieurs années, réclame juſtice, & l'attend.

QUEL eût été le ſort du Miniſtre qu'elle m'a chargé de dénoncer à l'Aſſemblée Nationale, ſi, comme HASTINGS, il eût été publiquement expoſé à l'éloquence foudroyante des FOX, des BURKE, des SHÉRIDAN ?....

Ce furcroît de peines ne l'accablera pas; mais fa juftification en fera-t-elle plus facile? Non, MESSIEURS, ma miffion, ma PÉNIBLE MISSION eft finie; le dénonciateur fe retire: l'ACCUSÉ refte avec fes Juges; mais je vois s'élever entre eux & lui la VOIX UNANIME de Saint-Domingue qu'il a gouvernée, le VŒU de TOUTES les Colonies qu'il a adminiftrées, le récit FIDÈLE de fes actions, & les pieces authentiques que j'ai DÉPOSÉES !... Grand Dieu !.... contre de tels adverfaires je ne connois pas de défenfeur.

NOUS SUPPLIONS L'ASSEMBLÉE NATIONALE D'ADOPTER NOS CONCLUSIONS, RENFERMÉES DANS LE PROJET DE DÉCRET SUIVANT :

L'ASSEMBLÉE NATIONALE, après avoir entendu la DÉNONCIATION du Miniftre de la Marine, faite par les Députés de Saint-Domingue, AU NOM DE CETTE COLONIE, & s'être fait rendre compte par fon COMITÉ DES RAPPORTS, tant de la nature & authenticité des pieces juftificatives DÉPOSÉES à l'appui de ladite dénonciation, que des DÉFENSES produites par le fieur DE LA LUZERNE, a décrété & décrete :

1°. QUE fon Préfident fe retirera pardevers le Roi, pour remettre à SA MAJESTÉ une copie manufcrite de la DÉNONCIATION qui vient d'être prononcée contre le fieur de la Luzerne, & un EXTRAIT des Pieces Juftificatives à l'appui.

2°. QUE Sa Majefté fera fuppliée d'examiner dans fa juftice, s'il n'eft pas de L'INTÉRÊT de la Nation D'ÉLOIGNER de fes Confeils un MINISTRE qui ne peut plus jouir dans son département de la considération si nécessaire au bien du service, & DE RAPPELER les sieurs de MARBOIS, Intendant, & de LA MARDELLE, Procureur général, pour rendre compte de leur conduite.

3°. QU'AUSSI-TÔT que le sieur DE LA LUZERNE aura, sur les ordres du Roi, QUITTÉ ses fonctions ministérielles, il sera tenu de produire ses RÉPLIQUES & autres NOUVEAUX MOYENS de défense; savoir, pour les accusations en matieres PRIVÉES, pardevant les TRIBUNAUX ordinaires; & pour les accusations en matieres PUBLIQUES, pardevant la HAUTE COUR NATIONALE, qui sera incessamment établie.

S I G N É :

DE COCHEREL,
DE REYNAUD,
DE PERRIGNY,
DE THEBAUDIERES,
DE VILLEBLANCHE,
DE MARMÉ,
DE COURREJOLLES,
DE LABORIE,
DE ROUVRAY,
DE CHABANON,
Ô GORMAN,
DE MAGALLON,
FITZ-GERALD,
LOUIS-MARTHE DE GOUY.

Députés des trois Provinces de Saint-Domingue.

VOYEZ un Supplément TRÈS-IMPORTANT placé à la suite des Pieces Justificatives, & qui en renferme de très-curieuses.

EXTRAIT

DES PIECES JUSTIFICATIVES *

A L'APPUI DE LA DÉNONCIATION

FAITE A L'ASSEMBLÉE NATIONALE

Du Comte DE LA LUZERNE, Miniftre d'État & de la Marine,

Par le Comte DE GOUY, Député de Saint-Domingue :

Au nom de la DÉPUTATION & de fes COMMETTANS.

PIECES JUSTIFICATIVES DE L'EXPOSITION.

POUVOIRS DE DÉNONCER.

Lettre au Comité du Nord, 25 décembre 1788.

. . . .

LE refus ou le filence des Adminiftrateurs, dont nous vous ferons part, nous donnera, comme à vous, LE DROIT DE les DÉNONCER A LA NATION, comme des tyrans fubalternes, qui, dans la crainte feule de perdre une autorité dont ils abufent, veulent, autant qu'il eft en eux, nous empêcher de nous réunir auprès du pere commun, avec les autres membres de la grande famille.

---

* LES originaux de ces Pieces, dont on a cru qu'il fuffifoit d'imprimer des extraits, ont été foumis d'abord au Rapporteur, enfuite au Comité des rapports de l'Affemblée Nationale, & font dépofés tout au long aux archives de ce même Comité, où l'on pourra les voir fans déplacer.

Lettre du même Comité, 24 *avril* 1789.

IL faut à la Colonie une vengeance éclatante .... Vous devez la folliciter .... & TRADUIRE avec énergie DEVANT LE TRIBUNAL DE LA NATION, le Miniftre defpote qui a ofé commettre une femblable atrocité, uniquement pour fervir la paffion d'un Intendant qui avoit intérêt d'éloigner de lui un Adminiftrateur honnête qui le contenoit. . . . . .

Lettre du même Comité, 25 *juin* 1789.

NOUS devons DÉNONCER & vouer à l'EXÉCRATION publique les LA LUZERNE, les MARBOIS, les LA MARDELLE, c'eft-à-dire, les infolens auteurs & les lâches coopérateurs des maux que la Colonie éprouve depuis fi long-temps.

Lettre des Habitans de Saint-Louis du Nord, à M. le Marquis du Chilleau, décembre 1788.

NOUS n'en connoiffons pas moins tous nos droits ; mais nous favons méprifer & maudire ; mais nous favons nous plaindre ; mais nous favons AJOURNER aux pieds du Trône, AU TRIBUNAL DE LA NATION, ces perfides, ces violateurs des droits des Citoyens, qui ne demanderoient fans doute pas mieux que d'avoir à nous reprocher quelque acte qui pût autorifer leurs affertions & leurs impoftures.....

CET ordre de chofes, fi deftructeur en tout genre, eft une innovation qui n'a été introduite que par M. DE LA LUZERNE. Elevé, fe vante-t-il lui-même, fur les genoux de la Magiftrature ..... fon éducation, fes idées, fes affections, fes liaifons, fon exiftence morale fe font toutes tournées de ce côté.

PORTÉ par fes habitudes de l'enfance, par fon éducation première, & par fon goût exclufif pour l'étude de la nature

& pour celle des langues mortes, aux douceurs d'une vie privée & paifible, M. de la Luzerne a cru infiniment commode de fe décharger des détails faftidieux & dégoûtans, felon lui, du Gouvernement, fur fon Intendant ; & ce modefte Intendant n'a pas demandé mieux. Tout a donc été remis entre les mains de cet Intendant ; tout, jufqu'à l'artillerie & aux fortifications. DÈS CE MOMENT, TOUT ORDRE ANCIEN A ÉTÉ INTERVERTI.

VOUS avez à matcher, M. le Marquis, entre les opinions, les difpofitions d'efprit & de cœur d'un Miniftre QUI NE CONNOIT point cette Colonie ; qui, par fon genre de vie, par fes goûts, n'a pas pu la connoître ; qui n'en a pu prendre que les plus FAUSSES OPINIONS, & le défir extrême que nous vous préfumons de faire le bien.

Lettre du Comité de l'Oueft, 9 feptembre 1789.

L'ENTREPRISE que le Miniftre vient de faire en ftatuant fur un objet de cette importance, en caffant l'ordonnance de M. du Chilleau, pendant la tenue même des Etats Généraux, mérite D'ÊTRE RELEVÉE par nos Députés à l'Affemblée Nationale.

Lettre du Comité du Nord, 15 feptembre 1789.

NOUS ne pouvons nous promettre un fort plus heureux tant que M. de la Luzerne & M. de . . . . . feront à la Cour. La Colonie même ne fe reffentiroit pas de leur difgrace, fi notre Intendant actuel nous étoit confervé. Il n'y a donc que le CORPS DE LA NATION qui puiffe foutenir avec force nos réclamations

Lettre de l'Affemblée provinciale du Nord, 29 janvier 1790.

LA conduite, foit de M. de la Luzerne, foit des Adminiftrateurs, foit du Confeil fupérieur, qualifié de Saint-Domingue, ne juftifie que trop la néceffité où nous avons été , & où nous fommes encore , de nous adminiftrer nous-mêmes.

M. DE LA LUZERNE a plus que perdu notre confiance ; il eft NOTRE ENNEMI. Tyran d'autant plus dangereux , qu'il femble n'être venu à Saint-Domingue que pour nous nuire d'une maniere plus efficace, par la préfomption menfongere qu'éleve en faveur de fes connoiffances le féjour qu'il a fait dans cette Colonie ; on ne le voit occupé que du foin de la preffurer , de la tourmenter , & de la retenir plus fortement que jamais fous l'empire du DESPOTISME MINISTÉRIEL , lorf-que toutes les Provinces de France ont eu le bonheur de s'en affranchir. Il ne fe borne pas là , & il pouffe SA PERFIDIE jufqu'à favorifer fous main les infurrections d'une cafte qui tient tout des bienfaits de fes anciens maîtres , & à flatter baffement, DANS SA CORRESPONDANCE avec elle , des efpé-rances dont l'accompliffement ne feroit rien moins que la fub-verfion totale de la Colonie.

IL étoit temps que ce tyran fût démafqué , confondu , & puni. Après l'avoir dénoncé au public , NOUS LE DÉNONÇONS A L'ASSEMBLÉE NATIONALE ; & comme elle eft jufte , elle nous en fera juftice. NOUS AVONS TOUS APPLAUDI A LA DÉNONCIATION QUE VOUS EN AVEZ DÉJA FAITE, MESSIEURS, PAR LA BOUCHE DE M. DE GOUY-D'ARSY. Notre arrêté pris à cette occafion , & que nous vous enverrons inceffamment, vient à l'appui de cet acte de courage ; & loin que vous deviez reculer, nous vous donnons CHARGE EX-PRESSE de pourfuivre vigoureufement cette dénonciation. Les preuves ne vous manqueront pas.

Extrait des délibérations de l'Affemblée provinciale du Nord,
22 janvier 1790.

ET attendu qu'il eft conftant que le Comte de la Luzerne eft L'ENNEMI JURÉ de la Colonie, qu'il a toujours cherché à lui

(5)

NUIRE par tous les moyens poſſibles , l'aſſemblée LE DÉNONCE
à l'Aſſemblée Nationale , comme COUPABLE d'avoir abuſé de
la confiance que le Roi lui avoit accordée , en opérant , con-
jointement avec les ſieurs la Mardelle & de Marbois , LA
RÉUNION des Conſeils de Saint-Domingue , malgré qu'ils
euſſent la liberté & L'ORDRE de ne pas l'opérer , ſi elle étoit
nuiſible ; d'avoir , contre ſa conſcience & ſon devoir , SOU-
TENU cet ouvrage funeſte ; d'avoir , avec le ſieur de Marbois , VÉXÉ les Colons , & notamment ceux de cette dépendance , dans toutes les parties de l'Adminiſtration , & plus particulierement dans celle des finances ; d'avoir enſuite , quand
il a été Miniſtre , ſecondé les vexations , les INJUSTICES , les
RAPINES , & les caprices du ſieur de Marbois , avec une ponc-
tualité & une promptitude dont il n'y a jamais eu d'exemple ;
d'avoir REFUSÉ de donner des ordres pour faire arrêter les
ſieurs Morel & Jervais , accuſés de s'être embarqués avec
des milliers de fuſils , pour tenter une inſurrection dans la
Colonie ; d'avoir fait les plus grands efforts pour EMPÊ-
CHER L'ADMISSION des Députés de Saint-Domingue à l'Aſſemblée Nationale ; d'avoir enfin affecté de ne pas envoyer
l'ordre pour la PRESTATION DE SERMENT des troupes , qui
n'a été faite au Port-au-Prince que le 15 janvier , & quand le
Général s'y eſt vu forcé. Défend en conſéquence à toutes perſonnes , de quelque qualité , condition , & état qu'elles
ſoient , de CORRESPONDRE en aucune maniere avec ledit
ſieur Comte de la Luzerne , à peine d'être réputés TRAÎTRES à
la patrie , & comme tels , pourſuivis & punis ſuivant la rigueur
des ordonnances . . . . . , &c.

PIECES JUSTIFICATIVES

DU PREMIER CHEF DE DÉNONCIATION.

RÉUNION DÉSASTREUSE DES CONSEILS SUPÉRIEURS DE SAINT-DOMINGUE.

Lettre de M. Bonamy à M. de Laborie, avocat au Conseil.

JE vous envoie les pieces qui prouvent que dans un procès appointé, jugé au Port-au-Prince par le Conseil supérieur de Saint-Domingue ; j'ai payé à moi seul pour 495 livres DE FRAIS DE POSTE, & encore ai-je, par économie, envoyé PAR MER au Port-au-Prince le grand livre qui fondoit ma reddition de compte. Si mon adversaire, M. Rinaud, Garde de la porte du Roi, en a payé autant, cela fait 990 livres de frais de poste, pour un procès dont le résultat pouvoit fort bien ne pas les valoir. (*Les quittances sont annexées.*)

Lettre des Habitans de Saint-Louis du Nord, à M. le Marquis du Chilleau.   décembre 1788.

ON nous a privés de notre tribunal supérieur de justice, pour nous envoyer plaider à soixante lieues de nos demeures ; & c'est pour un pays le plus dangereux de l'Univers pour la santé, pour un pays dont le climat & la température changent de six lieues en six lieues, pour un pays où les hommes, une fois acclimatés à l'air de leurs quartiers, sont assurés d'essuyer de nouvelles maladies, aussi-tôt qu'ils les quittent & s'établissent dans un autre, qu'on a imaginé un système aussi absurde, AUSSI FUNESTE, AUSSI HOMICIDE.

PAR ce système DESTRUCTEUR, des Régisseurs en chef d'habitation, des peres de famille, épuisés par les fatigues d'un voyage de foixante lieues, fous la zone la plus chaude du monde, la plus pluvieufe dans de certaines faifons, la plus mal-faine dans toutes ; tombés malades dans les routes, abandonnés à des mains étrangeres, ont péri dans des mauvais gîtes, faute de foins & de fecours ; quelques-uns, après avoir échappé aux dangers des torrens & des rivieres fans ponts de communication, qui entrecoupent, de deux lieues en deux lieues, toute la partie françoife, ont enfin pû fe rendre au Port-au-Prince ; mais, échauffés par les fatigues du voyage, les peines d'efprit, & les follicitudes qui font toujours les fuites des procès importans, ils ont, à leur retour, effuyé des maladies affreufes, dans lefquelles plufieurs ONT PERDU LA VIE.

Lettre des habitans de la partie du Nord, au Roi, revêtue à Saint-Domingue de quatre mille fignatures. 31 mai 1788.

NOUS voulions repréfenter à Votre Majefté que les organes de la loi font des Magiftrats éclairés ; que là où il n'y a point de Magiftrats, la loi devient muette, fa protection nulle, le défordre affreux ; que la culture fe néglige, que les richeffes font bientôt abforbées ; que toute affociation d'hommes a donc un befoin réel de juges integres, qui puiffent, à chaque inftant, entretenir parmi eux, fans embarras ni frais, l'ordre fur lequel repofe la félicité publique ; que cet avantage que goûtoient jadis vos Colons, eft perdu pour eux, depuis que leurs Magiftrats, les Patriarches de la famille coloniale, font difperfés ; depuis qu'un feul tribunal ÉVOQUE A LUI toutes les caufes d'un grand Empire, & force tous les propriétaires à quitter leurs manufactures, leurs efclaves, leurs femmes, leurs enfans, leur commerce, pour entreprendre, par mer ou par terre, aux rifques des tempêtes d'un élément furieux, ou des ardeurs d'un foleil brûlant, des voyages périlleux, qui RUINENT à la fois LA FORTUNE & LA SANTÉ des malheureux qui ont une propriété à défendre.

Mémoire de la Chambre d'Agriculture du Cap , 2 août 1787.

IL eſt dangereux de confier le dépôt général des jugemens ſouverains , ſur leſquels les fortunes de la Colonie entiere repoſent , à un ſol continuellement MOBILE , & peut-être ſuſpendu ſur des abîmes qui L'ENGLOUTIRONT UN JOUR ; à une ville néceſſairement bâtie en bois , & par conſéquent ſujette à des INCENDIES fréquens , & difficiles à arrêter.

CEPENDANT , Monſeigneur , quoiqu'on vous en ait impoſé groſſierement ſur ce point ſi eſſentiel , que l'édit ſemble n'avoir pas d'autre baſe , il n'y a AUCUN MOYEN DE VOYAGER dans la Colonie. Dans quatre-vingts lieues qu'on compte du Fort-Dauphin au Port-au-Prince, on rencontre vingt rivieres ou torrens , ET PAS UN PONT , ſeulement deux bacs. Le Voyageur, dans l'hiver ou dans les orages , eſt arrêté quelquefois pluſieurs jours de ſuite. Cependant nulle retraite , PAS UNE AUBERGE ſur toute la route ; à peine y rencontre-t-on trois ou quatre malheureux cabarets , où un homme honnête ne ſauroit prendre gîte , & où ſes chevaux ne trouveroient pas de nourriture.

IL n'y a NI POSTES , NI RELAIS , ni diligences , ni meſſageries , & la nature du climat , ni la diſtribution des propriétés ne permettent pas ces établiſſemens , qui exigeroient des amas de fourrages inconnus , & impoſſibles ici. . . . . L'habitant des villes , l'ouvrier n'ont pas de chevaux , & ne ſauroient en avoir. . . . . Aucun habitant , quelque moyen qu'il ait , ne peut entreprendre la route avec ſes voitures , parce qu'à ſept lieues du cap on eſt obligé de franchir à cheval une chaîne de montagnes DE DIX LIEUES , au travers de ſentiers étroits & gliſſans , dans des ROCHERS ET DES PRÉCIPICES , où un faux pas peut COUTER LA VIE au Cavalier; il lui reſte plus de quarante lieues à faire à cheval.

ON ſait aujourd'hui que les ordres du Roi pour cette réu-

nion étoient accompagnés de L'ORDRE PARTICULIER de fufpendre, fi la réunion comportoit de grands inconvéniens. Le
tout étoit dans les mains du fieur la Mardelle.

Lettre du Comité du Cap, 2 août 1789.

M. le Marquis du Chilleau joindra fes réclamations aux nôtres contre L'INSUPPORTABLE RÉUNION des Confeils. . . . . .
CES gens-là font poffédés d'un Démon pour réunir. RÉUNION
des Confeils dans la main des Adminiftrateurs, RÉUNION
des caiffes, RÉUNION des terres. Le moyen de n'être pas
les maîtres abfolus, quand on RÉUNIT TOUT dans fes mains !

Tableau de comparaifon extrait des regiftres des Confeils.

CE Tableau, dépofé aux archives du Comité des Rapports,
& qu'il eût été difficile d'imprimer dans ce recueil, prouve :
Que du 11 Juin 1787 au 11 Juin 1788, c'eft-à-dire, dans le
cours d'une année, le nouveau confeil de Saint-Domingue,
compofé des deux confeils réunis, a fur 1822 procès, jugé 621
caufes DE MOINS que n'en avoient jugé les deux Confeils fépa-
rés, dans le cours de l'année précédente, & que pourtant les
frais des procès qu'il ajugés fe font élevés, fur 1,512,000 liv.
à 364,365 liv. DE PLUS ; de forte qu'UN TIERS de jugemens
EN MOINS, & un tiers de frais EN PLUS, ont fait fupporter à
la Colonie UN impôt abufif & cruel de 871,412 liv., fans
compter les frais incalculables de perte de temps, voyages,
féjours, port de papiers par la pofte. *Voy. les quittances citées*
à la tête des pieces juftificatives de ce chef.

Lettre du Miniftre, 8 juillet 1788, *enregiftrée au Confeil*
le premier octobre fuivant.

SA MAJESTÉ eft dans l'intention de MAINTENIR A JAMAIS la
réunion qu'elle a ordonnée des deux Cours. . . . . LE ROI
vous recommande d'accélérer la conftruction, foit des canaux &

des fontaines qui doivent diftribuer l'eau dans tous les quartiers de la ville où fiége le confeil, foit de la GRANDE ROUTE
que vous avez fait RÉCEMMENT TRACER à travers la chaîne
de montagnes qui fépare le commandement de l'oueft de celui
du nord. Il ne doute pas, Meffieurs, que vous NE HATIEZ,
autant qu'il fera poffible, ces travaux utiles & même néceffaires, dont le commencement eft dû à votre amour du bien
public & à votre prévoyance.

*Extrait de la lettre des Habitans du Cap aux Adminiftra-
teurs, écrite fur le cercueil du fieur de la Faucherie.
22 décembre 1788.*

PLUSIEURS peres de famille épuifés, comme M. de la Faucherie & M. de Dieu, par les fatigues des voyages, ONT PERDU
LA VIE, foit au Port-au-Prince, foit dans les routes, foit à
leur retour dans leurs foyers.

Lettre du Miniftre à M. de Chabanon, 12 juillet 1788.

LE Miniftre bien averti de tous les réfultats de la réunion
des Confeils, répond à M. de Chabanon, qui pleuroit un
ami mort dans un voyage au Port-au-Prince : *LE ROI MAIN-
TIENDRA LA RÉUNION DES CONSEILS, PAR LES RAI-
SONS MÊMES QUE VOUS ALLÉGUEZ CONTRE ELLE.*

PIECES JUSTIFICATIVES DU IIᶜ CHEF.

*GRAND CHEMIN DU CAP. — MENSONGE PUBLIC.
— CORVÉES ARBITRAIRES. — DÉPENSES ÉNORMES
ET INUTILES.*

*Lettre des Habitans de Saint-Louis du Nord à M. le
Marquis du Chilleau, décembre 1788.*

UNIQUEMENT occupés de chemins nouveaux, entrepris à
tort & à travers, & fans avoir confulté des gens à qui les dé-

bouchés & les routes importent le plus , les Administrateurs
difposent DESPOTIQUEMENT des fonds qui nous appartiennent,
& fur l'emploi defquels il feroit bien jufte au moins de nous
confulter.

Délibération du Comité du Nord, 11 mars 1789.

TOUTE leur attention fe porte fur le chemin de communication de la partie du nord avec celle de l'oueft, que MM. DE LA
LUZERNE & DE MARBOIS fe font déterminés à faire faire fans
avoir vifité les lieux , fans avoir même confulté les anciens
Ingénieurs , tels que MM. Demanfuy , Callon & autres , s'en
étant rapportés à des Ingénieurs venus avec eux à Saint-Domingue, qui ne connoiffoient ni le local , ni fon climat ; chemin auquel ON TRAVAILLE depuis près de deux ans , malgré
qu'il foit connu de tout le monde que les voitures N'Y POUR-
RONT jamais PASSER , qu'il fera d'un entretien TRÈS-DISPEN-
DIEUX ; chemin qui , indépendamment des Negres & COR-
VÉES qu'on force, par des ordres de RIGUEUR , les habitans d'y
envoyer, coûte déjà plus de DEUX MILLIONS , tandis qu'avec
une dépenfe de trois à quatre cent mille livres qu'euffent
à peine coûté les réparations de l'ancien chemin , on s'en fût
procuré un infiniment plus précieux , en ce qu'il auroit réuni
le double avantage d'être PLUS COURT de cinq lieues , & que
paffant fur un fol reconnu plus folide , il eût occafionné beaucoup moins de dépenfes d'entretien ; mais IL FALLOIT PLAIRE
à l'auteur de la réunion des Confeils , & ne pas faire voir au
Maréchal de Caftries qu'on l'avoit trompé , en donnant pour
principal motif de cette réunion *la belle communication des
chemins* , ainfi que le porte FAUSSEMENT l'édit du mois de
Janvier 1787 ; & c'eft probablement cette malheureufe con-
defcendance qui a dirigé la conduite des Adminiftrateurs à cet
égard.

Edit de réunion des Confeils , Janvier 1787.

AUJOURD'HUI que des chemins COMMODES & SURS font

(12)

communiquer entre elles toutes les parties de la Colonie , &
procurent à TOUS SES HABITANS un accès libre vers le centre ,
nous avons jugé que le moment ÉTOIT VENU de rétablir le
régime primitivement adopté.

Gazette de Saint-Domingue , 30 Août 1788.

LORSQUE LA BELLE COMMUNICATION entre le Cap & le
Port-au-Prince fera finie , de pareils malheurs [*des naufrages*]
ne feront plus à craindre pour ceux qui ne font point obligés ,
par état, de s'expofer aux dangers de la mer. Si , comme on a
tout lieu de l'efpérer , les travaux font continués fans interrup-
ruption jufqu'au mois de Juin de l'année 1789 , les voitures
pourront, A CETTE ÉPOQUE , fe rendre d'une ville à l'autre ,
fans éprouver le moindre obftacle [1].

*Lettre du Miniftre , 8 Juillet 1788 , enregiftrée au Confeil
le 1er Octobre fuivant.*

LE ROI vous recommande d'accélérer la conftruction , foit des
canaux & des fontaines qui doivent diftribuer l'eau dans tous les
quartiers de la ville où fiége le Confeil , foit de la grande
route que vous avez fait RÉCEMMENT TRACER à travers la chaîne
de montagnes qui fépare le commandement de l'oueft de celui
du nord. Il ne doute pas , Meffieurs , que vous ne hâtiez , autant qu'il fera poffible , ces travaux utiles & même néceffaires.

____

(1) ET la fatale réunion des Confeils, motivée FORTEMENT fur
cette *belle communication*, par ces termes de l'édit: *Aujourd'hui que
des chemins commodes & fûrs*, *&c.* ; cette fatale réunion , dis-je, étoit
confommée déjà depuis DEUX ANNÉES !

PIÈCES JUSTIFICATIVES DU IIIe. CHEF.

ARRÊTEMENT SCANDALEUX D'UN CITOYEN INNO-CENT, ET JUGEMENT ARBITRAIRE ET INJUSTE.

Lettre de M. de Courrejolles, à M. de la Luzerne, 18 Février 1787.

L'OPINION de M. Jauvin confondu, fembloit, mon Général, le tourmenter, par la raifon, fans doute, qu'on reconnoiffoit évidemment l'injuftice de fes procédés contre moi; combattu par la penfée commune des autres, tout-à-fait oppofée à des idées fuggérées par l'amour-propre, & dénuées de raifon, il a fini par en perdre la tête ! & dans cet état d'ivreffe, il a porté l'audace au point DE ME DONNER UN DÉMENTI FORMEL en préfence de tous les perfonnages que je viens de citer.

Réponfe de M. de la Luzerne, 22 Février.

IL m'eft encore permis de me conduire paternellement dans cette affaire : je crois vous rendre le fervice le plus effentiel, en vous ouvrant les yeux. . . . . LA dénégation des faits eft de l'effence des procès; elle ne peut être regardée comme UNE INSULTE. . . . . Tous mes efforts tendent à empêcher qu'un Militaire qui a bien mérité de fa Patrie, NE SE PERDE lui-même. C'eft dans cette vue encore que je vais m'expliquer en Gouverneur général. Si M. Jauvin avoit déformais, en quelque façon que ce fût, à fe plaindre de la moindre voie de fait, de la moindre infulte verbale, l'intérêt public, l'intérêt du fervice du Roi exigeroit L'EXEMPLE LE PLUS ÉCLATANT, le plus SÉVERE. J'ai dû le prévoir, & les ORDRES font actuellement DONNÈS. . . . . *Signé* LA LUZERNE.

Autre Lettre de M. de Courrejolles, 25 Février.

MON intention N'A JAMAIS ÉTÉ d'employer aucune voie de

fait ; le maintien du bon ordre a toujours été à mes yeux le devoir le plus sacré de la société ; tout bon sujet doit y contribuer. . . . . Vous ne souffrirez certainement pas qu'un citoyen DÉCORÉ soit non seulement calomnié par la suite des fausses délations que l'on fait tous les jours à l'administration, auxquelles malheureusement on se livre ; mais qu'il soit encore ENTACHÉ par une injure aussi outrageante que celle que M. Jauvin m'a faite en présence de CENT PERSONNES.

Réponse du Général, 28 Février.

J'AI reçu, Monsieur, une lettre de M. Jauvin, par laquelle il m'assure qu'il n'est sorti de sa bouche AUCUNE PAROLE CHOQUANTE pour vous. Il est en vérité superflu d'ajouter qu'il n'a pas eu le moindre projet de vous offenser ; car il vous est impossible d'avoir à cet égard un doute.

Réponse de M. de Courrejolles, 8 Mars.

VOUS croyez, mon Général, aujourd'hui que je dois être satisfait. Il ne m'appartient plus de murmurer, quand vous avez prononcé ; votre estime sera toujours trop précieuse à mon cœur, pour ne pas me conformer à tous vos désirs.

Lettre du Général, du même jour 8 Mars.

IL a été donné ordre que vous soyez ARRÊTÉ & traduit DEVANT MOI (à 60 *lieues*), pour être entendu.

PIECES JUSTIFICATIVES DU IVe. CHEF.

CITOYENS VENDUS A UN AVENTURIER, POUR LES PUISSANCES ÉTRANGERES.

Mémoire de M. Mallet de la Brossiere, 21 Décembre 1789.

J'AI encore connoissance d'un navire qui, sous le commandement du Capitaine VIDAL, devoit porter aux espa-

gnols de Carthagene, des François de la Colonie; TROMPÉS
ET SÉDUITS par l'espoir de faire fortune dans cette région mal-
saine, ils devoient obtenir des concessions & des instrumens de
labourage. On avoit engagé un Chirurgien de la Marine Mar-
chande à les accompagner, TROMPÉ par la même perspective;
& une partie des mornes de Saint-Domingue attend encore des
bras pour être cultivés. C'étoit certainement faire BON MAR-
CHÉ des pauvres habitans de la Colonie, que de les abandonner aux Espagnols, & MM. DE LA LUZERNE & MARBOIS,
qui les livroient à nos alliés du continent, peuvent bien attendre des remerciemens de cette Nation; mais quels sentimens
méritent-ils des Colonies & de la Métropole, en SACRIFIANT si
gaîment des sujets dont la Patrie pouvoit tirer un parti plus
avantageux.

PIECES JUSTIFICATIVES DU Ve. CHEF.

REFUS OBSTINÉ DE LETTRES DE CONVOCATION A LA COLONIE DE SAINT-DOMINGUE.

Lettre des habitans de Saint-Louis du Nord, à M. le Marquis du Chilleau, Décembre 1788.

NOUS n'apercevions point de remedes à nos maux, lorsqu'à
la lecture des différens arrêts émanés des bontés paternelles du
Roi, nous avons pu entrevoir l'espérance de lui faire enfin
parvenir nos griefs & nos plaintes, MALGRÉ LES EFFORTS des
Ministres.

LORSQUE nos peres se donnerent à la France, ils le firent
comme des gens de ce caractere & de cette valeur durent le
faire; & s'ils eussent pu prévoir qu'on pût leur disputer un
jour d'être une PROVINCE de France, d'être admis au droit
qu'a chaque province de DÉPUTER aux Etats Généraux du
Royaume, lorsqu'il plairoit au Roi d'assembler la Nation; *de
n'être pas même assimilés à des provinces conquises,* vous pou-

vez concevoir qu'ils euſſent pris des meſures & des réſolutions toutes différentes de celles qu'ils prirent alors.

C'EST en raiſon de tous les droits impreſcriptibles qu'ils ſe réſerverent, que nos freres qui ſont en Europe, ſe ſont aſſemblés en LEUR NOM, & au NÔTRE, pour réclamer l'admiſſion de leurs Députés aux Etats-Généraux ; & nous ne pouvons douter qu'ils l'obtiendront de la juſtice, de la bonté du Roi, & du vœu de toutes les autres provinces du Royaume, parce qu'il ſeroit injuſte & IMPOLITIQUE ſur-tout de le leur refuſer.

NOUS demanderons encore D'ADMETTRE NOS DÉPUTÉS dans l'Aſſemblée générale des Etats, parce qu'elle ſeroit incomplette, s'ils n'y aſſiſtoïent pas ; & nous avons de ſi bonnes raiſons à employer, qu'il nous paroît impoſſible que le Roi nous le refuſe, & que toutes les provinces du Royaume ne votent pas en notre faveur, ſur-tout ſi nos droits y ſont établis & préſentés comme ils doivent l'être.

Lettre des Colons de la partie du Nord, au Roi, revêtue à Saint-Domingue de 4000 ſignatures, 31 Mai 1788.

DÉJA nous avions rédigé nos ſupplications, lorſque la grande nouvelle de la prochaine aſſemblée des Etats-Généraux a paſſé juſqu'à nous.

ALORS, Sire, un cri unanime s'eſt élevé ; nous avons dit : Notre pere a deviné nos maux ; il a ſenti que ni la ſurveillance de ſes auguſtes prédéceſſeurs, ni ſa propre vigilance n'avoient pu, pendant un ſiecle & demi, prévenir tous les abus, ou en extirper les racines ; qu'après un tel laps de temps, il falloit ſe voir, ſe parler, s'entendre ; que ſans cette meſure, toute reſtauration étoit impoſſible, & il veut être le RESTAURATEUR DE LA FRANCE. . . . . Nous n'aurons donc plus beſoin de protection pour approcher du Trône ; il y invite lui-même toutes ſes provinces. Nous nous y préſenterons comme la plus

grande

grande d'elles toutes, fans contredit, comme la plus productive, fans aucun doute, & nous difputerons à aucune autre
d'être plus fidelle que nous. . . . . DE l'autre côté des mers, au
fein du continent fur lequel VOTRE MAJESTÉ regne, fe trouve
une partie de notre propre famille, un nombre confidérable de
nos freres, UNE MOITIÉ de nous-mêmes. . . . . Nous leur
avons dit, avec ce fentiment qui perfuade : O vous, qui avez
le bonheur d'approcher fouvent notre pere commun ; vous
qui favez à chaque inftant tout ce que fa bonté lui infpire pour
le bonheur de fon peuple ; vous qu'une mer immenfe n'empêche
point de vous préfenter chaque jour à fes yeux, volez vîte aux
pieds de fon trône ; là, revêtus de vos propres droits, pour
lui parler en votre nom, & de TOUS NOS POUVOIRS, car nous
vous les DONNONS TOUS, fans reftriction aucune : dites-lui
que fes Colons de Saint-Domingue font fes Sujets les plus mé-
ritans & les plus fideles ; que nous aurons peut-être quelque
jour des graces à lui demander, mais qu'aujourd'hui nous ne
réclamons que SA JUSTICE ; que nous fommes fes enfans ni
plus ni moins que les habitans de fa bonne ville de Paris, &
que nous le conjurons de nous affigner BIEN VITE LA PLACE
que nous devons occuper dans l'Affemblée de la grande Famille.
N'oubliez pas de lui dire que nous ne connoiffons pas ces trois
divifions d'Ordres obfervés dans le continent ; que nous fommes
tous égaux, & tous Soldats. . . VOILA, Sire, ce que nous avons
EXPRESSÉMENT chargé nos freres, nos compatriotes, de dire
à Votre Majefté : mais nous avons bien fenti que mille Colons
réfidant dans la Capitale ou dans les ports, ne pouvoient pas,
fans rifque de confufion, s'adreffer tous enfemble à leur Souverain ; nous leur avons ENJOINT de fe réunir, & de nommer
entre eux, parmi eux, des COMMISSAIRES, propres, par leurs
lumieres & leur rang, à répondre à la miffion flatteufe de repréfenter toute la Colonie. Nous conjurons Votre Majefté
d'accueillir avec bonté ceux de fes Sujets qui, REVÊTUS DE
TOUS LES POUVOIRS de Saint-Domingue, mettront à fes
pieds les refpects & les vœux de ce fecond Royaume.

Requête des habitans du Nord, pour convoquer la Colonie, présentée aux Administrateurs, revêtue d'un grand nombre de signatures, & rejetée le 2 janvier 1789.

SUPPLIENT humblement les propriétaires planteurs dans la partie du nord de Saint-Domingue, soussignés,

Et ont l'honneur de vous exposer, que la prochaine tenue des Etats-Généraux, annoncée en France dans tous les papiers publics, vous a paru à vous-mêmes, Nosseigneurs, devoir fixer l'attention de la Colonie..... 1°. Nous ferions à jamais FLÉTRIS aux yeux de toute la Nation, si la crainte de contribuer à l'acquittement de sa dette, pouvoit nous faire oublier que nous sommes françois. 2°. En nous tenant AUSSI LACHEMENT à l'écart, nous n'échapperions cependant pas aux regards & aux recherches de la métropole, qui nous connoît bien, & qui connoît encore mieux les ressources du sol que nous cultivons. 3°. Pour développer à la Nation assemblée ce qu'il nous importe tant de lui faire connoître, il faut bien que nous ayons des REPRÉSENTANS aux Etats-Généraux, des DÉPUTÉS munis de nos instructions & de nos pouvoirs; par conséquent nous devons, par honneur, comme pour notre intérêt, procéder promptement à la libre élection de nos députés, qui devroient déjà être rendus dans le continent..... UN très-grand nombre des propriétaires-planteurs dans les trois parties de cette Colonie, se sont, depuis long-temps, réunis dans la capitale de la France, pour y concerter les démarches convenables à l'intérêt commun.

Nomination par les Colons de France, d'après le vœu des Colons de Saint-Domingue, de neuf Commissaires.

NOUS soussignés, Propriétaires dans la Colonie de Saint-Domingue, avons, par le présent, CHOISI ET NOMMÉ les Commissaires ci-dessous désignés, pour faire parvenir aux pieds

du Roi les différentes demandes des habitans , & PARTICULIÈ-
REMENT leurs vœux pour être REPRÉSENTÉS aux Etats-Généraux, dont Sa Majesté annonce la convocation , & ce , par des
Députés choisis librement & volontairement , à l'effet de quoi
nous donnons tout pouvoir de nous substituer & de nous re-
présenter dans toutes les démarches que la prudence leur sug-
gérera , & même de remplacer , à la pluralité des voix entre
eux , par des propriétaires présens en France , ceux qui ne
pourroient pas accepter ladite commission , à MM. le Marquis
de Gouy d'Arsy , — le Comte de Reynaud , — le Marquis de
Paroy , — le Duc de Praslin , — le Duc de Cereste , — le Marquis de Perrigny , — de Peyrac , — le Comte de Magallon ,
— le Chevalier Dougé.

Fait à Paris le 15 juillet 1788.

Lettre des neuf Commissaires ci-dessus , à M. de la Luzerne ,
31 août 1788.

LA place que vous occupez vous rend le Vice-Roi des deux
Indes ; vous êtes notre Ministre, notre Juge, notre Chancel-
lier. . . . QUE DE MOYENS de nous rendre heureux !

Nous le ferons, Monseigneur, si vous daignez vous pénétrer, avec ce discernement qui vous caractérise, de la force,
& tout à la fois de la simplicité des raisons sur lesquelles nous
appuyons notre demande.

Nous n'avons qu'UN ROI, qu'UNE LOI, qu'une coutume,
qu'une patrie ; c'est la France. Nous sommes donc tous François ; & sous quelle autre dénomination seroit-il possible de
nous envisager ?

Nous avons fondé, défriché, cultivé la plus grande, la
plus belle, la plus productive province de France ; nous for-

mons donc une des principales provinces de cet Empire. Et fous quel autre point de vue feroit-il poffible de confidérer une Colonie fi utile ?

Le Roi, dans fa fageffe, appelle autour de lui les Députés de TOUTES les Provinces. Les Députés de Saint-Domingue doivent à l'inftant fe préfenter aux pieds du Trône. Et fous quel rapport feroit-il poffible de les en exclure ?

Premier Recueil de pieces intéreffantes, remis aux Notables par M. le Marquis de Gouy-d'Arfy, Commiffaire-Rapporteur. Novembre 1788.

NOUS voici parvenus au but que nous nous étions prefcrit. Des propres termes de l'arrêt du Confeil du 5 octobre, qui convoque les Notables, nous avons déduit la néceffité de nous pourvoir à leur tribunal.

LA, nous avons rapporté avec franchife tous les doutes de nos adverfaires ; là, nous leur avons oppofé autant d'affertions contraires.

LA , nous avons prouvé bien clairement, par le précis hiftorique de l'établiffement de la Colonie de Saint-Domingue, & par l'efprit de nos chartes ; que nous étions François, que nous contribuions aux charges du Royaume, & qu'ainfi les Colonies avoient le droit DE DÉPUTER aux États.

LA, nous avons démontré que la juftice, l'intérêt individuel des Colons, l'intérêt non moins facré de l'État, la grandeur de la France, le maintien de fon influence, la politique, & l'exemple fi prépondérant des Romains, réclamoient hautement LE DROIT inhérent à l'effence de Saint-Domingue, dont l'exécution ne pouvoit fouffrir le moindre délai, fans qu'il n'en réfultât des inconvéniens infiniment fâcheux.

Là, nous avons démontré, par un examen suivi de l'importance de nos Colonies, que la France LEUR DEVOIT fa profpérité commerciale, le commerce fon induftrie, la Nation le quart du produit des mines du Mexique & du Pérou; & toutes ces preuves profondément difcutées, littéralement extraites de cet ouvrage célebre que l'on peut regarder comme un préfent fait aux Empires, ne permettent plus de douter que l'abandon des Colonies ne fût le plus grand de tous les malheurs politiques, & démontrent évidemment que la France, toute privilégiée qu'elle eft de la Nature, NE PEUT abfolument SE PASSER de Colonies.

Là, nous avons démontré, par la combinaifon des intérêts réciproques, par le tableau des grands objets qui doivent occuper la Nation, par LA RESTAURATION qui doit s'opérer dans toutes les parties, par l'image du bonheur qui ne fauroit manquer d'en réfulter pour tous les individus, par l'accroif-fement des richeffes particulieres & du tréfor public, que l'intérêt de Saint-Domingue ÉTOIT DE DÉPUTER, & que fa gloire trouveroit fon compte à cette députation.

Tout eft donc prouvé déformais aux yeux des Juges éclairés qui vont prononcer fur une des plus grandes queftions politiques qui ait occupé ce fiecle.... Oui, tout eft prouvé, & déjà leurs fuffrages ouvrent, à Saint-Domingue, la porte des États.

Procès verbal de la Commiffion, 15 feptembre 1788.

M. le Marquis de Paroy, qui, d'après l'arrêté de ce Comité, avoit été avant-hier à Verfailles, avec M. le Marquis de Gouy, pour voir M. le Comte DE LA LUZERNE, & lui demander, au nom de la Commiffion, la réponfe que le Roi avoit bien voulu faire à notre lettre du 31 août, rendit compte de l'entrevue avec ce Miniftre.

IL paroît que dès le 4 septembre il remit à Sa Majesté la lettre des Commiſſaires ; qu'il fit de SA PROPRE MAIN le rapport de leur demande ; qu'il lut ce rapport au Conſeil le 11 du courant, & que pour des raiſons qu'il n'a pas déduites, mais qui ſont faciles à deviner, il N'A PAS VOULU dire aux Députés le prononcé du Roi ni celui du Conſeil d'Etat, quelques inſtances qu'ils lui aient faites, quelques bonnes raiſons qu'ils aient employées pour l'engager à rompre le ſilence.

Procès verbal de la Commiſſion, 3 février 1789.

LE Miniſtre a répondu à ces argumens ſans réplique, qu'il ne pouvoit NOUS RECONNOÎTRE que comme des particuliers, que des pouvoirs donnés par des ſignatures iſolées NE SIGNIFIOIENT RIEN.

Seconde lettre du Comité colonial de France, au Comité colonial de Saint-Domingue, par M. de Gouy - d'Arſy, Commiſſaire-Rapporteur.

LA lecture de vos miſſives intéreſſantes a été interrompue pluſieurs fois par nos applaudiſſemens & par nos larmes. . . . . . Infortuné la Faucherie ! malheureux pere de famille ! veuve déſolée ! enfans dignes de compaſſion . . . . ! ſoyez tranquilles . . . . , vos larmes ont coulé près de nos cœurs . . . . ; NOUS VOUS VENGERONS.

MAIS ne nous détournons pas du but ; ne voyons qu'un objet ; allons DROIT aux États-Généraux, obtenons-en l'entrée . . . . . ; c'eſt là que nous ouvrirons LE LIVRET TERRIBLE de nos malheurs ; c'eſt là que les Miniſtres paroîtront BIEN PETITS, leurs vexations BIEN GRANDES, la Nation BIEN JUSTE ; c'eſt là que les méchans & les deſpotes ſeront punis, que la Colonie renaîtra au bonheur, & que nous goûterons dans nos conſciences, & aux yeux de l'Univers, la jouiſſance

ſi pure d'avoir eu le courage d'ABATTRE L'HYDRE, & de faire
le bien pour le bien ſeul.

PIECES JUSTIFICATIVES DU VIe. CHEF.

OBSTACLES MIS DANS LA COLONIE A LA NOMINATION DE SES DÉPUTÉS AUX ÉTATS-GÉNÉRAUX.

*Requéte des habitans du Nord, pour convoquer la Colonie,
préſentée aux Adminiſtrateurs, revétue d'un grand nombre
de ſignatures, & rejetée le 2 janvier 1789.*

CE conſidéré, Noſſeigneurs, il vous plaiſe, attendu la
notoriété publique, par votre propre fait, des arrêts du Conſeil d'État du Roi, des 5 juillet & 8 août derniers, relativement à la convocation prochaine des États-Généraux de la
Nation, dont la Colonie de Saint-Domingue eſt, ſans contredit, la PROVINCE LA PLUS IMPORTANTE, ſous tous les
rapports de commerce & de navigation ; attendu auſſi la notoriété d'un autre arrêt du Conſeil d'État du Roi, du 5 octobre
dernier, qui appelle aux États-Généraux les Provinces qui,
comme la Colonie de Saint-Domingue, ne faiſoient point
partie de la Monarchie françoiſe en 1614, époque de la derniere tenue des États-Généraux en France ; ordonner ou permettre que dans chacune des paroiſſes de la partie du Nord
de cette Colonie, il ſoit convoqué ſans délai & dans la
forme ordinaire, une Aſſemblée des habitans, pour DÉLI
BÉRER ſur l'avantage ou l'inconvénient d'envoyer inceſſamment dans le continent, à l'Aſſemblée des États-Généraux de
la Nation, des DÉPUTÉS librement choiſis, & munis des
pouvoirs & inſtructions de la Colonie, à l'effet d'y porter
ſes doléances aux pieds du trône, comme toutes les autres
Provinces du Royaume ; ordonner que, pour maintenir dans
ceſdites Aſſemblées de paroiſſes le bon ordre & la plus
grande LIBERTÉ des délibérations & ſuffrages, le Commandant des Milices de chaque paroiſſe, & le Commandant pour

le Roi dans le lieu de fa réfidence, y feront appelés & préfens, mais fans voix délibérative, & que les fuffrages feront
recueillis par le plus ancien habitant de chaque paroiffe, qui
préfidera l'Affemblée & fera rédiger la délibération ; du réfultat
de laquelle fera dreffé procès verbal en double minute par le
plus ancien Notaire du quartier.

*Extrait d'une Gazette de Saint-Domingue, du 6 décembre 1788,
imprimée fous la direction immédiate de l'Intendant.*

IL paroît un mémoire imprimé, fur l'importance pour la
Colonie de Saint - Domingue d'avoir des Repréfentans à
l'Affemblée des États-Généraux.......

ON DIT que plufieurs autres grands propriétaires ont fait
un autre mémoire, pour prouver l'INUTILITÉ de cette agré-
gation ; qu'ils l'ont auffi préfenté à quatre anciens Avocats,
qui, après en avoir pris lecture & après mûre délibération, ont
été unanimement d'avis que de pareilles affaires ne pouvoient
faire la matiere d'une confultation.

Extrait d'une lettre de M. d'Augy au Gazetier.
Cap, 11 Décembre 1788.

J'ARRIVE de Paris, Monfieur, & je puis vous certifier que
vous êtes mal informé. Il eft de TOUTE FAUSSETÉ qu'il exifte
une confultation contraire à celle que vous rapportez dans
votre numéro 98 ; & que quatre Avocats fe foient trouvés
d'un avis contraire à celui de MM. de la Croix, Sanfon, de
Blois, & Godard.

Extrait de la réponfe du Gazetier à M. d'Augy.
Port-au-Prince, 25 décembre 1788.

JE fuis auffi bon Colon qu'un autre, Monfieur ; je fuis affez
ancien dans le pays pour lui être fort attaché ; mais JE FAIS

UNE GAZETTE : ainſi je ne puis , par état même , être toujours de la plus grande exactitude. Je puis dire de plus , pour me diſculper de vos reproches, QUE L'ARTICLE EN QUESTION N'EST PAS DE MOI ; je l'ai envoyé à l'impri- merie tel qu'on me l'a remis , & tel qu'ON MA PRESCRIT de le faire paroître.

Ordonnance des Adminiſtrateurs , du 26 décembre 1788.

ATTENDU que les intentions de Sa Majeſté , relativement ſoit à l'admiſſion des Députés des Colonies aux États-Géné- raux du Royaume , ſoit à la forme dans laquelle il convien- droit de recueillir les vœux & ſentimens des Colons ſur cet objet important , ne nous ſont point encore connues , & qu'il peut néanmoins être utile qu'elle ſoit inſtruite des déſirs & des eſpérances de la majorité deſdits Colons , nous les autoriſons & nous les invitons même à nous expoſer leurs demandes par LETTRES ou par requêtes qui NOUS feront adreſſées des différens lieux de la Colonie , *ſans qu'elles puiſſent cependant être ſignées par plus de cinq perſonnes , ſaute de quoi elles ſeront rejetées comme nulles.* . . . . .

LES lettres & requêtes qui nous ont été adreſſées juſqu'à ce jour , touchant l'admiſſion ou la non admiſſion des Dé- putés de la Colonie aux États-Généraux , ne feront point compriſes dans leſdits états ſommaires ; mais ceux qui les ont ſignées , pourront nous en faire parvenir de nouvelles. Déclarons NULLES & de nul effet toutes requêtes , mémoires ou écrits quelconques qui auroient pu être ou feroient clan- deſtinement préſentés aux habitans , pour être par eux SIGNÉS ; & ne feront comptées les ſignatures obtenues ſur leſdits écrits , mais feront conſidérees comme ſurpriſes , & en conſéquence tenues pour NON AVENUES. . . . . .

DÉFENDONS , conformément aux loix & réglemens de Sa Majeſté , toute aſſemblée ILLICITE , ſous peine d'être , ceux

qui y affisteront, POURSUIVIS fuivant la rigueur des ordon‑
nances.

CETTE ridicule ordonnance eft méprifée au point qu'il n'y
a dans toute la Colonié que cent foixante-fix perfonnes qui
répondent. Dans la partie du Nord, UNE SEULE s'oppofe à
l'admiffion demandée par la très-grande pluralité de cent
vingt-quatre. Cet état eft figné des Adminiftrateurs qui ren‑
dent une nouvelle ordonnance le 31 janvier, portant que *ce
filence de la Colonie* étoit une raifon pour ne pas la convoquer,
lorfque la convocation étoit DEMANDÉE d'ailleurs par QUATRE
MILLE fignatures LIBRES.

Lettre du Comité du Cap. 13 décembre 1788.

BÉNIS foyez-vous mille fois, dignes Compatriotes, d'avoir
fi bien fecondé, fi bien interprété nos intentions ! Recevez
les témoignages que nous vous offrons dans l'effufion de nos
cœurs, de la reconnoiffance la plus jufte & la MIEUX MÉRITÉE
qui fut jamais.....

LE récit de ce que vos fentimens vraiment fraternels vous
ont infpiré de faire pour la caufe commune, chers Compa‑
triotes, nous a tous attendris jufqu'aux larmes. Nous avons
penfé que la lecture de votre lettre ne pourroit manquer de
communiquer à tous nos concitoyens le même enthoufiafme
dont nous étions remplis ; & en conféquence, quoique cette
lettre paroiffe n'avoir été écrite que pour nous, nous avons
été unanimement d'avis qu'il falloit en faire part à tous nos
freres, & pour cet effet, convoquer une affemblée de pro‑
priétaires planteurs le plutôt poffible. Cette affemblée a donc
été convoquée pour le 7 de ce mois.....

Les Adminiftrateurs particuliers ONT DÉNONCÉ aux Admi‑
niftrateurs en chef, ainfi qu'au Procureur du Roi de cette
ville, & l'affemblée du 7, & M. Arnaud de Marfilly, comme

l'ayant provoquée, fuivant eux, quoiqu'il n'y ait pas eu plus de part que les autres membres du Comité.....

LE Procureur général du Confeil fupérieur vouloit bien VOUS DÉNONCER VOUS-MÊMES à fa Compagnie. . . . . . . Ni cette dénonciation, ni les DÉCRETS qui pourroient s'en fuivre ne feront capables de nous intimider. Une pareille procédure, fi elle avoit lieu, ne ferviroit qu'à nous faire prendre le parti de nous montrer à découvert; nous irions NOUS ASSEMBLER DANS LES PRISONS du Cap, ou du Port-au-Prince. Notre confcience nous affermit contre tous les coups d'autorité.....

ET l'on nous feroit un crime de l'illégalité à laquelle nous force l'infouciance de l'Adminiftration ! Et l'on qualifieroit notre affemblée d'ILLICITE, parce qu'elle eft fimplement ILLÉGALE ! La violation des formes feroit donc permife, quand c'eft le miniftere qui la commet pour ASSERVIR la liberté publique; & elle feroit UN CRIME, quand des fujets fideles font réduits à y recourir pour invoquer les formes mêmes ?

Arrêté de la Chambre d'agriculture du Cap. 5 décembre 1788.

LA Chambre, confidérant que rien ne peut s'oppofer à la jufte réclamation de la Colonie, puifque par les arrêts du Confeil d'État des 5 juillet, 8 août, & 5 octobre derniers, tous les fujets du Roi & tous les pays de fon obéiffance font appelés, SANS EXCEPTION, au fénat de la Nation; que PAR CES ARRÊTS la Colonie eft fuffifamment AUTORISÉE à s'af-fembler pour nommer des DÉPUTÉS & prefcrire leur mif-fion, fans qu'aucune autorité ait le droit de gêner fes dé-marches & leur réfultat, fauf aux États-Généraux à admettre ou rejeter fes Députés, & à limiter leurs pouvoirs; fauf auffi à les placer dans celui des deux ordres qu'il leur plaira : chofe affez indifférente à des hommes qui s'eftimeront cer-

tainement honorés, quel que foit leur rang, d'être les agens
& les défenfeurs d'une Colonie auffi importante.....

CONSIDÉRANT qu'il eft de la plus grande importance pour
la Colonie de faifir l'occafion, peut-être UNIQUE, où la
Nation, rétablie dans fes droits, pourra faire entendre au
Roi fes doléances & fes griefs, fans intermédiaires & directement, parce que la Colonie a AUSSI malheureufement fes
doléances & SES GRIEFS particuliers.....

A ARRÊTÉ que la préfente adreffe feroit faite à MM. les
Adminiftrateurs, afin qu'il leur plaife donner fur le champ
les ordres néceffaires dans toutes les paroiffes de la Colonie,
pour qu'il foit inceffamment & au même jour tenu des
affemblées par chacune d'elles, à l'effet, s'il eft trouvé convenable, de nommer des ÉLECTEURS, lefquels feront auto-
rifés & tenus de fe trouver à d'autres affemblées, au Cap,
au Port-au-Prince, & aux Cayes, pour y porter le vœu de
leur paroiffe.....

A ARRÊTÉ pareillement qu'expédition de la préfente fera
envoyée au MINISTRE de la marine, le tout dûment certifié
par M. Laborie, Secrétaire de la Chambre, ou, en fon abfence, par M. d'Augy, Secrétaire adjoint.....

ET par fuite, la Chambre a pareillement arrêté que copie,
tant de la délibération ci-deffus, que de la réponfe que
MM. les Général & Intendant y feront, fera envoyée, dûment certifiée, à M. le Marquis DE GOUY-D'ARSY, pour
Meffieurs du Comité colonial réfidant à Paris, avec une
lettre de REMERCIEMENS au nom de la Chambre, du zele
patriotique qu'il a montré, & des foins infinis qu'il s'eft
donnés pour le fuccès de l'ADMISSION de la Colonie aux
États-Généraux ; avec priere d'envoyer à la Chambre au
moins un exemplaire de leurs tranfactions qu'elle défire con-

figner dans fes archives , pour perpétuer le fouvenir de leur PATRIOTISME & de leur attachement aux intérêts de la Colonie.

Extrait d'une efpece de proteftation que de vils agens de l'Adminiftration ont rédigée au Port-au-Prince, & ont fait circuler anonymement dans la Colonie, pour tâcher de fe procurer quelques fignatures qu'ils n'ont pas même pu obtenir. décembre 1788.

A MONSEIGNEUR LE GOUVERNEUR.

Supplient HUMBLEMENT les habitans de la Colonie de Saint-Domingue, y réfidant, & connoiffant, par une expérience immédiate & journaliere, fes befoins & fes VÉRITABLES intérêts.

Difant que les alarmes de la Colonie de Saint-Domingue n'étoient pas vaines. Une lettre adreffée au Roi par de PRÉTENDUS Commiffaires, fe difant Députés par elle, vient de lui prouver qu'elles n'étoient que trop fondées.....

Daignez recevoir, Monfeigneur, CE DÉSAVEU auffi formel que réfléchi. C'eft AU NOM DE LA COLONIE que nous vous prions de le faire parvenir jufqu'aux pieds du trône.....

Soyez, Monfeigneur, dépofitaire de nos PROTESTATIONS, comme vous l'avez été de nos craintes ; aidez-nous à repouffer un fyftême FATAL à notre accroiffement. ....

NOUS TOUS Colons, habitans de l'Ifle Saint-Domingue, y réfidant, déclarons que nous n'avons jamais conçu le projet TÉMÉRAIRE & précipité d'ÊTRE ADMIS aux États-Généraux qui doivent fe tenir en France & pour la France ......; que nous croirions nous écarter du refpect dû à la majefté

(30)

du Trône, fi nous ANTICIPIONS, par une demande préma-
turée d'ADMISSION aux États-Généraux, fur les volontés de
notre Souverain. . . . .

ET prenant en confidération le motif par lequel on prétend nous faire remarquer *que la Colonie reftera foumife au
pouvoir arbitraire ,* nous nous empreffons de PROSCRIRE
cette affertion , comme le réfultat odieux d'une fuppofition
SANS FONDEMENT , & calomnieufe envers le Gouvernement
SAGE ET MODÉRÉ fous lequel nous avons LE BONHEUR de
vivre.

*Réponfe à la piece qui précede , ou dénonciation des vrais
citoyens de la Colonie , revétue des fignatures des plus
notables habitans.*

CONTRE la requête ci-deffus , répandue dans le public ,
SANS AVEU , ni date , ni SIGNATURES , & qui a dû être
préfentée à M. le Gouverneur général , portant défaveu des
démarches faites à Paris , en faveur de la Colonie , PAR NEUF
CITOYENS RESPECTABLES.

LES ames honnêtes , mues par l'honneur & l'intérêt de la
patrie , ne s'enveloppent point du manteau de l'obfcurité ,
le grand jour ne peut les effrayer , & le myftere eft la premiere peine des cœurs pervers & rampans qui ont la baffeffe
de facrifier les intérèts les plus chers de leurs concitoyens ,
à des confidérations méprifables , & à des vues fordides &
impatriotiques.

IL n'eft plus queftion aujourd'hui des démarches faites à
Paris par des Commiffaires de la Colonie , mais bien du
VŒU GÉNÉRAL de cette même Colonie , de l'empreffement
de TOUS LES BONS citoyens à remplir les devoirs de fujets
fideles à leur Roi. . . . .

(31)

VOILA deux envois de cette proteſtation par des mem‑
bres de l'Adminiſtration. Le premier eſt du 28 décembre,
poſtérieur de deux jours à l'ordonnance de MM. les Admi‑
niſtrateurs ; .... PAS UN CITOYEN ne l'avoue ....! Que
de réflexions à faire ſur les auteurs, ſur les motifs qui l'ont
dictée, & ſur les ſuites fâcheuſes qu'elle pourroit avoir dans
la Colonie, ſi le patriotiſme, l'honneur, & la raiſon ne
s'empreſſoient de LA DÉNONCER au Roi, à la Nation, à la
Colonie, & aux Citoyens.....

LE ſyſtême impatriotique qui a dicté cette prétendue re‑
quête, ſe borne à déſavouer les démarches faites en France
des Commiſſaires de la Colonie ; elle ne dit rien de la
RÉUNION DE TOUS les honnêtes citoyens qui, pleins de
RECONNOISSANCE ENVERS CEUX DE PARIS, achevent &
mettent la derniere main à un ouvrage auſſi louable qu'utile
dans tous ſes rapports.....

QU'ILS paroiſſent ces ſatellites de l'arbitraire, & ces
mauvais citoyens qui oſent invoquer le reſpect & la fidélité
dus au Monarque, la ſoumiſſion à ſes volontés, & l'amour
de la patrie, lorſque leurs cœurs déſavouent ces précieux
ſentimens ; lorſque la vile crainte de PARTAGER LES CHAR‑
GES de leurs freres les porte à s'éloigner de la famille &
de l'intérêt commun ! ....

CEPENDANT MM. les Adminiſtrateurs déclarent que cette
requête leur a été envoyée REMPLIE de ſignatures. Dans ce
cas, ne peut-on pas les ſommer de la produire avec ces
ſignatures ? Alors le patriotiſme attaquera ces vils détrac‑
teurs.....

L'HONNEUR n'a jamais eu d'autres principes ; c'eſt lui qui
SOMME les auteurs & les partiſans de cette prétendue requête,
de paroître au tribunal de la vérité & du patriotiſme, s'ils
en ſont encore dignes. Qu'ils s'empreſſent à y dépoſer le re‑

pentir le plus fincere ; qu'ils avouent la foibleffe de leur rai-
fonnement & leur erreur ; qu'ils rendent hommage aux
citoyens honnêtes qu'ils ont inculpés ; ou ils font pour jamais
couverts d'INFAMIE, regardés comme TRAITRES AU ROI & à
la Colonie.

Lettre des Electeurs du département de l'Ouest, à MM. le
Marquis de Gouy, le Comte de Reynaud, le Marquis de
Perrigny, le Comte de Magallon, & autres Commiffaires.
7 février 1789.

VOUS favez fans doute, Meffieurs, que pour correfpondre
aux VUES DU MINISTRE, pour rompre le VŒU DE TOUS
les habitans de la Colonie, pour EMPÊCHER enfin que Saint-
Domingue eût des Repréfentans aux États-Généraux, les Adminiftrateurs ont rendu une premiere ordonnance le 26 décembre dernier, qui SUPPOSE que les habitans font partagés
fur cette queftion d'intérêt public......

QU'UN Miniftre ambitieux d'exercer toujours un pouvoir
abfolu & arbitraire ; que des Adminiftrateurs intéreffés à le
lui conferver, puifqu'ils le partagent, forment dans leurs
cœurs le défir de voir la Colonie SANS DÉFENSEURS aux
États généraux, cela fe conçoit ; mais que deux Adminiftrateurs veuillent enchaîner les fuffrages, & fe rendre les maîtres des vœux des citoyens, EN LES DIVISANT ; qu'ils
exigent que ces mêmes citoyens les rendent dépofitaires de
leurs fecrets & de leurs fentimens ; qu'ils adoptent une
marche lente, TORTUEUSE, dont l'exécution tendroit inévi-
tablement à priver les Colons de l'efpoir de voir arriver à
temps leurs Repréfentans aux États-Généraux : c'eft ABUSER,
on ne craint pas de le dire, d'un pouvoir qui n'eft cependant dans leurs mains que pour le bonheur de ceux qu'ils
gouvernent ; c'eft rendre SANS EFFET les bonnes intentions de
Sa Majefté, qui a appelé, PAR TROIS ÉDITS, tous fes fujets,
pour s'inveftir de leurs lumieres ; c'eft enfin PRIVER des
citoyens

citoyens zélés pour les intérêts de leur Province, de venir concourir, autant qu'il est en eux, au bien & à l'avantage de l'Etat......

QUE conclure donc de l'ordonnance des Administrateurs ? si ce n'est qu'en divisant, en MUTILANT les suffrages, ils ont voulu rompre des sentimens qui devoient devenir uniformes par le rapprochement.

CELUI qui désire que la Colonie soit représentée, doit sans doute exposer la raison qui motive ce désir ; mais si ces raisons, ces motifs sont personnels aux Administrateurs ou au MINIS-TRE ; si les citoyens désirent essentiellement d'être représentés, pour se plaindre de l'arbitraire qui a toujours régné dans les Colonies, des ABUS DE POUVOIR qu'on s'y est permis, des vexations de tout genre qu'ils éprouvent journellement, & pour lesquelles ils sont sans recours, puisqu'ils voient leurs adversaires dans leurs JUGES ; s'ils ont à se plaindre d'une légis-lation locale, incertaine, variée à l'infini, capricieuse ou des-potique, selon les caracteres de ceux qui gouvernent, on le demande : que feront ces citoyens obligés de faire passer leurs sentimens par les mains des Administrateurs & du Ministre de la Marine leur ennemi ?.....

AUSSI les habitans de la Colonie ne se font-ils pas crus obli-gés d'exécuter une loi aussi INCONSTITUTIONNELLE ; tous n'ont eu qu'un même sentiment & qu'une même maniere de l'exprimer.....

DANS toute la dépendance du NORD, composée de vingt-quatre Paroisses, il n'y a QU'UN SEUL être, un seul individu qui ait écrit contre l'admission. Il mérite d'être connu ; c'est un nommé BELLIER.

DANS toute la dépendance de l'ouest, pour laquelle nous écrivons, composée de 19 paroisses, il n'y a que ONZE perfonnes qui aient été du même avis ; & de ce nombre, neuf font SUSPECTÉES par leur état. Ce font ou des Officiers qui follicitent des graces, ou des gens à gages fous leurs ordres.

DANS la partie du SUD, compofée de 9 Paroiffes, on ne compte que TRENTE-UNE perfonnes qui foient d'avis de la non-admiffion, & la plupart d'entre-elles font des COMMAN-DANS & MAJORS pour le Roi, des Commandans de Milice, des Officiers de Juftice, qui TOUS ont également droit aux faveurs. On ne fauroit croire jufqu'où eft allée la BASSESSE de quelques-uns d'entre-eux ; non feulement ils ont livré leurs fuffrages à l'autorité, mais ils fe font rendus les COLPORTEURS d'une requête au pied de laquelle ils ont follicité des fignatures, pour tâcher d'obtenir le DÉSAVEU de ce que vous, Meffieurs, en qualité de Commiffaires de la colonie, avez bien voulu faire pour elle. Quoi qu'il en foit de ces démarches, le vœu de la Colonie eft bien exprimé ; ELLE DÉSIRE d'avoir des REPRÉ-SENTANS aux Etats Généraux. . . . . .

NOUS déclarons donc HAUTEMENT, dans cette partie de l'oueft de Saint-Domingue, foit pour nous, foit pour ceux qui nous ont chargés de leurs pouvoirs, c'eft-à-dire, au nom des HABITANS & citoyens DE TOUTES les Paroiffes de cette dé-pendance, QUE NOUS DÉSIRONS d'avoir des Repréfentans aux Etats Généraux ; que nous fupplions Sa Majefté & la NA-TION de nous y admettre ; & que, dans l'efpoir que notre zele ne feroit pas défapprouvé, attendu notre éloignement de la mere-patrie ; nous avons pris nos mefures pour cette dépu-tation, jufqu'à ce qu'il plût à Sa Majefté de nous faire connoî-tre fes intentions. . . . .

SOYEZ, Meffieurs & chers Compatriotes, NOS ORGANES au-près de Sa Majefté, mettez nos vœux à fes pieds, SOLLICI-TEZ fa juftice, & dites-lui que nous fommes tous les enfans d'un même pere, les membres d'une même famille ; que s'il eft un éloignement phyfique entre la France & la Colonie, il

n'en eſt point pour nos ſentimens ; que nous avons tous le déſir de le ſervir, de contribuer à ſa gloire, DE FAIRE CORPS
avec la Nation, de lui payer le tribut de nos lumieres & de
nos connoiſſances, d'entrer dans toutes ſes délibérations, dans
toutes ſes réſolutions, & qu'il n'eſt pas moins néceſſaire pour
elle que pour nous, de voir NOS REPRÉSENTANS ADMIS aux
Etats Généraux (1).

Arrêté de la Chambre d'Agriculture du Cap. 9 Janvier 1789.

PAR ces motifs, & ſans ſe départir du reſpeЄt dû aux ordonnances de MM. les Adminiſtrateurs, la Chambre a PERSISTÉ de
plus fort dans l'adreſſe qu'elle leur a faite le 5 Décembre dernier, afin de CONVOQUER la Colonie ſur le champ, pour
nommer des DÉPUTÉS aux Etats-Généraux, ſi elle aviſe que
bien ſoit, à la pluralité des voix, après ſuffiſante diſcuſſion,
& ſauf à Sa Majeſté, tenant les Etats-Généraux, à les admettre, ſi bon lui ſemble.

Et attendu qu'il importe à l'honneur de la Chambre de ne
pas paſſer pour reſter oiſive dans ce grand intérêt, elle a arrêté
que MM. les Général & Intendant ſeront ſuppliés de l'autoriſer
à faire imprimer à ſes frais la préſente Adreſſe, celle du 5 Décembre, & le Mémoire au Miniſtre du mois de Novembre,
avec les pieces relatives, & ſera la préſente adreſſée par le Secrétaire, en la forme requiſe, à MM. les Général & Intendant.

ET par ſuite, a été arrêté que copies de l'ordonnance des
Adminiſtrateurs, de leur lettre circulaire, & de la préſente,
ſeront envoyées par le Secrétaire à M. le Marquis DE GOUY,
D'ARSY, pour MM. les Commiſſaires Colons.

____

(1) CETTE lettre eſt ſignée par tous les ELECTEURS, élus librement
dans toutes les Aſſemblées paroiſſiales du Département de L'OUEST.

Lettre des Administrateurs aux Commandans particuliers,
10 Avril 1789.

VOUS voudrez bien faire connoître aux habitans que Sa Majesté a DÉCIDÉ dans son Conseil que les Colonies françoises
ne DÉPUTEROIENT POINT à la prochaine convocation (1).

Lettre du Comité du Cap aux Electeurs de la partie du Nord,
en leur envoyant copie de la précédente, 16 Avril 1789.

NOUS avons l'honneur, Messieurs, de vous faire passer
copie d'une lettre des Administrateurs à MM. les Commandans, en date du 10 de ce mois.

CETTE lettre n'est qu'un tissu d'impostures assez mal-adroi-
tement concertées entre le Ministre de la Marine (LE SIEUR
COMTE DE LA LUZERNE) & ses agens les Administrateurs de
la Colonie ; la lettre même en contient la preuve......

LA criminelle CONNIVENCE du sieur Comte de la Luzerne
avec le sieur Barbé de Marbois n'a d'autre objet que de nous
arrêter, pour ensuite nous accuser lâchement aux Etats-Généraux mêmes de n'avoir pas voulu prendre part à cette Assemblée de la Nation, dans la crainte d'en supporter les charges ;
c'est le comble de la PERFIDIE.

LORSQUE la Nation entiere se plaint du despotisme & du
BRIGANDAGE des Ministres ; lorsqu'elle est sur le point d'en

---

(1) CET arrêt désastreux, publié à Saint-Domingue, étoit ignoré à
Paris. M. de la LUZERNE a eu le front de le faire insérer dans le
Journal de Paris le 10 juin 1789, deux jours après la présentation
faite par les Députés de Saint-Domingue, AUX ÉTATS GÉNÉRAUX,
de leur requête à fin d'ADMISSION. En ce temps-là, les Ministres
osoient encore BRAVER la Nation. Mais voyez par la piece suivante
de quel MÉPRIS ils étoient déja couverts à Saint-Domingue !

faire juftice elle-même , & de maintenir la gloire du Monarque
& la majefté du peuple françois , le Comte de la Luzerne veut
conferver SON EMPIRE fur nous ; c'eft à lui que nous devons ce
déluge d'écrits imprimés & publiés dans les Gazettes , Journaux
& Mercures , pour l'affranchiffement des Negres efclaves ; SA
HAINE pour nous le porte à employer tous les moyens
pour nous troubler & nous tourmenter. C'eft NOTRE PLUS
CRUEL ENNEMI : hâtons-nous donc de paffer dans le continent ; nous y ferons reçus à bras ouverts par nos Compatriotes
Européens & par la Nation.

NOUS vous prions , Meffieurs , de faire circuler notre
lettre.

PIECES JUSTIFICATIVES DU VIIe. CHEF.

ÉTAT ENLEVÉ A UN CITOYEN ESTIMABLE , POUR COUVRIR DE SES DÉPOUILLES SON CALOMNIA-TEUR.

*Extrait d'une Lettre de M. Laborie , Secrétaire de la Cham-
bre d'Agriculture , à M. le Marquis de Gouy d'Arfy ,
Commiffaire - Rapporteur du Comité Colonial.
10 Avril 1789.*

AU moment , M. le Marquis , où la Colonie me donnoit une
marque d'eftime & de confiance bien flatteufe , en me nommant UN DE SES DÉPUTÉS aux Etats-Généraux , M. le Comte
de la Luzerne me donne une MORTIFICATION bien fenfible.

M. BARADA avoit été long-temps Médecin du Roi au Cap ; &
à fon départ pour la France , M. de Marbois en donna l'intérim à M. ARTAUD , Médecin.

M. Barada eft revenu , & a repris fa place : cela étoit tout
fimple ; mais M. Artaud l'a trouvé mauvais......

M. Artaud regrettoit & convoitoit la place de Médecin du Roi. . . . . .

Sur le rapport de M. Artaud , & fans le communiquer à *M.* Barada , les Adminiftrateurs forcerent ce dernier , ou à donner fa démiffion comme Médecin du Roi , ou à vendre le magafin. Cette vente n'étoit pas en fon pouvoir ; fa femme avoit des enfans mineurs intéreffés avec elle. Il donna fa démiffion. M. Artaud réuffit mieux. Il fut nommé PROVISOIREMENT Médecin du Roi par les Adminiftrateurs.

CEPENDANT quelque temps après , foit qu'il fe fût brouillé avec un fieur Albert , foit que celui-ci eût des remords , il dévoila la TRAME au fieur Barada , & lui remit une copie d'un libelle CALOMNIEUX d'Artaud , qui me fut communiqué.

NOUS en portâmes plainte en juftice. M. Artaud AVOUA le libelle. Les informations prouverent qu'Artaud étoit l'AUTEUR de toute la TRAME, que lui-même avoit fait le Mémoire préfenté par Albert au Miniftre. Artaud fut CONVAINCU de la plus atroce calomnie. UN ARRÊT LE DÉCLARA CALOMNIATEUR , ET LE CONDAMNA A UNE RÉPARATION PUBLIQUE.

. . . .

LES Adminiftrateurs furent piqués de la punition d'une calomnie & d'un efpionage auxquels ils n'avoient QUE TROP DE PART , & qui étoient un des moyens favoris de l'adminiftration du fieur de Marbois.

MAIS ils vouloient abfolument RÉCOMPENSER M. Artaud , qui leur avoit rendu PLUS D'UN SERVICE de ce genre.

M. DE LA LUZERNE devint Miniftre ; & une de fes premieres opérations fut de faire CASSER L'ARRÊT du Confeil Supérieur du Cap , & de nommer DÉFINITIVEMENT M. Artaud Médecin du Roi.

AINSI, un triomphe éclatant fur une Cour Souveraine, qui a jugé juftement, & en connoiffance de caufe ; ainfi une place honorable, font la récompenfe de la DÉLATION, & d'un efpionage, qui, depuis long-temps, jette la défiance dans toutes les fociétés de la Colonie. . . . .

LE public n'a vu dans ce jugement D'INIQUITÉ qu'un nouveau trait du defpotifme qui fait le DÉSESPOIR des Colons, & qui prépare fourdement une RÉVOLUTION dont je défire que les fuites ne foient pas fatales au gouvernement.

PIECES JUSTIFICATIVES DU VIIIe CHEF (1).

DÉNI DE JUSTICE RÉITÉRÉ A UN OCTOGÉNAIRE ACCABLÉ D'INFORTUNES.

Brevet de Commiffaire des Guerres, 1er Mai 1762.

SA Majefté étant informée de la capacité, bonne conduite, fidélité & affection à fon fervice du fieur BERTRAND DUVERNET, elle l'a commis & commet pour faire les fonctions de Commiffaire ordinaire des guerres près des Troupes de terre, qui font & feront ci-après à Saint-Domingue.

Lettre de M. de Sartine au fieur Duvernet, 10 Octobre 1779.

SUR le compte, Monfieur, qui m'a été rendu de vos fervices, je vous ai deftiné à remplir la place de GARDE-MAGASIN principal au Cap, aux appointemens de trois mille liv.

---

(1) Ce VIII chef de dénonciation, ainfi que le IX & le XI n'ont point été foumis à la députation de Saint-Domingue ; ils font fimplement préfentés à l'Affemblée Nationale par M. DE GOUY, l'un de fes membres, à la requête des PARTIES. TOUS les autres chefs, l'AVANT-PROPOS, l'EXPOSITION, & la CONCLUSION ont été difcutés & fignés à l'UNANIMITÉ par les Députés de la Colonie, VOYANS & SUPPLÉANS.

Seconde Lettre de M. de Sartine au fieur Duvernet,
20 Janvier 1780.

J'AI pris en confidération, Monfieur, la demande que vous avez faite de vous démettre de votre place de Garde-Magafin au Cap, en faveur du fieur Guillotin, & en conféquence, je vous préviens que je lui en fais expédier la commiffion. Les arrangemens qu'il a pris avec vous m'ont paru AUSSI CONVE-NABLES & auffi folides que vous pouviez le défirer.

L'INTENTION DU ROI eft d'ailleurs que fi le fieur Guil-lotin venoit à quitter cette place, fon fucceffeur VOUS FASSE LE MÊME TRAITEMENT DE 2600 liv. (1) ; &, dans tous les cas, vous devez compter fur mes difpofitions pour vous.

Lettre de M. le Maréchal de Caftries au fieur Duvernet,
30 Juin 1786.

J'AI reçu, Monfieur, le Mémoire par lequel vous vous plaignez des retards que vous éprouvez de la part du fieur Guillo-tin, Garde-Magafin principal au Cap, pour le paiement de la penfion de 2600 liv. qui vous a été accordée fur cette place. Ce Garde-Magafin n'étant plus en fonctions, j'écris à M. Marbois de l'obliger de vous payer ce QU'IL VOUS DOIT jufqu'au jour de fon déplacement, & D'EXIGER DE SON SUCCESSEUR qu'il me foit adreffé tous les fix mois un récépiffé du Tréforier de la Colonie, dont je vous ferai PAYER A PARIS par le Tréfo-rier général de mon Département (2).

---

(1) ET c'eft cet arrangement CONVENABLE, avoué officiellement par le Miniftre, & ce traitement de 2,600 liv. convenu SELON L'INTEN-TION du Roi, que M. de la Luzerne appelle une GRACE INJUSTE, UNE CROUPE, quand il a intérêt à en rendre les difpofitions illufoires.
(2) AINSI M. de Caftries reconnoiffoit la CONVENANCE de l'arran-gement économique fait par M, de Sartine, & maintenoit l'effet des INTENTIONS du Roi.

Lettre de M. le Comte de Montmorin au sieur Duvernet,
6 Septembre 1787.

M. le Maréchal de Caftries , Monfieur , ayant bien voulu avoir égard aux repréfentations que vous lui avez faites fur le terme de fix mois de la traite du Port-au-Prince , de 2,150 liv., dont vous êtes porteur fur la caiffe de la régie des vivres de la Marine , je marque à ces Régiffeurs de vous LA PAYER ACTUELLEMENT ; vous pouvez en conféquence la leur préfenter à cet effet quand il vous plaira (1).

Lettre de M. de la Luzerne au sieur Duvernet, 16 Octobre 1788.

Je me fuis fait rendre compte , Monfieur , de votre lettre du 13 de ce mois , par laquelle vous renouvellez la demande d'une avance fur les arrérages de la penfion dont vous jouiffez fur la place de Garde-Magafin principal au Cap. C'eft AVEC REGRET que je me vois dans L'IMPOSSIBILITÉ de remplir vos vues (2).

Seconde Lettre de M. de la Luzerne au sieur Duvernet, 7 No-
vembre 1788.

J'ai feçu , Monfieur, le Mémoire que vous m'avez adreffé le 27 du mois dernier. . . . . . . Il faut que vous attendiez la réponfe à la lettre QUE J'AI ÉCRITE à M. de Marbois le 17 JUILLET DERNIER (3).

---

(1) AINSI M. de Montmorin fe prêtoit à l'exécution d'un accord AVOUÉ par DEUX Miniftres.

(2) M. de la Luzerne eft le PREMIER qui entrave une difpofition approuvée par trois Miniftres fes prédéceffeurs.

(3) ON croiroit que M. de la Luzerne a effectivement écrit à M. de Marbois le 17 juillet 1788. On commence A DOUTER de la réalité de fa lettre, quand on voit que la réponfe du fieur de Marbois n'eft pas encore arrivée le 19 février 1789 , ainfi que le prouve la lettre rapportée de l'autre part.

Troisieme Lettre de M. de la Luzerne au sieur Duvernet,
19 *Février* 1789.

J'ai reçu, Monsieur, le nouveau Mémoire par lequel vous me rendez compte de la position GÊNANTE où vous met le défaut de paiement de votre pension sur la place de Garde-Magasin du Cap, & vous insistez pour qu'il vous soit fait une avance de mon département, pour vous mettre en état d'attendre. Je ne puis que vous renouveller MES REGRETS de ne pouvoir répondre à vos vues dans les circonstances MALHEUREUSES où vous vous trouvez.

Lettre de M. de la Luzerne à Madame la Duchesse de Duras, 25 *Mars* 1789.

IL ne devroit point, Madame la Duchesse, exister de pensions DE LA NATURE de celle dont jouit le sieur Bertrand Duvernet...... Mais IL EST JUSTE de ne pas rendre illusoires les graces de ce genre précédemment accordées. Je dois me BORNER à écrire aux Administrateurs de la Colonie, pour leur recommander de tenir la main à ce que le paiement en soit effectué, & JE L'AI DÉJA FAIT.

Quatrieme lettre de M. de la Luzerne au sieur Duvernet, 21 *Juin* 1789. (1)

MINISTRE du Roi, je ne dois pas, dans la vue de vous favoriser, risquer de compromettre un Administrateur que vous inculperiez peut-être demain, aussi témérairement & FAUSSEMENT que tous les Secrétaires d'Etat & tous les Bureaux de la Marine. . . . . .

____

(1) LE doute augmente quand au 21 juin 1789, au bout de ONZE MOIS, il n'est pas encore arrivé de nouvelles de la Colonie; & le doute se change en CERTITUDE, quand au mois de juin 1790, c'est-à-dire, après un laps de DEUX ANNÉES, l'infortuné qui gémissoit sous le faix du besoin est encore sans justice & SANS PAIN.

LE Roi l'a penſé , & il décide que l'ordre déjà PLUSIEURS
FOIS DONNÉ au Tréſorier de Saint-Domingue , de faire une re-
tenue de 2600 liv. par an ſur les appointemens du ſieur Ducaſſe ,
SERA ENCORE CONFIRMÉ (1). . . . . . .

LE Roi m'ordonne d'ajouter que l'appui qu'il veut bien
vous prêter encore , n'eſt dû qu'à votre âge & à vos infirmités.
Il VOUS DÉFEND de jamais dire que ce ſoit LE PRIX DE LA
CONDUITE que vous avez tenue à Curaçao , à la Martinique ,
à la Havane , à la Nouvelle-Angleterre , à Saint-Domingue.

PIECES JUSTIFICATIVES DU IX.ᵉ CHEF.

REFUS CONSTANT DE JUGES IMPARTIAUX À UN CITOYEN INCENDIÉ PAR L'ORDRE EXÉCRABLE DES DESPOTES.

*Découverte de la piece calomnieuſe ſur laquelle a été fondée
la ruine du ſieur Fournier , par l'aveuglement des Adminiſtrateurs , & par l'iniquité des Miniſtres qui ont ſou-
tenu leurs iniques arrêts. Paris , 9 Mars 1787.*

JE , ſouſſigné , avocat aux Conſeils du Roi & du ſieur Fournier , certifie , ſous la foi du ſerment que j'ai prêté en Juſtice ,
que le 12 Février dernier , je me ſuis tranſporté dans les Bureaux de la Marine à Verſailles. . . . . QUE le ſieur
Bordot , premier Commis du Bureau contentieux de la Marine , tira d'un porte-feuille une lettre dont il nous fit lecture , au ſieur Fournier & à moi , & qu'il me remit enſuite
entre les mains. . . . . QUE cette lettre étoit une
copie collationnée , ſignée *Bongards* , & certifiée par lui con-

---

(1) SI l'ordre a été donné PLUSIEURS FOIS , pourquoi l'Intendant s'y
eſt-il refuſé ? Et ſi d'après la nouvelle DÉCISION DU ROI , l'ordre a été
CONFIRMÉ en juin 1789 , comment n'eſt-il pas encore exécuté EN JUIN
1790 ? Soyons de bonne foi , Monſieur de la Luzerne , vous N'AVEZ
PAS ÉCRIT , ou vous annullez par des ordres ſecrets , vos ordres oſtenſibles.

forme à l'original étant entre ses mains , & signée par les sieurs *Guibert*, *Chanel*, *Moreau*, *la Caze*, & *Roque*.

QUE ladite lettre, datée du 23 Septembre 1783, renfermoit des imputations aussi ATROCES qu'ABSURDES contre ledit sieur Fournier. . . . . Maltraiter les Negres. . . . . tenir des propos outrageans contre le sexe. . . . . détourner le cours des eaux. . . . . voler la chaux de ses voisins. . . . . Cinq Fournier détruiroient à eux seuls la Colonie, &c.

QUE les signataires de cette lettre terminent ce tableau par demander à celui à qui elle est adressée, de PURGER le quartier de ce PERTURBATEUR du repos public. . . . .

JE certifie aussi, qu'ayant demandé de prendre copie de ladite lettre, le sieur Bordot me l'auroit REFUSÉ, sous prétexte qu'il n'avoit pas d'ordre pour cela. . . . .

EN foi de quoi j'ai signé le présent. A Paris, ce 9 Mars 1787. *Challaye* (1).

Ordre au sieur Chevalier de Coutures, par le sieur de Couagnes, Lieutenant de Roi à Saint-Marc.
26 Septembre 1783.

IL est ordonné à M. le Prévôt de la Maréchaussée de Saint-Marc de faire ARRÊTER le sieur Fournier, Guildivier, comme PERTURBATEUR DU REPOS PUBLIC; de conduire ledit Fournier dans les PRISONS de Saint-Marc, aux ordres du Gouver-

---

(1) C'EST sur cette atroce, SECRETE, & calomnieuse délation, signée seulement de cinq individus, tous parens & intéressés, & dont trois se sont rétractés en justice, que les Administrateurs de Saint-Domingue envoyerent sur le champ au Lieutenant-de-Roi de Saint-Marc, un ordre pour ARRETER le Sieur Fournier, lequel ordre fut transmis SANS DÉLAI par cet officier à ses subalternes.

nement. *Signé de Couagnes* ; certifié & collationné *Labat,* Notaire.

Extrait des regiſtres des Priſons royales de Saint-Marc. 3 Octobre 1783.

J'AI reçu de M. Fournier la ſomme de CENT CINQUANTE livres , pour frais de Maréchauſſée , occaſionnés par ſon empriſonnement à Saint-Marc. Signé *Talhand.*

Extrait de la requête du ſieur Fournier aux Adminiſtrateurs. 9 Décembre 1783.

LE Suppliant eſpere en votre juſtice. . . . . . Il ne peut être condamné ſans ÊTRE ENTENDU. On ne refuſe pas cette grace aux plus grands criminels ; à plus forte raiſon à un CITOYEN qui n'a jamais démérité. . . . . . S'il étoit vraiment coupable, on n'auroit pas manqué de le dénoncer à la Juſtice , pour le faire punir ſuivant la rigueur des ordonnances.

CE CONSIDÉRÉ, il vous plaiſe ordonner , avant faire droit , que les ſieurs GUIBERT ſeront tenus de lui faire ſignifier, dans huitaine , COPIE de la requête qu'ils vous ont préſentée contre lui.

Réponſe des Adminiſtrateurs à la requête ci-deſſus. 20 Décembre 1783.

Vu l'expoſé en la préſente , & attendu que le Suppliant n'a juſtifié d'aucun témoignage qui puiſſe BALANCER ceux qui nous ont été rendus contre lui , renvoyons à L'EXÉCUTION de notre ordonnance.

Extrait d'une lettre des Adminiſtrateurs à l'Avocat du ſieur Fournier. 18 Janvier 1784.

LE ſieur Fournier nous a préſenté une requête qui auroit dû

être accompagnée DE TÉMOIGNAGES en fa faveur., qui puiffent balancer ceux qu'on avoit rendus contre lui. . . . . . Il lui étoit facile de remplir cette obligation , fi ce qu'il avançoit étoit vrai. Il eft , au furplus , ENCORE A MÊME de prendre ce parti (1).

Extrait d'une lettre des Adminiftrateurs à M. de Salaignac.
2 Mai 1784.

NOUS avons l'honneur , Monfieur , de vous renvoyer la re-quête du fieur Fournier. Celle qui nous avoit été préfentée contre l'établiffement de fa guildive , N'EST PLUS DANS NOS MAINS. Nous ne pouvons donc , comme il l'auroit défiré , la communiquer aux Officiers de la Juridiction de Saint-Marc. CETTE COMMUNICATION auroit pu d'ailleurs OCCASIONNER UN PROCÈS qui pouvoit devenir RUINEUX pour toutes les par-ties (2).

Extrait des regiftres du Greffe du Siége Royal de Saint-Marc.

L'AN mil fept cent quatre-vingt-quatre , & le dix-huit Avril, en ce Greffe , eft comparu le fieur Fournier, habitant, tenant guildive , lequel a déclaré que le jour d'hier , vers les ONZE-

---

(1) D'APRÈS cette réponfe , le Sieur Fournier fe procure des cer-tificats authentiques & légalifés de tous les habitans de fon quartier. Il en a dépofé CINQUANTE-QUATRE , tous plus honorables les uns que les autres , au Comité des Rapports. Muni de ces témoignages pré-cieux , invoqués PAR LES ADMINISTRATEURS EUX-MEMES , il pré-fente une nouvelle requête , & demande DERECHEF communication de celle préfentée contre lui par fes calomniateurs.
Voyez la réponfe que reçoit M. de Salaignac , fon défenfeur.

(2) QUELLE réponfe ! . . . . l'infulte y eft jointe à l'iniquité ; mais que penfer de fes auteurs & de ceux qui les ont fi bien SOUTENUS depuis , quand on faura que leur but unique étoit de fouftraire au glaive DE LA LOI , des impofteurs dont il eft permis de croire que la per-fidie venoit d'avancer *l'exécution* des arrêts de la tyrannie ... Voyez la piece fuivante.

HEURES DU SOIR, une guildive à lui appartenante A ÉTÉ INCENDIÉE par des QUIDAMS dont il ignore jufqu'à préfent le nom & la demeure (1).

Extrait des regiftres du Confeil Supérieur du Port-au-Prince.
12 Février 1785.

ENTRE Claude Fournier, habitant. . . . . , appelant de fentence rendue en la Chambre CRIMINELLE de notre Siége de Saint-Marc. . . . . ; fur la plainte par lui préfentée contre les quidams, AUTEURS DES DÉNONCIATIONS faites contre lui à MM. les Adminiftrateurs, d'une part ;

ET notre Procureur Général, intimé, d'autre part : NOTRE

---

(1) VOILA tout le procès du Sieur Fournier. Il eft plus clair que le jour qu'une délation *ténébreufe* a été l'unique fource de tous fes maux ; & parce que cette délation a été *inconfidérément* accueillie par les Adminiftrateurs de Saint-Domingue, ils ont refufé conftamment de *manifefter* l'acte de délation, qui formoit à lui feul preuve de leur injuftice.

ET pour confacrer la *retenue inique* de cette piece importante, il a fallu que le Confeil fupérieur de Saint-Domingue, préfidé par l'Intendant, *déboutât* le Sieur Fournier de fa demande en communication.

ET pour foutenir cet arrêt vexatoire, & les Adminiftrateurs qui l'avoient provoqué, il a fallu que les Miniftres *fiffent rejeter* par le Confeil du Roi la demande en *caffation* préfentée par la malheureufe victime de leur defpotifme.

ET pour que fes cris de douleur ne frappaffent pas l'oreille du Souverain, il a fallu *les étouffer* par des *menaces* tyranniques, & maintenir, à quelque prix que ce fût, le *prononcé* du Confeil du Roi, l'*arrêt* de la Cour de Saint-Domingue, l'*ordonnance* des Adminiftrateurs, & l'*ordre* arbitraire d'*arreftation*, par lequel ils avoient fait incarcérer, *fans information* préalable, un citoyen *innocent*.

QUELLE Jurifprudence, grand Dieu! que de coupables pour une feule faute, & que de criminels contre un innocent! Les pieces fuivantes *prouvent* que jufqu'ici les Miniftres avoient adopté le barbare ufage de *léguer* à leurs fucceffeurs le foin de *maintenir* leurs vengeances, ou de *couvrir* leurs bévues.

COUR a mis, & met L'APPELLATION AU NÉANT.... CON-
DAMNE l'appelant EN L'AMENDE ordinaire.

Extrait des regiſtres du Conſeil d'Etat, 17 Février 1787.

OUï le rapport, le Roi étant en ſon Conſeil . . . . . SANS S'AR-
RÊTER AUDIT APPEL des ordonnances des Gouverneur Général
& Intendant de Saint-Domingue. . . . . . , a déclaré ledit
ſieur Fournier NON RECEVABLE & mal fondé dans ledit appel,
& L'EN A DÉBOUTÉ, ainſi que de toutes ſes autres demandes,
fins & concluſions.

Extrait d'une lettre de M. Dumourier, Gouverneur de Cher-
bourg, à M. le Comte de la Luʒerne. 13 Octobre 1788 (1).

L'ATTACHEMENT que j'ai pour vous, l'opinion que j'ai de
votre juſtice, m'ont engagé à vous entretenir de l'affaire du
ſieur Fournier. Les mêmes motifs m'y font revenir encore; &
comme la diſcuſſion par écrit eſt plus réfléchie, plus froide, &
moins interrompue qu'une conférence; je crois, toujours animé
par le même intérêt, devoir vous détailler mes réflexions,
avant de rendre au ſieur Fournier, par une réponſe DÉSESPÉ-
RANTE, la liberté de ſuivre en juſtice réglée une affaire qui fera
le plus GRAND ÉCLAT, & COMPROMETTRA beaucoup de
monde, à une époque où il eſt à ſouhaiter que la NATION
aſſemblée ne trouve point de matiere à PERSONNALITÉS contre
les Adminiſtrateurs PASSÉS & PRÉSENS.

Il eſt de fait que le ſieur Fournier a perdu TOUTE LA FORTUNE,
acquiſe par quatorze ans de travaux, ... ; qu'il ſe trouve réduit à LA MISERE & AU DÉSHONNEUR. . . . . . , & qu'on op-

---

(1) POUR apprécier cette lettre & les ſuivantes, il eſt eſſentiel de
connoître le perſonnel de M. *Dumourier*. Cet Officier général eſt un
de ces hommes rares dont le caractere moral vaut une réputation tout
entiere. Sa loyauté & ſa franchiſe égalent ſon patriotiſme & ſon attachement à la bonne cauſe. Son ſtyle peint bien ſon ame,

poſe

pofe à fes réclamations des ARRÊTS du Confeil, qui le repouf-
fent de la bonté paternelle du Roi.

Il paroît évident, d'après les mémoires, les pieces à l'appui ,
& les atteftations de CINQUANTE-DEUX Colons, dont plufieurs des plus NOTABLES du quartier où s'étoit établi le fieur
Fournier, que ce particulier n'a montré , depuis qu'il réfidoit à
Saint-Domingue , qu'une GRANDE PROBITÉ & une induftrie
très-louable. Que peut-on oppofer à ces témoignages ? La dénonciation de CINQ particuliers , dont TROIS fe font défiftés
juridiquement. Sur cette dénonciation, fecrete jufqu'à ce jour ,
qu'on n'a ni COMMUNIQUÉE , ni fignifiée au fieur Fournier , le
Gouverneur & l'Intendant ont donné ordre au Commandant de
Saint-Marc de le faire ARRÊTER. . . . . Au lieu de rechercher
fes accufateurs , de les CONFRONTER avec lui, on fuit une
trame de vengeance odieufe , DIGNE DE L'INQUISITION. . . .
Son établiffement fe trouve INCENDIÉ , & on ofe enfuite pro-
pofer le doute que cet infortuné ait lui-même MIS LE FEU à fon
habitation , & détruit toute fa fortune de fond en comble.

ECHAPPÉ à ces violences , il trouve en France le CRÉDIT
des Adminiftrateurs , DERRIERE LESQUELS fe cachent les cruels
ennemis qu'on auroit dû lui livrer. . . . . . Vous reconnoîtrez
qu'on a voulu SAUVER l'autorité par L'AUTORITÉ ; que , dans
des momens, on faifoit des offres D'ACCOMMODEMENT ; dans
d'autres , on le MENAÇOIT ; qu'enfin on a pris le parti de s'en
DÉBARRASSER par des arrêts du Confeil qui le FLÉTRISSENT. . . .

VENONS , M. le Comte , à notre converfation d'hier. Vous
m'avez dit , fur le fait de la PRISON, pour excufer les Adminiftrateurs , *que le fieur Fournier avoit été arrêté pour avoir
maltraité un Negre. Le fait eft FAUX. . . . .

VOUS m'avez dit *que le fieur Fournier étoit un vagabond. . . . .
Il faut en croire les CERTIFICATS qu'il a produits , & le TÉ-
MOIGNAGE des habitans de fon quartier ; actuellement en
France. , . . .

d

VOUS m'avez dit que *M. de Bongars n'avoit aucune alliance avec les sieurs Guibert ;* sa femme étoit une MAISONSELLE , tante des sieurs Guibert.

VOUS m'avez dit *que les Administrateurs étoient en droit de faire raser sa guildiverie , faute d'une formalité verbale ou par écrit.* Cette proposition m'a fait frémir. . . . . Si cette loi MUSULMANE existe, l'exemple effrayant de son abus envers le malheureux Fournier , vous engagera à la faire ANÉANTIR.

VOUS m'avez dit , *que le sieur Fournier étoit dans le cas de punition , pour avoir fait imprimer sans permission.* Pouvoit-il faire autrement ? . . . . .

VOUS êtes bien persuadé , ainsi que moi, M. le Comte, qu'un PETIT RÈGLEMENT de Librairie ne peut pas faire UN CRIME dans une affaire de cette importance.

LORSQUE j'ai objecté que votre prédécesseur avoit accordé au sieur Fournier une GRATIFICATION de 500 liv. , ce que l'on n'accorderoit pas à un criminel, vous m'avez dit *que cet homme demandoit l'aumône.* . . . . Le sieur Fournier a gardé comme piece le brevet de l'ordre de votre prédécesseur , parce que cet ordre fait PREUVE POUR LUI ; mais il s'est bien gardé de toucher la gratification ; ce qui prouve qu'il ne DEMANDOIT PAS L'AUMONE. Cette gratification, comme grace du Roi , lui est honorable ; mais elle est bien loin de former l'indemnité de toute sa fortune.

VOUS m'avez dit enfin , *que vous prendriez peut-être le parti de faire partir par un ordre le sieur Fournier , pour l'envoyer juger à Saint-Domingue.* . . . . M. le Comte, je suis parfaitement sûr que vous ne vous résoudriez pas à un PAREIL ACTE D'AUTORITÉ ; d'ailleurs le sieur Fournier est ici sous l'égide des loix. D'un côté le PARLEMENT. . . . . ; de l'autre la NATION ASSEMBLÉE recevroit & répéteroit à haute voix sa réclamation & fa perfonne. . . . . . JE crois vous avoir prouvé, que fi les Guibert font les premiers auteurs de fon malheur, l'adminiftration eft au moins COUPABLE d'avoir févi contre lui ILLÉGALEMENT, inconfidérément, & d'avoir confommé fa ruine, puifque le crédit de cette même adminiftration L'EMPÊCHE, depuis fix ans, D'OBTENIR JUSTICE. Le fieur Fournier eft donc en droit réel de pourfuivre cette Adminiftration, & même QUICONQUE LA FAVORISE. . . . .

LES fieurs Guibert, accufateurs fecrets du fieur Fournier, lui ont enlevé fes propriétés, & occafionné fa ruine ; le Miniftere doit rendre au fieur Fournier la piece DIFFAMANTE fi longtemps CACHÉE, de laquelle dérivent tous fes malheurs, pour qu'il puiffe les pourfuivre au civil ou au criminel.

Extrait d'une feconde lettre de M. Dumourier, Gouverneur de Cherbourg, à M. le Comte de la Luzerne.
17 *Octobre* 1788.

PAR fa derniere requête au Roi, le fieur Fournier DEMANDOIT DES JUGES, ainfi que par les précédentes ; puifque cette requête a été ADMISE, vous vous tirerez de tout embarras, en propofant de lui faire donner une commiffion pour l'examen de fon affaire, que perfonne ne peut regarder comme jugée définitivement ; car les deux arrêts ne PARLENT POINT DU FOND, & ils écartent tout ce qui regarde l'affaire des Guibert, que l'on ne pourroit point entamer, fans ENTACHER l'adminiftration de Saint-Domingue, qu'on voit pofitivement que ces deux arrêts CHERCHENT A SAUVER.

MAIS ces raifons politiques difparoîtront aux yeux de la Juftice, fi on force le fieur Fournier à avoir recours à la NATION affemblée : alors les Adminiftrateurs defcendront dans l'arêne, dépouillés de leurs pouvoirs. . . . . ; ils deviendront des PARTICULIERS aux yeux de la LOI, qui tiendra la balance égale entre eux & le réclamant. . . . .

LA décifion donnée fur votre rapport SERA ABANDONNÉE, & tout le monde fera COMPROMIS dans l'éclat de ce procès.

Extrait d'une troifieme lettre de M. Dumourier à M. le Comte de la Luzerne , 22 Octobre 1788.

PÉNÉTRÉ DE L'OPPRESSION qu'à éprouvée ce malheureux , & de L'ILLÉGALITÉ de la conduite des Adminiftrateurs , je vois , avec la plus grande peine , que vous pouvez être COMPROMIS par la fuite de cette affaire. . . . . J'ofe intercéder encore la droiture de votre cœur pour un INFORTUNÉ , ou contre un COUPABLE.

Extrait d'une quatrieme lettre de M. Dumourier à M. le Comte de la Luzerne. 28 Octobre 1788.

ON PLAINT généralement le fieur Fournier , & les témoignages de tous les Colons qui font à Paris lui font AVANTAGEUX. Sa fituation m'infpire le plus grand intérêt , s'il eft innocent , & la plus grande horreur , s'il eft coupable. Ou il eft opprimé , ou il n'eft pas affez puni : c'eft ce que démontrera la fuite de cette affaire.

Réponfe de M. le Comte de la Luzerne à M. Dumourier. 28 Octobre 1788.

M. le Comte de la Luzerne a l'honneur de faire mille complimens à M. DUMOURIER , & l'affure de fon fincere attachement.

IL ne peut lui faire AUCUNE RÉPONSE fur l'affaire contentieufe dont il lui parle , & fe réfere à la lettre qu'il a déjà eu l'honneur de lui écrire fur cet objet (1).

____

(1) DEPUIS cette époque , près de *deux années* fe font écoulées : les fages avis de M. *Dumourier* , femés en terre ingrate , n'ont produit aucun fruit. Le Sieur Fournier , toujours infortuné & toujours cou-

PIECES JUSTIFICATIVES DU Xe CHEF.

DÉMISSION ARRACHÉE INJUSTEMENT A UN MAGISTRAT SEPTUAGÉNAIRE, DOYEN DU CONSEIL.

Mémoire de M. de Saint-Martin au Roi.

SIRE , un Magiſtrat qui jouit, depuis quarante ans , des graces de Votre Majeſté , qui s'eſt appliqué à les juſtifier par les vertus de ſa vie privée , & l'eſprit de paix qu'il a toujours porté dans les affaires publiques , trouvera auprès de vous, ſur la fin de ſa carriere, un abri contre la PERSÉCUTION. . . . . .

L'AMOUR - PROPRE des Adminiſtrateurs n'avoit pas encore été à l'épreuve d'une RÉTRACTATION à laquelle ma ſenſibilité bleſſée les a forcés au milieu de ma Compagnie aſſemblée.

IL eût été grand de ſe reprocher l'offenſe , & de s'applaudir de la réparation ; mais ce courage eſt peut-être au-deſſus de l'humanité. Le reſſentiment eſt reſté , & a dirigé le PREMIER ACTE de la plus haute puiſſance de M. le Comte DE LA LUZERNE. Je reçois des Adminiſtrateurs, qui ſe couvrent de l'autorité de Votre Majeſté , l'injonction de me rendre, ſous un mois , au Port-au-Prince , ou d'envoyer ma DÉMISSION. . . .

LA bonté & la juſtice de Votre Majeſté ne peuvent avouer

---

rageux , s'eſt adreſſé au Monarque , à ſon auguſte épouſe : en vain a-t-il été honoré des marques touchantes de leur intérêt. Tous ſes *placets* , renvoyés à M. de la Luzerne , ſont reſtés ſans *réponſe* , & lui malheureux.

SON nom , inſcrit ſur la liſte des vainqueurs de la Baſtille, a bien pu obtenir les ſuffrages des *Repréſentans* du peuple François , mais non un regard d'équité de la part d'un *Miniſtre* qui , par un déni obſtiné de toute juſtice , le force à *le dénoncer* à la Nation.

l'ordre inhumain de m'expofer, SEPTUAGÉNAIRE ET MALADE, dans une route longue & impraticable. On ne peut pas prétex-ter le befoin du fervice, puifque dix-fept Juges font en exer-cice, que fept fuffifent pour faire les arrêts, & que, dans ce moment, deux jeunes Confeillers obtiennent des congés. Ce qui me regarde n'eft donc qu'une PERSÉCUTION.....

PUISQU'UN oubli fincere n'a point fuivi la RÉTRACTATION de MM. de la Luzerne & de Marbois, puifqu'ils abufent des ménagemens que ma Compagnie a cru devoir, dans cette oc-cafion, à des Adminiftrateurs en qui elle a dû fuppofer de la générofité après la réparation, je dois inftruire Votre Majefté comment, après avoir été gravement OFFENSÉ, ces Meffieurs me puniffent encore de leur propre indifcrétion.....

La noirceur a enfanté une calomnie dont je n'ai pu encore découvrir la fource impure. MM. de la Luzerne & de Marbois n'ont pas craint de me déclarer que ce foupçon me regardoit....

Les expreffions douloureufes, mais énergiques de ma lettre n'ont que plus irrité MM. de la Luzerne & de Marbois, trop engagés par leur premiere inculpation. Au lieu de céder à l'évidence de ces preuves, ces Meffieurs n'ont vu, dans ma juftification, qu'une contrariété ; car il femble que leur vœu le plus cher eft de TROUVER DES COUPABLES dans les bons ha-bitans de votre Colonie......

L'INDIGNATION s'eft montrée contre ceux qui s'étoient crus affez puiffans pour porter atteinte à mon honneur.

LES arrêts rendus fur mes deux requêtes ne font point en-core la véritable juftice qui m'étoit due. Ces Adminiftra-teurs avoient adroitement prévenu, par une prompte ré-tractation, l'examen plus approfondi d'une CALOMNIE qu'ils avoient déjà TROP CHÉRIE, & on n'a pas trouvé convenable qu'une improbation prononcée contre des Chefs, fût con-fignée dans les archives du Confeil ; mais la lettre (*fuivante*) de M. de LUSSAC, au nom de ma Compagnie, étoit le véritable jugement.

Lettre de M. Faure de Luſſac, Conſeiller-Rapporteur , à M. de Saint-Martin. Port-au-Prince, 11 Octobre 1787.

MONSIEUR & cher Doyen; lundi , comme je vous l'avois annoncé , nous nous ſommes occupés de vos requêtes. Sur le rapport que j'en ai fait, ainſi que des pieces y jointes, il n'y a eu qu'un ſentiment général D'INDIGNATION du traitement ſi peu mérité que vous avez éprouvé. Votre juſtification, ſuppoſé que vous en euſſiez eu beſoin, A ÉTÉ COMPLETTE; on n'a vu en vous qu'un pere tendre & délicat, empreſſé de couvrir la légereté d'un fils. Outrager de pareils ſentimens , c'eſt OUTRAGER la Nature ; auſſi les Chefs eux-mêmes , vaincus par la choſe même, & par le ſentiment GÉNÉRAL de la Compagnie , ont-ils fait une RÉTRACTATION de leur conduite , en faiſant votre éloge , rendant hommage à VOS VERTUS , & proteſtant que jamais ils n'avoient eu le moindre ſoupçon ſur votre délicateſſe (*comment concilier tout cela avec leurs lettres*) , & que c'eſt dans le premier moment de leur HUMEUR qu'ils ont écrit des lettres qu'ils ont AVOUÉ avoir été TROP FORTES.

SUR mon rapport eſt intervenu arrêt en ces termes : LA COUR , *n'apercevant rien dans la conduite du Suppliant , qui puiſſe mériter* LA MOINDRE INCULPATION , *a dit & arrêté , qu'il n'y avoit lieu ni à dénonciation , ni à mercuriale ; qu'en conſéquence , il ne ſeroit donné ſuite aux requêtes.*

VOUS ſentez , d'après ce ſtyle , combien nous avons été gênés & FROISSÉS entre le déſir de vous VENGER , & notre IMPUISSANCE de le faire. CROYEZ , mon cher Doyen , que cette affaire , & la démarche ſage que vous avez faite de la mettre ſous les yeux de la Cour , n'a fait que redoubler le RESPECT & L'AMITIÉ que toute la Compagnie VOUS DOIT , comme un tribut bien mérité de vos longs & refpectables fervices ; c'eft un hommage qu'elle ME CHARGE de vous tranfmettre (1).

Lettre de MM. Vincent & de Marbois , Adminiftrateurs , à M. de Saint-Martin. Port-au-Prince , 17 Avril 1788.

NOUS avons, Monfieur , informé le Miniftre que vous ne vous étiez point conformé aux difpofitions de l'ordonnance de Sa Majefté fur le fervice & la difcipline des Officiers du Confeil Supérieur de Saint-Domingue , & que vous n'aviez affifté à aucune de fes féances depuis qu'il eft établi au Port-au-Prince. Sa Majefté nous charge de vous adreffer les ordres les plus pofitifs , & de vous enjoindre DE SA PART d'être rendu au Port-au-Prince dans un mois de délai , ou de nous envoyer auffi-tôt VOTRE DÉMISSION (2).

Lettre de M. de la Hogue , habitant de Saint-Domingue , à M. le Marquis de Gouy d'Arfy. Cap. 15 Décembre 1788.

LE zele que vous mettez , M. le Marquis , pour faire fortir des fers les habitans de cette Colonie , me fait engager mon

---

(1) VOILA comment une Cour fouveraine s'exprimoit envers un de fes membres indignement *calomnié* par des Adminiftrateurs *injuftes*. Ceux-ci s'étoient *rétractés* publiquement, pour échapper à la rigueur des Loix ; mais la vengeance étoit dans leur cœur. Ce jugement eut lieu en *octobre* 1787. M. de la Luzerne eft nommé Miniftre. Il traverfe les mers , arrive à Verfailles , fiége au Confeil , expédie fes ordres *fuprêmes* à fon ancien collegue , & fix mois étoient à peine écoulés , que le Sieur de Marbois adreffe à M. de Saint-Martin , le 17 *avril* 1788 , la lettre citée ci-deffus.

(2) L'INFORTUNÉ Magiftrat vouloit démontrer refpectueufement au Souverain *Marbois* que le fardeau de 70 *années* , & celui d'une fanté chancelante pouvoient être confidérés comme des obftacles légitimes à une route longue & pénible. On le fit avertir *officieufement* que s'il ne donnoit pas fa démiffion , l'ordre du Roi étoit de *l'embarquer* pour France ; & fur cette odieufe menace , le refpectable Doyen *fe démit* , & la vengeance des defpotes fut confommée.

Frere, qui eſt à Paris , de vous remettre un Mémoire de M. de
SAINT-MARTIN , Conſeiller, Membre du Comité. Vous verrez toutes les VEXATIONS qu'il a ſouffertes.

CE Mémoire pourra vous donner , dans les circonſtances ,
une idée du pouvoir ARBITRAIRE des Adminiſtrateurs. Vous
aurez de la peine à croire , M. le Marquis, que ces mêmes Adminiſtrateurs , d'après l'envoi de ce Mémoire au premier Miniſtre , dont ils ont parfaite connoiſſance , aient pu , ſans en
attendre le réſultat ; FORCER M. de Saint-Martin à donner SA
DÉMISSION , prétextant un ORDRE DU ROI pour faire EMBAR-
QUER ce digne Magiſtrat ! auſſi a-t-il ſi bien libellé ſa démiſſion ,
que les Adminiſtrateurs ſe garderont bien de l'envoyer en original , ou d'en donner une copie exacte ; elle atteſteroit la
FAUSSETÉ de ce qu'ils ont avancé.

LE Comité , M. le Marquis , vous préviendra de la remiſe que
mon frere doit vous faire de ce mémoire , & le recommandera
à VOS SOINS officieux.

PIECES JUSTIFICATIVES DU XIe. CHEF.

*FORFAITURE PROUVÉE DANS UNE CAUSE D'ÉTAT,
ET REFUS DE RÉPARATION.*

*Arrét rendu contre le ſieur Séjournet, par la Commiſſion
nommée par MM. de la Luzerne & de Marbois, & pré-
ſidée par MM. de la LUZERNE & de MARBOIS, accu-
ſateurs.*

Port-au-Prince , 18 mai 1787.

LA Chambre a déclaré le ſieur Séjournet, Receveur général de la caiſſe de la Colonie & de celle des libertés ,
DUEMENT atteint & convaincu d'avoir DIVERTI, à ſon uſage
& PROFIT particulier , une ſomme conſidérable provenante
des deniers de ſes recettes ; pour réparation de quoi , le

déclare DÉCHU & PRIVÉ de ſes places, tant de Receveur de la caiſſe générale, que de celle des libertés, & INCAPABLE de poſſéder à l'avenir aucune place de comptabilité ; le BANNIT hors du reſſort pendant ſix mois, & le condamne en trois mille livres d'amende envers le Roi. — Ordonne que les biens SAISIS & ANNOTÉS ſeront vendus, & ce ſur l'ordonnance DE M. L'INTENDANT ; que la ſaiſie-annotation des meubles, Nègres, & autres effets mobiliers, ſera convertie en SAISIE-EXÉCUTION, pour être vendus, après une ſeule publication, pardevant telle perſonne qui ſera commiſe PAR M. L'INTENDANT, pour la ſomme provenante tant de la maiſon, que des meubles & autres effets ſaiſis & annotés, être verſée au tréſor. — Ordonne de plus que dans SIX SEMAINES, pour tout délai, ledit ſieur Séjournet ſera tenu, ET PAR CORPS, à rendre ſes comptes, tant de ſa recette générale, que de celle des libertés, pendant lequel délai de ſix ſemaines il ſera ſurſis à l'exécution de la diſpoſition du préſent jugement, par laquelle il eſt condamné AU BANNISSEMENT pendant ſix mois. — Ordonne enfin que le préſent jugement ſera, à la diligence du Subſtitut du procureur général, IMPRIMÉ & AFFICHÉ par-tout où beſoin ſera. — Donné au Port-au-Prince, en la Chambre de commiſſion, le 18 mai 1787. *Signé* LA LUZERNE, de MARBOIS, Fougeron, de LA MARDELLE, de Grand-Maiſon, Hachin, Chambellan, & Piémont.

Extrait des regiſtres du Conſeil d'Etat du Roi.

LE jugement avoit été rendu le 18 mai ; il fut ſignifié, imprimé, & AFFICHÉ le 21 ; & dès le 24, le ſieur de Marbois NOMMA DEUX perſonnes pour remplir la place de Receveur général de la Colonie, dont il venoit de faire deſtituer le ſuppliant. Le même jour, il rendit une ordonnance pour faire procéder à la vente de ſes biens ; ſavoir, de ſa maiſon, après trois publications ; de ſes Nègres &

effets, à la barre du fiége, après UNE SEULE publication. On a même affuré le fuppliant qu'il fut propofé à des per‑ fonnes que l'on favoit être dans l'intention d'acheter du bien, d'aller vifiter fa maifon, afin de s'en rendre adjudi‑ cataires ; mais ces propofitions INDIGNERENT, & qui que ce foit ne fe préfenta.

. . . . L'HONNEUR, la liberté, & les biens du fieur Séjournet étant attaqués par un jugement INIQUE, rigou‑ reux, précédé & rempli d'IRRÉGULARITÉS, & qui n'a eu pour fondement que la fuppofition d'un crime chimérique, qui n'a été ni apparent, ni CONSTATÉ, il demande la CASSATION de ce jugement, ainfi que de toute la procédure qui l'a précédé, avec les preuves LES PLUS CLAIRES de fon innocence, & la démonftration complète des vices de fa condamnation. Ses difgraces & fes malheurs font à leur terme fans doute, puifque fa juftification va être mife fous les yeux de Sa Majefté.

VU ladite requête, ouï le rapport, & tout confidéré : Le Roi étant en fon confeil, a caffé & annullé, CASSE ET ANNULLE, comme irrégulierement & INCOMPÉTAMMENT rendu, le jugement de ladite COMMISSION du 18 mai 1787 ; & pour être ftatué fur les faits énoncés dans la plainte du Subftitut du Procureur général de Sa Majefté, contre ledit fieur Séjournet, ordonne que, conformément aux difpofi‑ tions de la déclaration & de l'arrêt de fon Confeil des 13 & 15 novembre 1744, il fera procédé, par le fieur inten‑ dant de Saint-Domingue, avec le Confeil fupérieur de cette Colonie, d'après l'inftruction déjà faite par ledit fieur Inten‑ dant, laquelle Sa Majefté a, en tant que de befoin, validée & confirmée, au jugement définitif, & en dernier reffort, du procès inftruit à la requête dudit Subftitut. Veut Sa Ma‑ jefté que ceux des membres dudit Confeil fupérieur qui ont affifté & OPINÉ au jugement de la Commiffion du 18 mai

1787, foient TENUS DE S'ABSTENIR de connoître de l'affaire dont il s'agit. Fait au Confeil d'État du Roi, Sa Majefté y étant, tenu à Verfailles le 15 août 1788. *Signé* LA LUZERNE.

Arrêt du Confeil fupérieur de Saint-Domingue.

Port-au-Prince, 18 mai 1789.

VU par la Cour le procès inftruit par M. Barbé de Marbois, Intendant à Saint-Domingue, contre le fieur Charles-Joachim Séjournet, Receveur général de la Colonie, demeurant au Port-au-Prince, défendeur & ACCUSÉ d'avoir DIVERTI les deniers de la caiffe générale, & d'avoir fourni des bordereaux INFIDELES. . . . .

LA COUR, après examen fait du procès, donne acte à Séjournet, &c. ; & procédant au jugement dudit procès, renvoie ledit Séjournet ABSOUS D'ACCUSATION ; ordonne que les regiftres-journaux fur lefquels font infcrites les recettes & dépenfes de la caiffe générale de la Colonie, lui feront RENDUS & réintégrés ; à quoi faire le Greffier contraint par toutes voies de droit. Autorife Séjournet à faire IMPRIMER le préfent arrêt, & à le faire AFFICHER par-tout où il avifera que bien foit.

Requéte à Mgr. l'Intendant des Ifles françoifes de l'Amérique-Sous-le-Vent.

SUPPLIE humblement Charles-Joachim Séjournet, Receveur général de la Colonie, demeurant au Port-au-Prince ; difant, qu'accufé d'avoir DIVERTI les deniers de la caiffe générale, & d'avoir fourni des bordereaux INFIDELES, tant pour ladite caiffe, que pour celle des libertés, qu'il tenoit comme acceffoire de la premiere, en vertu d'ordonnance de MM. les Adminiftrateurs, en date du 23 octobre 1775, il a été SUSPENDU dans fes fonctions par un décret d'ajournement perfonnel.

UNE Commiffion établie par MM. les Adminiftrateurs l'a depuis déclaré COUPABLE du premier chef d'accufation, & DÉCHU de fes deux places : elles ont alors été données, *comme vacantes par fa deftitution*, l'une au fieur Fourny, & l'autre au fieur Herbin.

MAIS le jugement de la Commiffion a été ANNULLÉ par le Confeil d'État, & le fuppliant s'eft trouvé alors dans la pofition où il étoit avant ce jugement, c'eft-à-dire, Receveur en titre des deux caiffes, & pourtant dans les liens du décret ; alors auffi les commiffions délivrées aux fieurs Fourny & Herbin perdant leur motif, ont perdu leur force, & n'ont plus été dans leurs mains que des titres INTÉRIMAIRES.

PAR arrêt du 18 mai courant, le fuppliant a été renvoyé ABSOUS D'ACCUSATION, avec permiffion de PUBLIER fon innocence par l'impreffion & l'affiche. Plus de DÉCRET, plus d'INTERDICTION, plus de SUSPENSION.

CE confidéré, Monfeigneur, il vous plaife ordonner que la caiffe générale LUI SERA RENDUE, pour par lui exercer les fonctions de RECEVEUR de ladite caiffe, & vous ferez juftice. *Signé* SÉJOURNET, *Receveur général de la Colonie.*

Réponfe de Mgr. l'Intendant à la requête précédente.
Port-au-Prince, 28 mai 1789.

VU l'expofé en la préfente requête, & tout confidéré, NOUS AVONS DÉBOUTÉ le fuppliant de fa demande. *Signé* DE MARBOIS (1).

____

[1] ET ce refus infolent d'un Intendant aveuglé par le defpotifme, & fort de fon éloignement, a été *confirmé* en 1790 par M. de la Luzerne, fous les yeux de *l'Affemblée nationale* permanente !

PIECES JUSTIFICATIVES DU XIIe. CHEF.

EXACTION PUBLIQUE. POURSUITE TYRANNIQUE ENVERS UN PERE DE FAMILLE INNOCENT, ET SUITES CRUELLES DE CE TRAITEMENT BARBARE.

Extrait d'un mémoire pour la paroiſſe du Cap, contre la réunion des Conſeils & des Caiſſes, adreſſé au Comité colonial de France, par les Commiſſaires & Marguilliers de la partie du Nord. 2 août 1789.

LA Colonie, depuis ſa naiſſance, a été régie deſpotiquement par les MINISTRES DE LA MARINE, quoique les loix du Royaume & des priviléges particuliers ſoient ſa conſtitution naturelle. Les Adminiſtrateurs que le Miniſtre nous donne ont, dans tous les temps, cherché à AGGRAVER ce deſpotiſme ; ils ne trouvoient de réſiſtance que dans les Conſeils & les Chambres d'agriculture qui les combattoient ſouvent, & quelquefois avec ſuccès : auſſi les Chambres d'agriculture leur ont toujours déplu ; & n'ayant pu anéantir les Conſeils, ils ont imaginé d'abord de les rendre mercenaires, & enfin de les RÉUNIR en un ſeul qui réſide ſous leurs yeux & qu'ils tiennent dans leur dépendance. Cette opération ne pouvoit qu'être la ſource des plus grands maux.

LA Colonie s'eſt efforcée de faire parvenir ſes plaintes aux pieds du Trône ; mais LE MINISTRE de la Marine a SU ARRÊTER les réclamations qui combattoient ſon propre ouvrage.

L'ARRÊT de réglement du 13 mars 1788, l'ordonnance des Adminiſtrateurs du 3 mai de la même année, & les arrêts poſtérieurs qui les ont interprétés & corrigés, ſont peut-être les effets les plus révoltans de l'incorporation du Conſeil unique avec l'Adminiſtration. Ce ſont ces actes QUE NOUS DÉNONÇONS au Conſeil du Roi, comme contraires à notre Conſtitution, & attentatoires à notre liberté & à nos biens. . . . .

IL exiſtoit dans cette Colonie deux contributions eſſen-tiellement diſtinctes par leur nature & par leur deſtination.

L'UNE eſt connue ſous le nom de *droit curial*, & l'autre ſous celui de *droits ſuppliciés*.

LA premiere opération du Conſeil de Saint-Domingue eſt de RÉUNIR ces deux droits & d'en changer la deſtination. De concert enſuite avec les Adminiſtrateurs, il en AUG-MENTE la quotité. Il charge les Marguilliers de cette recette, ſous l'inſpection d'un Receveur il leur enjoint de verſer entre les mains de ce Receveur les fonds que les paroiſſes pourroient avoir en réſerve ; enfin il laiſſe l'excédant des fonds entre les mains de M. L'INTENDANT, pour en diſpoſer A SON GRÉ. . . . .

SI le Conſeil eût été moins jaloux d'étendre ſon pouvoir, animé d'un ſentiment pur de bienveillance pour la partie du Nord, au lieu de trancher avec ce deſpotiſme, il auroit fait aſſembler les paroiſſes intéreſſées, fait propoſer cette innovation, & enfin ſe feroit adreſſé au Souverain. . . .

LE prix des libertés eſt EXCESSIF. Quant à l'emploi, la Colonie l'IGNORE parfaitement. Il ne faut pas la regarder comme éclairée par le compte PLEIN D'ERREURS que l'In-tendant a faſtueuſement fait imprimer.

. . . . . L'ENTREPRISE de l'Intendant ſur les droits *curiaux* n'eſt donc qu'une INVASION nouvelle ſur les fortunes des citoyens ; & il faut qu'il compte avec bien de l'intrépidité ſur la haute opinion qu'on aura de ſa loyauté ! car on voit que , foit les *deux pour cent* , foit le produit des *libertés* , foit les droits *fuppliciés* , foit les droits *curiaux* , il ne doit en France aucun compte de toutes ces caiffes qu'il ambitionne de MANIPULER.

..... C'EST une injuftice encore plus criante d'avoir donné un effet RÉTROACTIF à ces réglemens , & par-là , de s'être emparé des fommes que plufieurs paroiffes tenoient en réferve. Quelle que fût la deftination de ces réferves , c'étoit un bien appartenant à la Communauté , & le Confeil ne pouvoit en difpofer fans VIOLER les loix facrées fur lefquelles repofe la SURETÉ publique.

..... SON entreprife fur les Marguilliers eft également dénuée de JUSTICE & d'utilité.

LA Colonie entiere SOUFFRE donc de plus d'une maniere du réglement du 13 mars , & de l'ordonnance du 3 mai 1788 , particulierement la partie du Nord de Saint-Domingue , & plus particulierement encore la ville du Cap.

LE Confeil , comme les Adminiftrateurs , font incompétens ; & l'innovation par eux propofée , n'eût-elle pas pour objet de dénaturer le droit curial , d'en faire un véritable IMPÔT extenfible & difponible à LEUR GRÉ , feroit toujours inapplicable à la partie du Nord , que l'on doit , fans contredit , laiffer jouir d'un droit immémorial , fanctionné par le Souverain , & qui , dans tous les temps , n'a produit que le bien.

A l'égard des arrêts concernant le fieur LA FAUCHERIE , nous croyons qu'on en pourfuit la caffation en France ; auffi nous n'énonçons ici que quelques réflexions relatives & qui entrent dans notre fujet.

LE fieur Lafaucherie écrivoit au Port-au-Prince au Receveur

veur de la nouvelle impofition ; il lui propofoit les doutes
qui l'arrêtoient dans fa recette ; il croyoit voir des contradictions dont il demandoit l'explication (1). Le Receveur
confulte fes patrons, & DANS L'INSTANT, LE MÊME JOUR,
on fulmine contre le fieur Lafaucherie, fur le réquifitoire
du Procureur général, TROIS ARRÊTS ; l'un, pour lui EX-
TORQUER provifoirement 32,000 livres, fous prétexte de la
recette QU'IL ÉTOIT IMPOSSIBLE qu'il eût encore commen-
cée ; l'autre, contenant DÉCRET D'AJOURNEMENT perfonnel,
pour n'avoir pas fu pénétrer les obfcurités que le Confeil a
été obligé d'expliquer ultérieurement ; un autre enfin, pour
que tous les fuppôts du Confeil miffent la plus extraordinaire
SÉVÉRITÉ dans l'exécution. On l'arrache à fes affaires & à
fa famille éplorée. Sans égard pour le mauvais état de fa
fanté, on le force à fe rendre au Port-au-Prince par des
chemins INACCESSIBLES, & on le renvoie MOURIR au Cap,
des fuites de ce tyrannique déplacement.

Extrait du Réquifitoire prononcé par le fieur la Mardelle,
Procureur général, le 5 août 1788.

LES Paroiffiens affemblés déclarent que, fur l'ordonnance
dont le Marguillier réclame l'enregiftrement, ils l'ont, après
en avoir pris connoiffance, UNANIMEMENT REJETÉE, & ont
protefté contre tout fon contenu, attendu, difent-ils, qu'elle
eft CONTRAIRE aux droits des paroiffiens & AUX INTÉRÊTS
de la fabrique ; ils font défenfe au Marguillier en exercice
de fe deffaifir des fonds appartenans à la fabrique, & de fuivre
d'autres régimes que ceux PRATIQUÉS jufqu'à ce jour.

. . . . . ON feroit tenté de croire, Meffieurs, que les habitans de la paroiffe de la Plaine du Nord, ainfi que le

____

(1) LA vérité de ces motifs étoit *bien connue* des Adminiftrateurs. Ils
en étoient avertis par *l'infurrection* de plufieurs paroiffes, ainfi que le
prouve le réquifitoire qu'on va lire,

Marguillier en exercice de cette paroiſſe , NE CONNOISSENT ni votre arrêt de réglement , ni l'ordonnance des Adminiſtrateurs dont il s'agit , quoiqu'ils aient été ſolennellement publiés.

QUE les habitans de la paroiſſe de la plaine du Nord , ainſi que ceux qui pourroient avoir ſuivi leur exemple , RENTRENT donc dans les bornes de la SOUMISSION & de l'obéiſſance qu'ils doivent aux ordonnances des ADMINISTRATEURS & aux arrêts de la Cour.

.... MAIS ſi , après avoir fait apercevoir à ces habitans , dans toute ſon étendue , l'ÉCART auquel ils ſe ſont livrés , ils continuoient à s'OUBLIER , en méconnoiſſant ouvertement , & l'autorité des Adminiſtrateurs , & vos réglemens , notre miniſtere , alors , ARMÉ D'UNE JUSTE SÉVÉRITÉ , ne pourroit ſe diſpenſer de les POURSUIVRE , ſuivant la RIGUEUR des ordonnances , comme réfraȼaires des ordres du Roi.

..... ET pour l'exécution des premiere , ſeconde , & troiſieme diſpoſitions du préſent arrêt , ordonne aux Subſtituts du Procureur général du Roi , des ſénéchauſſées du Cap , du Fort-Dauphin , & du Port-de-Paix , ou en cas d'abſence ou de maladie de leur part , à leurs Subſtituts , de ſe tranſporter , AVEC MAIN-FORTE , dans TOUTES les paroiſſes de leur reſſort , à l'effet de faire exécuter pleinement & COMPLETEMENT le préſent arrêt (1).

Lettre du ſieur de Lafaucherie , propriétaire-planteur & Négociant au Cap , aux membres du Comité colonial de France... Cap , 30 ſeptembre 1788.

LES trois arrêts que le Comité vous a adreſſés portent :

---

(1) QUELLE terrible maniere de commander l'obéiſſance Les plus *atroces* vexations furent la ſuite de l'arrêt rendu ſur ces concluſions *déſaſtreuſes*. Ecoutons l'infortuné *la Faucherie* , qui en fut une des premieres vi ȼtimes.

réunion des droits *curiaux* de toute la partie du Nord de cette Ifle , *à* la caiffe des droits *fuppliciés* & de maréchauffée , pour ne former à l'avenir qu'un même droit , fous la dénomination de droits municipaux. Ce font ces droits que le Confeil fe RÉSERVE d'impofer tous les ans fur l'état des dépenfes que lui fournira l'Intendant , & qu'il a portés , dès cette année , A 3 LIV. PAR TÊTE de Nègres efclaves , en annonçant une AUGMENTATION pour la prochaine année , tandis que le Confeil du Cap les avoit réduits , par arrêt du 27 février 1787 , à 20 SOUS , au lieu de 30 fixés alors , & ce conformément au réquifitoire du Procureur général , M. de Neuf-Château , qui dit que par l'infpection de la caiffe il réfultoit que LES FONDS étoient SUFFISANS à fa deftination , quoique l'on vînt de faire une dépenfe de 50 à 60,000 livres pour les cafernes de la maréchauffée d'Ouanaminte.

. . . . . CETTE fubverfion de principes , Meffieurs , eft faite pour alarmer tous les propriétaires & décourager tous les Colons , puifque fes effets défaftreux vont pefer particulierement fur la culture.

LORSQUE , par un ouvrage que vient de faire paroître l'Intendant fur l'adminiftration des finances , entierement confacré A SON ÉLOGE , la Colonie paye pour fes befoins intérieurs au delà de QUATRE MILLIONS en fus DES CINQ MILLIONS payés au Roi , il arrivera , Meffieurs , que les revenus très-précaires de cette Colonie pourront à peine fuffire à L'APRETÉ FISCALE dont le gouffre eft toujours ouvert. . . . .

J'AI l'honneur de vous adreffer , Meffieurs , les pieces qui conftatent les actes VIOLENS & TORTIONNAIRES que le Confeil , SOUTENU de l'adminiftration , exerce contre moi comme Marguillier.

TEL eft ici , Meffieurs , dans ce moment L'ABUS atroce que l'on fait des loix & de l'autorité , fans efpoir même d'obtenir

Juſtice, ſi les SAGES INTERPRÊTES de la Colonie ne portent aux pieds du trône ſes juſtes réclamations & ſes DOLÉANCES ſur les actes TYRANNIQUES exercés ſans motifs contre un CI-TOYEN, un NÉGOCIANT, un PROPRIÉTAIRE, un PERE DE FAMILLE, connu par ſon attachement à l'ordre qui fait le bonheur public. . . . .

J'AI l'honneur de vous obſerver en outre, Meſſieurs, qu'à force de diſcuſſion ſur l'arrêt de réglement, reconnu pour un LOGOGRIPHE incompréhenſible, je ſuis parvenu à prouver, SANS RÉPLIQUE, à l'Ordonnateur, que non ſeulement la perception des droits dont il s'agit eſt abſolument indépendante de la charge de Marguillier, par les ordonnances du Roi de 1741 & 1781 ; mais que l'on n'a pu, à AUCUN TITRE, me charger de ces quittances ; car étant en recette de celle de 1787, C'É-TOIT AU MARGUILLIER DE 1788 que devoit être adreſſée celle de ladite année 1788.

C'EST ainſi, Meſſieurs, qu'aveuglés par la paſſion cruelle de FAIRE LE MAL, l'Adminiſtration & le Conſeil, D'ACCORD pour ces vexations inouies, ont tout employé pour M'EX-TORQUER, par les actes les plus violens, une ſomme dont je n'ai jamais PU NI DU être débiteur à la caiſſe municipale.

Il y a pluſieurs paroiſſes de cette partie qui ont arrêté qu'elles feroient des repréſentations, & ſe JOINDROIENT à la ville du Cap ; pluſieurs autres ont REFUSÉ l'enregiſtrement.

Pouvoirs envoyés aux Membres du Comité colonial de France par les Commiſſaires & Marguilliers de la Paroiſſe du Cap.

30 *Septembre* 1788.

NOUS, Commiſſaires nommés par DÉLIBÉRATION de la Paroiſſe Notre-Dame de l'Aſſomption du Cap, du 7 de ce mois, déclarons donner pouvoir à MM. le Marquis DE GOUY D'ARSY, le Comte DE REYNAUD, & autres Commiſſaires de la Colonie

de Saint-Domingue , leurs collegues , de porter à l'Aſſemblée
des ETATS-GÉNÉRAUX du Royaume nos doléances reſpec-
tueuſes ſur TOUS les objets enoncés dans nos différentes inſtruƈtions , pour obtenir le redreſſement de TOUS NOS GRIEFS ,
& ſpécialement de ſe pourvoir en notre qualité , par toutes les
voies de droit , pour obtenir la CASSATION de l'ordonnance
de MM. les Adminiſtrateurs de cette Colonie , en date du 3 Mai
dernier ; des arrêts du Conſeil Supérieur de Saint-Domingue ,
en date des 13 & 14 Mars précedent ; d'un autre arrêt du même
Conſeil du 5 Août dernier ; & encore de trois autres arrêts , auſſi
du même Conſeil , rendus TOUS LES TROIS LE MÊME JOUR 9
du préſent mois , contre M. DE LA FAUCHERIE , Négociant en
cette ville , & Marguillier de ladite Paroiſſe , & de faire à
cet égard tout ce qui ſera néceſſaire , quoique non exprimé
au préſent , & ce que les différentes circonſtances pourroient
exiger , APPROUVANT TOUT ce qui ſera fait à cette occaſion ,
& nous obligeant ſolidairement à payer tous les frais qui ſeront
faits. Fait au Cap , par quadruplicata , le 30 Septembre
1788 (1).

*Adreſſe des plus notables Citoyens du Cap aux Adminiſtrateurs,
dans l'Egliſe du Cap , ſur le cercueil de M. de la Faucherie ,
ce 22 Décembre 1788.*

MESSIEURS, c'eſt SUR LA TOMBE d'un des plus honnêtes
PROPRIÉTAIRES planteurs de cette dépendance , d'un NÉGO-
CIANT des plus conſidérés de cette ville , d'un CITOYEN moiſ-
ſonné à l'âge de trente-quatre ans , d'un PERE DE FAMILLE laiſ-

---

[1] TANDIS que ces pouvoirs nous arrivoient , l'infortuné la Faucherie , après avoir été contraint de payer 33,000 liv. au Cap , eſt
obligé , pour purger ſon décret , de ſe traîner *malade* au Port-au-Prince.
Cette route de cent-vingt lieues pour aller & revenir , par des chemins
impraticables, lui donne *le coup de la mort.* Quel eſt l'homme ſenſible
qui ne mêlera pas quelques larmes à celles des *99 notables*, ſes Concitoyens, qui ont ſigné la lettre que l'on tranſcrit ici ?

fant des enfans EN BAS AGE, d'un époux tendre & adoré, d'une femme intéreffante ; c'eft SUR LA TOMBE de M. de la Faucherie, victime nouvelle de la réunion HOMICIDE des deux confeils de Saint-Domingue, que nous vous faifons part de nos regrets & de notre terreur, en mêlant notre voix aux gémiffemens, aux cris de la VEUVE & des ORPHELINS, qui demandent VENGEANCE à Dieu & aux hommes. LE DÉSES-POIR de cette dépendance eft au comble, Meffieurs ; vous avez, comme nous, devant les yeux, l'effet TERRIBLE de tous les changemens oppreffeurs qui ont été la fuite de la RÉUNION des Confeils au Port-au-Prince.

PLUSIEURS peres de famille, épuifés, comme M. de la Faucherie, par les fatigues des voyages, ONT PERDU LA VIE, foit au Port-au-Prince, foit dans les routes, foit à leur retour dans leurs foyers. Un autre trait l'a frappé du coup de la mort ; c'eft l'appareil inutilement SCANDALEUX qui a été employé contre lui, fous les formes perfides d'exécution judiciaire ; & déjà les autres Marguilliers de cette dépendance font auffi ME-NACÉS du même fort, s'ils n'obéiffent AVEUGLÉMENT à ces loix combinées entre l'adminiftration & les confeils réunis au Port-au-Prince, à ces loix qui font verfer dans une caiffe étrangere nos CONTRIBUTIONS VOLONTAIRES, deftinées à l'entretien de nos églifes, de leurs Miniftres, & à la décence du culte divin dans nos paroiffes.

NOUS vous fommons donc, Meffieurs, par tout ce que vous devez à la Colonie, & particulierement à cette dépendance, de faire parvenir à MM. les Adminiftrateurs L'AFFREUX SPEC-TACLE dont vous êtes témoins. Nous chargeons leur conf-cience & la vôtre de tous les DÉSASTRES que continuera de produire LA RÉUNION des deux Confeils, & leur incorpora-tion avec l'adminiftration. NOUS SOMMONS les Adminiftrateurs eux-mêmes de faire favoir au meilleur des Rois qu'on l'a TROMPÉ, qu'on a trompé fes Miniftres, qu'on a eu intérêt de les tromper.

Nos cœurs font remplis de douleur, d'affliction, & de terreur ; nous fommes AU DÉSESPOIR, Meffieurs. SIGNÉ *des Commandans , & de quatre-vingt-dix-neuf Notables.*

Extrait des regiftres de baptêmes , mariages & fépultures de la paroiffe Notre-Dame de l'Affomption de la ville du Cap-François , ifle & côte Saint-Domingue.

LE vingt-deux Décembre mil fept cent quatre-vingt-huit , a été INHUMÉ au cimetiere de cette paroiffe , en préfence des fouffignés , le corps de feu fieur Jean Geraud DE LA FAUCHE-RIE , natif de la paroiffe de Zuilliac, diocefe de Limoges, fils de fieur Gabriel Geraud de la Faucherie, bourgeois audit lieu de Zuilliac , & de dame Suzanne Bretagne , vivant époux de dame Claudine-Françoife Chauffé , âgé d'environ trente-cinq ans, DÉCÉDÉ HIER Marguillier en exercice, de cette paroiffe, Officier du bataillon des Milices de cette ville du Cap , Négociant , & muni des Sacremens. SIGNÉ *des Commandans , de* 99 *Notables , du Curé , & du Préfet Apoftolique.*

Lettre du Comité Colonial de Saint-Domingue au Comité Colonial de France. 6 Janvier 1789.

L'INTENDANT MARBOIS & le Procureur Général LA MAR-DELLE, qui avoient parfaitement bien fenti ce qui s'adreffoit à eux perfonnellement dans la lettre faite à l'églife , l'avoient portée & DÉNONCÉE à leur Confeil Supérieur de Saint-Domingue. Le la Mardelle CONCLUOIT & le Marbois OPINOIT pour un DÉCRET contre les fignataires. L'aveugle & SOUPLE Tribunal, qu'on peut , avec raifon, qualifier de *Cour Pléniere* , auroit infailliblement prononcé de même. Mais M. le Marquis DU CHILLEAU s'y eft oppofé , en déclarant que le RESSENTIMENT qui avoit dicté cette lettre aux habitans, auprès de la malheureufe victime, lui paroiffoit EXCUSABLE.

AINSI, Meffieurs & refpectables freres , vous voilà BIEN

FONDÉS, à ce qu'il nous femble , à donner le plus GRAND
ÉCLAT aux plaintes violentes qui ont accompagné les funé-
railles de M. de la Faucherie.

CES plaintes inculpoient , & L'ADMINISTRATION , & le
Tribunal , & le la Mardelle , organe de la vindicte publique.
Néanmoins ces grands perfonnages ont tous gardé LE PLUS HUM-
BLE SILENCE , & ont par conféquent RECONNU la juftice de nos
plaintes.

*Pouvoirs envoyés par Madame de la Faucherie , pour pour-
fuivre les affaffins de fon mari. Cap , 20 Avril 1789.*

JE fouffignée , Claudine-Françoife CHAUSSÉ, veuve du fieur
Jean-Geraud de la Faucherie , Négociant & Propriétaire
Planteur au Cap , agiffant tant en mon nom que comme TU-
TRICE de mes enfans , declare donner pouvoir à M. Dutillet ,
Avocat aux Confeils du Roi, demeurant à Paris , de fe pour-
voir EN CASSATION contre l'arrêt rendu par le Confeil Supé-
rieur de Saint-Domingue le 28 Octobre 1788 , fur la plainte
qui y a été portée contre mon mari par le Procureur Général
dudit Confeil ; comme auffi de demander la permiffion de
PRENDRE A PARTIE , pardevant tels Juges qu'il plaira à Sa
Majefté, commettre , tant M. DE LA MARDELLE , Procureur
Général en ladite Cour , que M. DE FOUGERON , Confeiller-
Rapporteur , ainfi que M. BARBÉ DE MARBOIS , Intendant à
Saint-Domingue , & le fieur CHAMBELLAN , Receveur des
droits municipaux , tous deux INSTIGATEURS dudit procès ;
promettant , &c. . . . . . certifié véritable , & SIGNÉ *Mangeot*
& *Cornuaux de la Chapelle*, Notaires. Légalifé le même jour.
SIGNÉ *Bocquet de Frévent* (1).

____

[1] Il y a plus de dix-huit mois que cette efpece d'*affaffinat public* a
été commis à Saint-Domingue. Toute la Colonie en a demandé *ven-*
geance. M. de la Luzerne a entendu fes cris. Nous les lui avons tranfmis *officiellement*. . . . Mais il ne pouvoit pas venger la victime fans
immoler fes *bourreaux*. . . . Qu'eft-il arrivé La Faucherie *n'eft pas vengé*,
& le fieur de Marbois a été *récompenfé* par une lettre honorable de la
main de fon roi !. . . .

PIECES JUSTIFICATIVES DU XIIIe CHEF.

MAINTENUE OPINIATRE D'UN INTENDANT PROSCRIT; RAPPEL SOUDAIN D'UN GOUVERNEUR CHER A LA COLONIE.

Extrait des regiſtres de la Chambre d'Agriculture du Cap; ſéance du 5 Juin 1789.

LECTURE faite d'une ordonnance rendue le 9 Mai dernier, concernant la liberté de commerce pour la partie du ſud de Saint-Domingue, ſignée de M. le Général ſeul, la Chambre a conſidéré :

QU'ELLE fait connoître le GÉNIE BIENFAISANT de M. le Gouverneur Général, & annonce les changemens & améliorations que les TROIS DÉPENDANCES de Saint-Domingue peuvent attendre d'une Adminiſtration ſi fermement dirigée vers le bien public.

QUE M. le Général n'a pu manquer de prévoir LES CRIS & les plaintes des COMMERÇANS de la Métropole, toujours bornés dans leurs calculs, fermant les yeux ſur l'avenir, pour ne voir que l'intérêt du moment, demandant ſans ceſſe pour eux LA LIBERTÉ qui fait fleurir le commerce, tandis qu'ils ne ceſſent d'obſéder le Gouvernement par la réclamation illimitée, INJUSTE, opiniâtre, & malheureuſement trop puiſſante de leur PRIVILÉGE EXCLUSIF; que peut-être encore, dans la circonſtance, M. le Général a preſſenti que les clameurs du commerce recevroient de la Colonie même un moyen d'appui réſultant du DÉFAUT DE CONCOURS des deux Adminiſtrateurs, pour cette ſage, ferme, & ſalutaire opération.

QU'AINSI, M. le Général, s'élevant au deſſus des vues étroites & perſonnelles, n'a ſuivi que l'inſpiration de ſon ame bienfaiſante, & ſes grandes vues de ſoulagement particulier &

d'amélioration générale, en venant si courageusement au secours de la partie du SUD, la plus MALHEUREUSE de la Colonie.

QUE M. le Général a montré en même temps un génie vaste, en annonçant, comme il l'a fait, que si l'exécution de son ordonnance paroissoit porter un préjudice MOMENTANÉ au commerce de la Métropole, elle lui seroit néanmoins d'un grand avantage, en ce qu'elle lui préparoit des bénéfices CERTAINS, immenses, & PEU ÉLOIGNÉS, que sa propre conduite étouffoit dans leur germe; qu'il a fallu le courage & la prévoyante sagacité de M. le Général, pour braver, comme il l'a fait, les clameurs actuelles d'un Corps puissamment protégé, & n'attendre que du temps, qui éclaircit tout, la seule récompense qui soit digne de lui, les bénédictions de l'industrieux Cultivateur, & le juste tribut de reconnoissance que le Commerce LUI-MÊME s'empressera de lui offrir.

QUE de même il a pris les précautions les plus recherchées & les plus rigoureuses, pour que cette concurrence ne fût pas ABUSIVE, & pour qu'elle ne s'étendît pas aux deux autres parties de la Colonie, à qui elle seroit avantageuse sans doute, mais qui peuvent s'en passer, absolument parlant.

QUE d'ailleurs cette opération TUTÉLAIRE, où l'on est AFFLIGÉ de ne pas voir la SIGNATURE DE M. L'INTENDANT, annonce que c'est principalement, & peut-être UNIQUEMENT à M. le Général que la Colonie entiere, menacée d'une disette par le froid excessif du dernier hiver dans les provinces du continent, est redevable de la permission accordée & renouvelée pour l'importation des farines angloises; & que c'est aussi M. le Général qui SEUL a voulu remédier à la rareté toujours CROISSANTE du numéraire, en permettant aux étrangers d'employer le produit de leurs farines en denrées coloniales.

PAR ces considérations, la Chambre a arrêté :

1º. QUE M. le Marquis du Chilleau fera prié de vouloir bien
agréer la préfente délibération , comme l'expreffion & l'hommage de la RECONNOISSANCE, de l'AMOUR , & du confolant
efpoir qu'infpirent aux Colons les deux derniers actes de fa
BIENFAISANTE adminiftration.

2º. QUE le Miniftre de la Marine fera inceffamment fupplié de vouloir bien SOLLICITER auprès de Sa Majefté la CON-
FIRMATION de l'ordonnance rendue par M. le Général le 9
Mai dernier (1) , & de prendre fingulierement en confidération , que le fort des Negres efclaves employés dans la Colonie
à la culture des terres , ne peut que S'AMÉLIORER fenfiblement ,
par l'augmentation de leur nombre , toute efpece de fardeau
étant en raifon inverfe du nombre de ceux qui le fupportent.

3º. QU'UNE expédition de la préfente fera adreffée à M. le
Marquis DE GOUY D'ARSY , comme Commiffaire-Rapporteur
du Comité colonial de France.

Séance du 2 Juillet 1789.

LE prochain départ de M. le Général a été dénoncé ; il a
été arrêté qu'à l'inftant il lui feroit écrit , pour lui témoigner le
REGRET de la Chambre , & pour le DÉTOURNER de ce projet.
Cette lettre a été faite , fignée & expédiée fur le champ , & il a
été arrêté qu'une copie en feroit envoyée au Comité Colonial de
Paris.

ENSUITE le Secrétaire a donné lecture de la nouvelle ordonnance rendue le 27 Mai , fignée , comme la précédente , de

---

(1) ET fur cette priere fi bien *motivée* par la Chambre d'Agriculture ,
& adreffée par elle à M. de la Luzerne , à l'effet de l'engager à obtenir du Roi la *confirmation* de l'ordonnance bienfaifante de M. du Chilleau , M. de la Luzerne *fit ceffer* fans délai cette ordonnance falutaire ,
approuvée de *toute* la Colonie à une voix près , *celle de M. l'Intendant*

M. le GÉNÉRAL SEUL, par laquelle M. le Général proroge jufqu'au premier Octobre prochain la permiffion d'importer des farines étrangeres, accordée pour toute la Colonie jufqu'au 30 Juin........

APRÈS mûre délibération, il a été arrêté UNANIMEMENT, que cette nouvelle opération démontre le même génie & les mêmes fentimens PATERNELS pour les Colons, que l'ordonnance précédente du 9 Mai ; qu'elle mérite les MÊMES ÉLOGES & la même reconnoiffance PUBLIQUE, dont la chambre a été l'écho par fon arrêté du 5 Juin dernier ; & qu'il eft bien fatisfaifant pour elle de voir fi-tôt fe vérifier la prédiction qu'elle avoit faite, que la partie du nord ne manqueroit pas de partager DIRECTEMENT les bienfaits de ce nouveau L'ARNAGE.....

QU'IL SEMBLE que les événemens viennent à l'envi juftifier la PRÉVOYANCE de M. le Général, ou plutôt qu'il eft évident qu'elle les a tous preffentis.

Qu'un arrêt du Confeil d'Etat vient de DÉFENDRE L'EXPORTATION des grains en France ; qu'un arrêt du Parlement de Bordeaux a PROHIBÉ celle des farines fous des peines corporelles.....

QUE, dans ces circonftances frappantes, la Chambre GÉMIT de chercher encore EN VAIN la SIGNATURE DE M. L'INTENDANT au pied de cette Ordonnance. Mais quels fentimens ne doit pas infpirer le contrafte des foins PATERNELS & de la follicitude officieufe de fon collegue !

QUE M. le Général eft fupplié de recevoir ce nouveau témoignage de la RECONNOISSANCE de la partie du nord.

QU'IL ne foit pas ébranlé par les clameurs du commerce de France, qui ne prévaudront pas fur la confiance qu'un homme tel que lui doit infpirer à un Monarque jufte & bienfaifant, ni

par ces MENACES que publient les agens de la Métropole , *de
faire fuſpendre les armemens* ; vaines & puériles JACTANCES ,
dont l'appât d'un gain, quoi qu'ils en diſent , toujours certain,
préviendra l'effet.

QUE quand la Colonie aura eu le malheur de le perdre , ſon
nom RÉVÉRÉ y ſera prononcé dans la proſpérité comme dans le
malheur. . . . .

ARRÊTÉ qu'expédition du préſent ſera envoyée au MI-
NISTRE du Département, qui ſera ſupplié de ſolliciter de Sa
Majeſté , non ſeulement L'EXÉCUTION de l'ordonnance dont
il s'agit , mais encore , après l'expiration du terme qu'elle
a fixé , la permiſſion aux Américains en général de faire une
partie de leurs chargemens en quelqu'une des denrées coloniales , notamment EN SUCRE BRUT ; ſur quoi le Miniſtre
voudra bien prendre en conſidération les précédens mémoires
de la Chambre , ſur le fait du commerce.

QUE copie du préſent ſera adreſſée à Meſſieurs du Comité
Colonial de France , pour qu'ils SE JOIGNENT aux réclamations de la Chambre.

*Extrait de l'Adreſſe remiſe par la ville du Cap & les paroiſſes
de la dépendance du nord, à M. le Marquis du Chilleau.
Premier Juillet* 1789.

M. le Marquis , la nouvelle de votre prochain départ a jetté
la CONSTERNATION dans tous les cœurs. Nous n'aurions donc
effectivement qu'entrevu l'aurore du beau jour que promettoit
à la Colonie votre bienfaiſante adminiſtration. Vous abandon-
neriez vos ENFANS dans le moment où ils ont le plus beſoin de
votre appui ? . . . . .

REVENEZ , & le nom de DU CHILLEAU , que nous ne pro-
nonçons déjà qu'avec admiration & attendriſſement, ſera inſcrit dans nos temples , dans nos places publiques ; vous verrez
à votre retour LES MONUMENS de notre reconnoiſſance.

Extrait d'une lettre adreffée au Roi par les Députés de Saint-Domingue à l'Affemblée Nationale.

Verfailles , 28 Juillet 1789.

LES Colons de la partie du fud de Saint-Domingue étoient plongés dans la DÉTRESSE , faute de moyens de culture & de fubfiftance. Une ordonnance de M. le Marquis du Chilleau les EN RETIRE , & un fimple arrêt du Confeil de Votre Majefté les Y REPLONGE , fans que leurs repréfentans aux Etats Généraux aient été appelés NI ENTENDUS. . . . . .

SIRE , ce feroit abufer de votre bonté , que de vous retracer ici les faits & les raifonnemens contenus dans le mémoire que les habitans de la partie du SUD ont eu l'honneur de vous adreffer : mais vous êtes le pere de vos Sujets ; leur bonheur ou leur malheur ne peuvent vous être indifférens ; daignez jetter les yeux fur CE MÉMOIRE ; daignez auffi APPRÉCIER dans votre fageffe , L'HOMMAGE que la Chambre d'Agriculture du Cap a cru devoir rendre à cette occafion à M. le Marquis du Chilleau , & qui eft configné dans la délibération ci-jointe ; & qu'il nous foit enfuite permis d'ajouter , Sire, que S. - Domingue GÉMIT depuis trop long-temps de refter entierement, & fans reftriction, fous un régime ABSURDE , qui ne fert qu'à enrichir le Commerçant, au détriment même du commerce.

QUELQU'ACCABLANTE que doive être pour la Colonie la nouvelle de la CASSATION de l'ordonnance de M. le Marquis du Chilleau , celle qui va mettre le COMBLE à fon défefpoir , c'eft le RAPPEL de ce Gouverneur , fi ténébreufement décidé , & fi foudainement exécuté , par une fuite fans doute de la même mefure qui privoit la Nation d'un de fes meilleurs Miniftres , puifque c e rappel s'exécutoit dans le même temps.

NOUS vous conjurons , Sire , de NOUS CONSERVER ce vertueux Adminiftrateur. N'affligez point des Colons utiles à

la fplendeur de votre Empire , en leur RETIRANT un Gouver‑
neur NÉCESSAIRE A LEUR FÉLICITÉ. . . . .

MAIS , Sire , l'homme que le CRI GÉNÉRAL de la Colonie
preffe votre Majefté de rappeler , c'eft cet autre Adminiftra‑
teur qui NE FUT JAMAIS FAIT pour conduire une Colonie telle
que Saint-Domingue , le fieur BARBÉ DE MARBOIS , TYRAN
DÉTESTÉ , DESPOTE ABHORRÉ , dont l'exiftence eft peut-être
la preuve la plus convaincante de l'inviolable fidélité de vos
Colons. Depuis trop long-temps , Sire , il INDIGNE , il irrite ,
il SOULEVE la Colonie par fes vexations & fes NOIRCEURS.
Voici l'hiftoire de fon adminiftration.

IL A VIOLÉ fans pudeur nos priviléges ; il s'eft EMPARÉ des
caiffes municipales & des deniers des fabriques , pour en
diriger l'emploi à fa fantaifie. Sourd aux réclamations de tous
les habitans de la partie du nord , contre une RÉUNION qui
les oblige d'aller plaider à 80 lieues de leurs foyers , il
a mis en œuvre tous les moyens POUR CIMENTER cette réu‑
nion défaftreufe qui a déjà COUTÉ LA VIE à plufieurs Colons. A
l'aide d'un fieur LA MARDELLE , Procureur Général , qui PAR‑
TAGE avec lui la HAINE PUBLIQUE , comme il partage fes
vexations , il a fait lancer un décret rigoureux & des
arrêts fulminans contre un citoyen honnête , contre un
PERE DE FAMILLE , que les fuites de fon déplacement ,
pour obéir à ce décret & à ces arrêts , ONT MOIS‑
SONNÉ à la fleur de fon âge. IL A FORCÉ , par fes menaces ,
un Magiftrat feptuagénaire & VÉNÉRÉ , à donner fa démiffion ,
après 40 ans de fervice. IL A TORTIONNÉ , par lui ou par fes
prépofés , différens particuliers pour leur faire payer des droits
DÉJA ACQUITTÉS. Pour faire dire que nul Intendant n'a verfé
plus d'argent que lui dans les coffres de Votre Majefté , il laiffe
TOMBER EN RUINE les bâtimens publics , les ARSENAUX qui
fervent à la défenfe de la Colonie. Sans pitié pour la veuve &
pour l'orphelin , il a , par DES RÉUNIONS à votre domaine ,

dépouillé une infinité de propriétaires de terres que leur indi-
gence les empêchoit de cultiver, pour en GRATIFIER ſes PA-
RENS, ſes amis, ſes CRÉATURES.....

CES traits ne ſont qu'une eſquiſſe.....

VOILA, Sire, voilà l'homme dont nous ſupplions Votre
Majeſté, AU NOM DE TOUTE LA COLONIE, d'ordonner le rappel. Aucun des Miniſtres que vous avez renvoyés, Sire, ſur le
vœu de l'Aſſemblée Nationale, n'avoit fait à la France LE MAL
que le ſieur de Marbois NE CESSE DE FAIRE à Saint-Domingue.
Ils n'avoient, ni ne pouvoient avoir la CONFIANCE de la Nation;
dès-lors vous les avez éloignés. Saint-Domingue ne pourra-t-il
obtenir de Votre Majeſté d'être DÉLIVRÉ d'un homme devenu
l'objet de ſon EXÉCRATION ?

*Extrait d'une lettre des Députés de Saint-Domingue à M. le
Comte de la Luzerne. Verſailles, 29 Juillet 1789.*

VOUS nous avez demandé, M. le Comte, de vous préſenter
par écrit les réclamations, objets de la conférence que nous
avons eu l'honneur d'avoir avec vous vendredi ſoir ; elles ſe
réduiſent aux pieces ſuivantes :

1°. LE rétabliſſement de M. le Marquis du Chilleau dans ſa
place de Gouverneur général de Saint-Domingue, SUIVANT
LE VŒU GÉNÉRAL de ſes habitans.

2°. LE rappel IMMÉDIAT de l'Intendant Marbois, juſtement
ABHORRÉ de Saint-Domingue, qui, depuis trois ans, ſollicite
vivement & vainement ſon retour.

3°. SUSPENSION abſolue de toute Aſſemblée Coloniale,
parce que, quelle qu'en puiſſe être l'organiſation, la Colonie ne
VEUT ET NE DOIT la tenir que des décrets de l'Aſſemblée Nationale.

4°.

4°. L'ASSURANCE pofitive qu'aucune INNOVATION relative à l'adminiſtration, ou tout autre objet, ne ſera faite, même proviſoirement, à Saint-Domingue, ſans le concours de ſes Repréſentans. . . . . .

VOILA, M. le Comte, les réclamations & déclarations ſur leſquelles nous attendons la réponſe ſatisfaiſante que vous nous avez promiſe.

Extrait de la réponſe de M. le Comte de la Luzerne aux Députés de Saint-Domingue à l'Aſſemblée Nationale.
Verſailles, 11 Août 1789.

1°. SA Majeſté n'a pas cru qu'il fût de ſa juſtice de RÉVOQUER la nomination qu'elle a faite de M. le Comte de Peynier. Elle s'étoit décidée à rappeler M. le Marquis du Chilleau, après une mûre délibération, priſe dans ſon Conſeil d'Etat LE 28 JUIN dernier.

2°. LA juſtice du Roi ne lui permet pas davantage de donner des marques de MÉCONTENTEMENT à M. de Marbois, ſur des inculpations qui ne ſont juſqu'ici appuyées D'AUCUNE PREUVE (1).

3°. SA Majeſté a conſenti à la SUSPENSION que vous avez demandée de toute Aſſemblée Coloniale, parce que, quelle qu'en puiſſe être l'organiſation, la Colonie NE VEUT ET NÉ DOIT la tenir que des décrets de l'Aſſemblée Nationale (2).

---

[1] LA lettre écrite ſur le cercueil de l'Infortuné la Faucherie, & ſignée de toute la ville du Cap, n'étoit pas, aux yeux du Miniſtre aveuglé, une preuve ſuffiſante contre ſon favori Marbois. A la lecture de cette piece, le ſoupçon même n'entra pas dans ſon ame.

[2] ET au mépris de cette *aſſurance royale*, M. de la Luzerne a envoyé le mois ſuivant à Saint-Domingue une ordonnance de convocation *concertée*, dit-il, *avec les députés de la Colonie*, tandis que la piece qu'il cite manquoit d'un de ces caracteres d'authenticité que ce

Extrait d'une lettre du Comité Colonial de la Province de l'oueſt, à la Députation. Port-au-Prince, 9 Septembre 1789.

MESSIEURS & chèrs Compatriotes, nous avons à vous informer de la réception de M. le Comte DE PEYNIER, Chef d'Eſcadre, à la place de Gouverneur Général, PAR LE RAPPEL de M. le Marquis du Chilleau.

IL a été nommé par un SIMPLE ORDRE du Roi, en date du premier Juillet, *en attendant*, eſt-il dit, *qu'il lui ſoit expédié le brevet accoutumé.* Tout nous annonce que le plus grand SE-CRET a été obſervé pour ſa nomination & ſon départ. Il eſt arrivé ici le 18 Août, ſur la frégate l'Engageante, qui ſe trouvoit armée à Breſt POUR L'INDE . . . . .

IL étoit porteur d'un arrêt du Conſeil du 2 Juillet, qui a CASSÉ & annullé l'ordonnance de M. du Chilleau, pour l'introduction des noirs & de tous comeſtibles.

CET arrêt du Conſeil étoit accompagné d'un SECOND, qui a prorogé pour une année la prime de 200 liv. par tête de Noirs apportés dans le port des Cayes.

UNE premiere réflexion que nous avons faite en voyant la Colonie REPRÉSENTÉE aux États Généraux depuis le 20

Miniſtre avoit bien ſu réclamer *comme néceſſaire* en d'autres circonſtances, *celui de la réunion des ſignatures des Députés votans.* Au ſurplus, quand même ces ſignatures, *indiſpenſables* dans un cas de cette importance, auroient conſacré ce projet, on ne pourroit jamais prétendre qu'elles euſſent autoriſé l'addition *fallacieuſe & ſecrete* de *quatre* articles de fabrique miniſtérielle, qui, *défigurant* totalement le projet en queſtion, en *dénaturoit* abſolument les principes par des clauſes *inconſtitutionnelles*, qui ont provoqué la *juſte indignation* de la Colonie.

juin, & ces arrêts du Conseil rendus LE 2 JUILLET , c'est que ces mêmes arrêts ont le même vice d'INCOMPÉTENCE qui est reproché à ceux de M. du Chilleau. En effet, le Ministre devoit attendre la résolution des États Généraux , leur DÉFÉRER lui-même la question, s'il la trouvoit instante , & attendre RESPECTUEUSEMENT leur décision , pour la faire exécuter.

Ainsi l'ENTREPRISE que le Ministre vient de faire, en STATUANT sur un objet de cette importance , pendant LA TENUE MÊME des États Généraux, mérite d'ÊTRE RELEVÉE par les Députés à l'Assemblée Nationale ; & il est à propos qu'ils déclarent, de la maniere LA PLUS FORMELLE , que LA COLONIE NE VEUT plus RECEVOIR désormais DE LOIX , sur quelque matiere que ce soit, QUE CELLES qui seront DÉLIBÉRÉES PAR LES ÉTATS GÉNÉRAUX.

Extrait de l'ordre du Roi, du premier juillet 1789.

SA Majesté voulant assurer le service de la place de Gouverneur-Lieutenant-Général de ses Isles sous le vent de l'Amérique , vacante par le RAPPEL du sieur Marquis du Chilleau, Elle veut & entend que cette place soit remplie par le sieur Louis-Antoine de Thomassin de Peynier , Chef d'escadre de ses armées navales, pour en jouir par lui , EN VERTU DU PRÉSENT ORDRE , & en ATTENDANT le brevet qui lui sera expédié.

L'ORDRE du Roi ci-dessus a été publié par le Tambour de la Providence , de la maniere suivante :

« DE par le Roi & Mgr. l'Intendant ; vous reconnoîtrez
» M. le Comte de Peynier pour votre Gouverneur Général ,
» & lui obéirez en tout ce qu'il vous commandera pour le
» service du Roi ». Ensuite lecture a été donnée de l'ordre du Roi , du premier juillet.

Certifié ; *Arnaud de Marsilly , Cornuaux de la Chapelle.*

Extrait d'une lettre du Comité Colonial de la Province du Nord, aux Députés à l'Assemblée nationale.
Cap, 15 *septembre* 1789.

M. le Comte de Peynier eft arrivé au Port-au-Prince fur la frégate l'*Engageante,* le 18 du mois dernier. Il a été reçu le 19 ; mais les Milices n'ayant PAS VOULU prendre les armes, M. de l'Opineau, Commandant, a ordonné les arrêts A QUARANTE OFFICIERS qui n'ont pas voulu obéir. Cette réfiftance a donné lieu à des MENACES, & ces menaces ont excité une FERMENTATION qui a éclaté au fpectacle au Port-au-Prince la femaine derniere (1). Auffi-tôt l'apparition de M. de l'Opineau, tout le Parterre cria, *bas l'Opineau.....* La garde du fpeɕacle, qui avoit été DOUBLÉE, s'introduifit au Parterre, mais fut fi ferrée, qu'elle ne put faire ufage de fes armes......... Les têtes de la partie du SUD paroiffent montées à l'uniffon de celles de l'OUEST.

POINT de bâtimens depuis DEUX MOIS ; jugez de notre impatience. Nous efpérons que les premiers nous apprendront que M. du Chilleau AURA ÉTÉ VENGÉ.

____

[1] VOILA à quoi aboutit *l'abus* du pouvoir ! Un Miniftre ne devroit-il pas *rougir* de voir que l'Adminiftrateur qu'il rappelle *emporte* avec lui *tous les cœurs,* & que celui qui le remplace eft *repouffé* par tous les vœux. Quels argumens abfurdes pourront juftifier de ce reproche : *Vous avez déplu à tout un peuple?*

PIECES JUSTIFICATIVES DU XIVe. CHEF.

LETTRE D'APPROBATION DICTÉE AU ROI EN FAVEUR DE L'INTENDANT COUPABLE.

Lettre du Comité du Nord aux Députés à l'Affemblée nationale, 15 feptembre 1789.

M. de Marbois a PUBLIÉ l'approbation qu'il a reçue du Roi fur TOUS LES POINTS de fon adminiftration. Nous vous en faifons paffer copie.

Copie certifiée de l'apoftille de la main du Roi, au pied de la lettre du Miniftre à l'Intendant, Favori du Comte de la Luzerne.

AU pied de la lettre du Miniftre à M. de Marbois, le Roi a écrit, le premier juillet, de fa main ce qui fuit :

C'EST par mon ordre EXPRÈS que M. de la Luzerne vous écrit. CONTINUEZ à remplir vos fonctions, & à m'être AUSSI UTILE que vous l'avez été jufqu'ici ; vous pouvez être fûr de mon APPROBATION, de mon ESTIME, & compter fur MES BONTÉS. *Signé Louis.*

COMME Adminiftrateur des maifons de Providence de la ville du Cap, je certifie la vérité de ce qui eft tranfcrit ci-deffus ; en foi de quoi nous avons figné le préfent, pour fervir ce qu'il appartiendra. Au Cap, ce 28 août 1789.

Signé, Arnaud de Marfilly, Cornuaux de la Chapelle.

PIECES JUSTIFICATIVES DU XVe. CHEF.

DISETTE DE FARINES; INSOUCIANCE CRIMINELLE DU MINISTRE.

Extrait d'une lettre de M. du Chilleau à M. de la Luzerne.
28 mars 1789.

MONSEIGNEUR, les nouvelles affligeantes que nous avons reçues, celles qui nous arrivent journellement sur la RI-GUEUR de l'hiver qui a régné en France, sur la PERTE totale des récoltes, sur les BESOINS de la Métropole, sur ceux que nous ferions dans le cas d'éprouver dans cette Colonie, m'ont fait chercher les moyens de LES PRÉVE-NIR, & d'assurer ici la SUBSISTANCE jusqu'à la récolte prochaine.

JE fis connoître à M. de Marbois que mon intention étoit de permettre POUR UN TEMPS l'introduction dans la Colonie de la farine étrangere, ainsi que du biscuit, tant par les Nationaux que par les Américains.

IL vouloit d'abord expédier TROIS FRÉGATES pour l'Amé-rique du Nord, à l'effet d'y aller faire un chargement de farine & de biscuit, pour, à leur retour, les verser dans les magasins de la Colonie, & ÊTRE VENDUS aux parti-culiers.

IL ne m'a pas paru convenable que l'ADMINISTRATION en fît la vente.

M. de Marbois m'a proposé de donner des permissions à DIVERS NÉGOCIANS, pour remplir cet objet; mais, ennemi de tout PRIVILÉGE qui tend à l'EXCLUSION, je n'ai pu en-core me décider à prendre ce parti.

LA farine fe vendoit le premier de ce mois 70 LIVRES,
& on la vendoit aujourd'hui 140 LIVRES. Le bifcuit fe
vendoit auffi le premier mars 60 LIVRES, & aujourd'hui
80 LIVRES.

CETTE introduction, cette abondance NE POURRONT point
NUIRE au commerce national, ni à la confervation des productions de cette nature de la Métropole, puifqu'ELLE EN
MANQUE ELLE-MÊME, & que, pour s'en procurer, elle ac-
corde UNE PRIME, afin d'encourager les Négocians à l'ali-
menter. Le commerce ne peut donc point PRÉTENDRE de
fournir à la Colonie.

Autre lettre de M. du Chilleau au Miniftre. 2 avril 1789.

CETTE permiffion GÉNÉRALE eft une des grandes follicitudes de M. de Marbois. Il auroit voulu lui donner MOINS
D'EXTENSION; envoyer des FRÉGATES à la nouvelle Angleterre, pour y chercher des farines, & les verfer dans les
magafins, où elles auroient été VENDUES. Ce moyen n'étant
pas admiffible, M. de Marbois a propofé de RENFERMER dans
les mains de quelques Négocians la SUBSISTANCE néceffaire à
cette Colonie.

Il auroit auffi défiré ouvrir les trois feuls ports d'entrepôt;
mais c'étoit encore jetter l'abondance dans ces lieux principaux
où elle regne plus qu'ailleurs, & laiffer dans LA MISERE & l'a-
bandon le refte des habitans de la Colonie.

POURQUOI ne pas traiter les Sujets de Sa Majefté TOUS
ÉGALEMENT ? pourquoi ne pas procurer aux habitans d'un
quartier LA MÊME FACILITÉ de fubfifter qu'à ceux d'un
autre......

A défaut de Chambre de Commerce, j'ai affemblé chez moi
tous les NÉGOCIANS; j'ai confulté LE CONSEIL, les Officiers
de L'ETAT-MAJOR. La farine a monté, en quinze jours, à

150 livres le baril ; le bruit général l'annonçoit à 200 livres (1). Le public se PLAIGNOIT ; j'ai voulu calmer ses alarmes ; je lui avois annoncé des farines étrangeres, j'ai cru devoir lui tenir parole.

P. S. Je dois avoir l'honneur de vous observer, Monseigneur, que l'ordonnance rendue par MM. Dargout & de Vaivres en Juillet 1788, permettoit l'exportation des DENRÉES COLONIALES, pour payer celles étrangeres à importer. J'avois le plus grand désir de suivre leur exemple. M. de Marbois s'EST ÉLEVÉ contre mon opinion au point que, quoique né peu craintif, je n'ai pas osé le faire.

Extrait d'une lettre de M. de Marbois à M. du Chilleau.
29 Mars 1789.

(2) JE suis fermement PERSUADÉ que si l'exportation des farines du Royaume pour nos Colonies ÉTOIT DÉFENDUE, nous en serions instruits par le MINISTRE, & que nos Commerçans eux-mêmes iroient des ports du Royaume en chercher aux Etats-Unis pour nous les apporter. Je suis ASSURÉ que le département n'aura pas ABANDONNÉ L'EXISTENCE des Colonies, SANS NOUS AVERTIR d'une mesure AUSSI IMPORTANTE.

Extrait d'une lettre de M. du Chilleau à M. de la Luzerne,
29 Mai 1789.

MONSEIGNEUR, tant que M. de Marbois s'est borné à CONTRARIER mes vues d'utilité, je ne vous ai point porté contre lui de plaintes graves ; mais je vous le DÉNONCE aujourd'hui, comme paroissant avoir formé le projet le plus formel d'une

---

[1] Le baril peze net environ 160 livres ; ainsi la livre de pain coûtoit alors 19 sous, & alloit en coucer 24. Et les Ministres n'appellent pas cela *la disette*, & quelques commerçans trouvent cette position heureuse !... Oh ! très-heureuse POUR EUX sans doute.

(2) Ce passage est l'*arrêt de condamnation* de M. de la Luzerne, prononcé par M. *de Marbois.*

INSUBORDINATION PUBLIQUE. J'ai eu l'honneur de vous rendre compte, par ma dépêche, n°. 36 , des motifs qui m'avoient déterminé à promulguer une ordonnance pour l'introduction des farines étrangeres; L'EXPÉRIENCE en a démontré L'UTILITÉ. Sans cette mefure , la Colonie eût MANQUÉ totalement de farine pendant DIX OU DOUZE jours , & il eft notoire que la petite quantité qui en a été importée jufqu'à préfent par les étrangers, le peu qu'on en doit efpérer de France avant le mois de Décembre , NÉCESSITE la prorogation de cette même ordonnance du 3 1 Mars. Il n'eft pas moins certain qu'il y a TRÈS-PEU de numéraire à Saint-Domingue , & que fi on continuoit à payer en argent la farine néceffaire que l'on reçoit des étrangers, ce peu de numéraire exiftant feroit enlevé. Cette alternative de manquer de VIVRES OU D'ARGENT m'a paru trop fâcheufe pour ne pas employer LE SEUL moyen d'y remédier : en conféquence , j'ai permis le paiement de la farine étrangere en DENRÉES COLONIALES , avec les précautions convenables , pour qu'il ne puiffe pas en être exporté par les étrangers au delà de la valeur de leur farine importée. M. de Marbois , conformément à fon ufage , a été D'UN AVIS CONTRAIRE au mien ; & fans égard à ce que les ordonnances & nos inftructions communes lui prefcrivent de déférer à mon opinion , lorfque nous penfons différemment, il s'eft abfolument REFUSÉ A SIGNER l'ordonnance.

Extrait des procès verbaux des magafins de la Colonie , fignés & certifiés. Port-au-Prince , 8 Juillet 1789.

IL a été importé , dans les fix premiers mois 1788 , à Saint-Domingue. . . . . 36,770 barils de farines françoifes. Il a été importé dans les fix premiers mois 1789 , mêmes farines . . . . , 9,126. Je certifie le préfent état véritable. SIGNÉ *la Biche de Gipoulou ,* Receveur de l'octroi (1).

———————————————————————————

(1) AINSI , fans l'ouverture des ports aux étrangers, il *manquoit* à la Colonie 27,544 barils , c'eft-à dire, fa fubfiftance totale pendant *quatre*

Extrait d'une lettre du Comité du Nord au Comité Colonial de France , 25 Juin 1789.

IL a été importé , du 7 Avril au 22 Mai , 7371 barils de farines de France.

Du 22 Mai au 15 Juin , ... POINT DU TOUT.

A cette époque , le Cap n'avoit que 638 barils de farines françoiſes , & la conſommation eſt de 125 par jour.

Extrait d'une lettre du Comité de l'Oueſt au Comité Colonial de France. Juin 1789.

QUANT à M. de Marbois , Intendant , ſes principes ſont toujours LES MÊMES. Il ſe montre conſtamment L'ENNEMI de la Colonie ; MALHEUREUSEMENT il reſte maître du champ de bataille , par le départ de M. du Chilleau. Nous vous dirons auſſi un mot du Miniſtre de la Marine. . . . . LA Colonie manque des choſes les plus néceſſaires ; elle eſt ſur-tout PRIVÉE DE FA-RINES. La France en MANQUE également , & elle paroît avoir fait des diſpoſitions pour qu'il n'en ſoit pas EXPÉDIÉ aux Colonies. On avoit lieu de s'attendre que le Miniſtre prendroit les meſures que comportoient les circonſtances ; que d'un côté , il adreſſeroit des ordres dans les Colonies pour Y RECEVOIR les farines ÉTRANGERES qui y ſeront importées ; que d'un autre côté , il s'adreſſeroit AUX ETATS-UNIS , pour pourvoir à nos beſoins. Cependant , à notre grand étonnement , nous ſommes expoſés à toutes les HORREURS DU BESOIN ; & ſans une or-

---

mois & demi ; & cependant l'Intendant prétendra prouver qu'il a *eu raiſon* de s'oppoſer à l'Ordonnance qui ouvroit les ports , & le Miniſtre tâchera de nous perſuader qu'il a *bien fait* de rappeller l'homme bienfaiſant & courageux , qui , au riſque de tout ce qui pouvoit en arriver , a *ſauvé* la Colonie *toute entiere :*

(1) C'EST ainſi que pour nous tenir ſous *ſa férule* , le deſpotiſme nous *comptoit* nos morceaux :

donnance que M. du Chilleau a rendue pour permettre l'introduction des farines ÉTRANGERES, & dans laquelle il a éprouvé TOUS LES OPSTACLES possibles de la part de L'INTENDANT, nous ne pourrions calculer à quel dégré le malheur eût été.

Extrait d'une lettre du Comité du Sud au Comité Colonial de France. 3 Août 1789.

MESSIEURS & chers Compatriotes, nous avons l'honneur de vous adresser la copie d'une lettre que vous a écrite le Comité de L'OUEST ; nous l'avons lue avec la plus grande attention, & l'avons trouvée remplie de réflexions SAGES & JUDICIEUSES. Nous sentons, comme ces Messieurs, qu'il est très-important que vous environniez M. le Marquis du Chilleau pendant son séjour à Paris. . . . . .

TOUT sentiment particulier doit se taire devant de si hautes considérations, & tout effort doit être hâté, pour DÉLIVRER la Colonie de L'ARBITRAIRE sous lequel elle a toujours GÉMI, depuis qu'elle existe. Nous NOUS JOIGNONS donc, Messieurs & chers Compatriotes, à nos FRERES DE L'OUEST, pour vous engager à envelopper M. du Chilleau de vos lumieres & de votre énergie, & à obtenir ainsi que le bonheur des Colons dépende moins de la sagesse de leurs Gouverneurs, que de la forme de leur gouvernement.

Extrait d'une lettre écrite à M. le Comte de Villeblanche, Député de la Colonie à l'Assemblée Nationale. De l'Artibonite, ce 5 Septembre 1789.

M. de Peynier a déclaré ne vouloir se conduire que par les ERREMENS de M. l'Intendant ; aussi A-T-IL APPORTÉ un arrêt du Conseil qui CASSE & annulle tout ce qu'a fait M. du Chilleau, & qui ne permet l'entrée des farines que pour trois mois. Ces gens-là ont envie de nous faire MOURIR DE FAIM. La farine vaut de 160 à 170 liv. le baril, encore FORT MAUVAISE ; bien plus, c'est que cette importation de farine n'est permise que dans TROIS PORTS ; les habitans des autres quartiers sont obligés de passer par les mains des MONOPOLEURS (1). Travaillez donc, Monsieur, efficacement auprès des Etats Généraux, pour NOUS TIRER DE LA GÊNE où nous sommes, & nous procurer un régime analogue au pays que nous habitons. Qui mieux que vous connoît nos besoins, & qui peut mieux y apporter remede, puisque vous êtes LE DÉPUTÉ DU PLUS BEAU PAYS DU MONDE. Il faut nous tirer de L'ARBITRAIRE, nous donner des loix sages, actives, & invariables ; que chacun sache ce qu'il doit faire, & la peine qu'il encourt dans le cas de prévarication ; que les Administrateurs n'aient aucun droit D'INNOVATION, qu'ils soient EUX-MÊMES obligés de se conformer aux loix établies ; c'est le seul moyen de faire de bonne besogne.

Pour copie, SIGNÉ de *Villeblanche.*

PIECES JUSTIFICATIVES DU XVIe CHEF.

TRAIT D'INHUMANITÉ ENVERS DES CITOYENS NATURALISÉS ET LABORIEUX.

Lettre du Comité du Nord aux Députés à l'Assemblée Nationale. Cap, 5 Septembre 1789.

CE n'est pas la seule chose sur laquelle M. du Chilleau ait eu le désagrément d'être improuvé par le Ministre. . . . .

---

(1) VOILA où vouloit en venir l'Intendant. *Appuyé* de l'autorité du *Ministre*, fier d'avoir *renvoyé* un Gouverneur qui le contenoit, & d'en avoir obtenu un autre qui ne le gênoit pas, il a fermé les ports d'Amirauté, & a livré la Colonie *au fléau du monopole.* Le pain a bientôt été à *vingt sous* la livre dans les villes, & à *vingt-cinq sous* dans les campagnes. Ce désastre a duré jusqu'au moment où le désespoir a fait éclater la révolution, & où les tardifs remords des lâches oppresseurs les ont déterminés à se dérober par *la fuite* au juste *châtiment* dont la fureur du peuple les menaçoit.

Il avoit RESTITUÉ aux malheureux Allemands & Acadiens introduits, il y a vingt-cinq ans, dans la Colonie, un terrein qui leur avoit été diftribué à cette époque au môle Saint-Nico-las, & dont ceux-ci avoient été DÉPOUILLÉS par L'INTEN-DANT, qui tiroit de ce terrein 2000 liv. de ferme. Ce terrein vient de leur être retiré pour LA SECONDE FOIS.

PIECES JUSTIFICATIVES DU XVIIe CHEF.

RÉUNIONS TYRANNIQUES AU DOMAINE DU ROI, ET CONCESSIONS FRAUDULEUSES.

Dépêche de M. de la Luzerne à la Chambre d'Agriculture. Verfailles, 12 Février 1789.

J'AI rapporté, Meffieurs, au Confeil du Roi la demande que vous m'avez fait préfenter. . . . . . Sa Majefté m'a chargé de vous annoncer fes décifions.

Vos repréfentations lui ont paru FONDÉES fur l'arrêt de ré-glement que le Confeil Supérieur de Saint-Domingue a rendu le 9 Novembre 1787. . . . . (1).

LE Roi a penfé qu'il étoit tombé dans une erreur INVOLON-TAIRE, & s'étoit écarté du véritable efprit de la loi. Sa MA-jefté a confidéré combien il importe de ne point décourager les Cultivateurs, & d'affurer aux SECONDS conceffionnaires les fruits de leurs travaux & de leurs avances, lorfque les concef-fionnaires ANTÉRIEURS ne fe font point mis en regle, lorfqu'ils ont négligé de faire borner & arpenter leurs terreins, ainfi qu'il leur eft prefcrit par le titre même qu'ils invoquent tardive-ment. Tels font les motifs qui ont déterminé le Roi ; & après

---

(1) C'EST celui que le procureur général *la Mardelle* avoit provo-qué pour fa plus grande commodité, & dont le prononcé avoit pré-tendu confacrer cette affreufe maxime, *Conceffion fur conceffion ne vaut.*

avoir CASSÉ , comme INCOMPÉTEMMENT rendu , l'arrêt du Conseil Supérieur de Saint-Domingue , du 9 Novembre 1787 , Sa Majesté a fixé la Jurisprudence d'une manière CONFORME A VOTRE VŒU , dans un arrêt de son Conseil d'Etat , que j'envoie au Conseil Supérieur de Saint-Domingue , pour y être enregistré.

Lettre des Administrateurs à la Chambre d'Agriculture. Port-au-Prince , 12 Avril 1789.

SA Majesté a rétabli , à l'égard des concessions , les principes dont le Conseil s'ÉTOIT ÉCARTÉ , & vos représentations ont été pleinement accueillies. Nous n'avons pas encore reçu le nouvel arrêt du Conseil d'Etat.

Délibération du Comité du Nord , du 11 Mars 1789.

POURVU que le COMMERCE DES RÉUNIONS au domaine du Roi ne languisse point , l'Intendant trouve tout pour le mieux. Avant lui , cette branche n'étoit pas connue ; il l'a fait FRUC-TIFIER au delà peut-être de ses espérances. Un sieur WANTE , son faiseur , a obtenu & possédé SEIZE CONCESSIONS faites sur réunions. Les Gazettes contiennent toutes les semaines 15 à 20 demandes en réunions. Jamais Administrateur n'eut plus D'A-MOUR DU BIEN public.

Lettre du Comité du Cap , 2 Août 1789.

CES gens-là sont possédés du démon des RÉUNIONS. Réunion des CONSEILS dans la main des Administrateurs , réunion des CAISSES , réunion des TERRES. Le moyen de n'être pas les maîtres absolus , quand on RÉUNIT TOUT dans ses mains !

Lettre du Comité du Nord , 24 Août 1789.

DEPUIS le départ de M. du Chilleau , ce MALHEUREUX

MARBOIS vient de recommencer fur les réunions fon COM-
MERCE DE BRIGAND, contre lequel vous ne fauriez affez VOUS
ÉLEVER ; il y a de quoi nous RÉDUIRE AU DÉSESPOIR.

Lettre du Comité de l'Ouest, 9 Septembre 1789.

UN des ABUS dont les habitans défirent le plus la RÉFORMA-
TION, ce font les pourfuites EN RÉUNION. M. du Chilleau les
avoit fufpendues, en refufant fa fignature; DEPUIS SON DÉ-
PART, elles fe renouvellent, & nous pouvons même vous
ASSURER que c'eft en conféquence d'une DÉCISION DU MI-
NISTRE. Nous ne pouvons trop VOUS RECOMMANDER d'avifer
aux moyens les plus prompts pour faire ceffer cette efpece de
BRIGANDAGE.. ... Il eft reconnu & AVOUÉ par tout le
monde que toutes les terres de la Colonie manquent DE BRAS.
Dans cet état, ce n'eft donc pas travailler aux progrès de la
culture, que d'enlever les terres aux anciens conceffionnaires,
pour les donner à des nouveaux qui n'ont pas plus de moyens
de les mettre en valeur : auffi voyons-nous que le feul objet de
cette RIGUEUR, & de toutes les injuftices ATROCES qui en ont
été la fuite, a été de favorifer UN TRAFIC de nouvelles réunions. Vous fentirez, comme nous, la néceffité D'ARRÊTER
CE DÉSORDRE.

Lettre du Comité du Nord, 15 Septembre 1789.

M. du Chilleau avoit SUPPRIMÉ les demandes en réunion de
terrein, qui ne tendoient qu'à dépouiller le légitime propriétaire, pour enrichir des CRÉATURES de l'Intendant, peut-être
l'Intendant LUI-MÊME, fous des noms fuppofés ..... Cette
fuppreffion vient d'être RÉVOQUÉE, & les demandes fe renouvellent.

Affiches américaines, feuille du Port-au-Prince, n°. 37.

M. Jean-François GÉRARD pourfuit en réunion un terrein de
1500 pas carrés, fitué au quartier de Plymouth.......

M. WANTE, Avocat en Parlement, demeurant en cette ville, poursuit en réunion un terrein de 1200 pas carrés, situé au lieu nommé le Boucan-à-la-Pointe, QUARTIER DE NIPES, dépendance de la paroisse de l'Anse-à-Veau, concédé ci-devant au sieur PENIER FILS. . . . . (1).

M. MORGAND, habitant au quartier de l'Asile, poursuit en réunion un terrein de 1000 pas carrés, situé au lieu nommé le Boucan-à-la-Pointe, QUARTIER DE NIPES, dépendance de la Paroisse de l'Anse-à-Veau, concédé ci-devant à la demoiselle ANNE PENIER. . . . .

M. ALOTE, demeurant en cette ville, poursuit en réunion TROIS TERREINS situés à la montagne de la Selle. . . . .

Le sieur BERARD, demeurant en cette ville, poursuit en réunion un terrein pour culture, de 1000 pas en carré, situé à la montagne de la Selle. . . . .

Affiches américaines, n°. 48.

CONFORMÉMENT à l'ordonnance de MM. les ADMINISTRA-TEURS, du 25 Octobre 1786, le sieur HUBERT, demeurant en cette ville, poursuit en réunion un terrein situé dans le quartier de la nouvelle Touraine. . . . .

LA nommée Adelaïde-Louise LERAUX, demeurant à Jacmel, poursuit en réunion un terrein pour culture, de 1000 pas carrés, ou la valeur, situé dans les hauteurs de la grande riviere de Fel. . . . .

Le sieur YTAS, demeurant au quartier & paroisse des Gonaïves, poursuit en réunion un terrein de cent carreaux. . . . . .

---

(1) NOS Commettans nous ont observé que les sieurs *Wante* & *Morgand* étoient les courtiers *favoris* de M. de Marbois dans son commerce des *réunions*. On voit ici que ces deux amis avoient sans doute imaginé une spéculation commune; car ils demandent à *dépouiller* une famille *entiere*, pour avoir le plaisir d'être voisins.

M^c.

M^e. Pierre-Martin LEBRUN, Procureur au Siége royal de Jérémie, pourfuit en réunion un terrein pour culture, de la contenance de mille pas carrés......

Le fieur SEGUIN pourfuit en réunion un terrein de mille pas carrés, fitué à la montagne de la Crique......

EN vertu de l'ordonnance de MM. les ADMINISTRATEURS, en date du 4 de ce mois, le nommé Etienne LEBRUN, & habitant aux Baradaires, pourfuit en réunion un terrein de mille pas carrés.

EN vertu de l'ordonnance de MM. les ADMINISTRATEURS, en date du 2 de ce mois, M. VIAU DE COLLINE, demeurant en cette ville, pourfuit en réunion trois emplacemens, fitués en la nouvelle ville du Port-au-Prince......

LES nommés Guillaume & Jean-Baptifte CARRIÉ pourfuivent en réunion un terrein de la contenance de cinq cents pas de large fur fix cents de long......

EN vertu de l'ordonnance de MM. les ADMINISTRATEURS, du 20 Juillet dernier, au pied de la requête à eux préfentée le 16 dudit, le fieur MOREL, demeurant aux Gonaïves, pourfuit en réunion un terrein de cent pas carrés ou environ......

LE fieur SOLLIER, Huiffier en cette ville, pourfuit en réunion un terrein de mille pas carrés......

CONFORMÉMENT à l'ordonnance de MM. les ADMINISTRATEURS, du 11 Octobre 1786, au pied de requête, le fieur Pierre DARODES pourfuit en réunion un terrein pour culture, de mille pas carrés......

M. VILLARS pourfuit en réunion un terrein fitué dans les hauteurs de la colline des Vérettes, contenant environ quarante-cinq carreaux......

EN vertu d'ordonnance de MM. les GÉNÉRAL & INTENDANT, le fieur PELLASSI, Charpentier, réfidant aux Gonaïves, pour-

fuit en réunion un terrein de mille pas carrés, ou la valeur.......

LE fieur BALLAIN réfidant aux Gonaïves, pourfuit en réunion un terrein pour hatte, de la contenance de cinquante carreaux ou environ......

EN vertu d'ordonnance de MM. les ADMINISTRATEURS, le
fieur Robert - Augufte BENARD, Négociant en cette ville,
pourfuit en réunion un terrein de 1500 pas en carré.....

EN vertu d'ordonnance de MM. les ADMINISTRATEURS,
le fieur MORGAND (1), habitant à l'Afile, pourfuit en réunion
un terrein de 800 pas en carré, pour culture.......

LE fieur MONLEUIL, demeurant au quartier & paroiffe des
Gonaïves, pourfuit en réunion un terrein de cent carreaux......

LE fieur BLIN pourfuit en réunion un emplacement fitué en
cette ville, contenant 120 pieds carrés......

LE nommé THIERY pourfuit en réunion un terrein pour hatte
& corail, de 1500 pas carrés......

Extrait d'une requête de M. Rouffeau de la Gautraye, proprié-
taire-planteur de la province du fud, aux Repréfentans de la
Colonie aux Etats Généraux du Royaume. A Cavaillon,
10 Mars 1789.

LE fouffigné Rouffeau DE LA GAUTRAYE, Capitaine de Milices, habitant de la paroiffe de Cavaillon, & L'UN DE SES
ELECTEURS, y a pourfuivi en réunion un terrein de 1500 pas
carrés fur la dame NOGUEZ. Le terrein a été réuni au Domaine
du Roi..... Il eft de la justice de croire que le POURSUI-

____

(1) L'ASSOCIÉ du fieur Wante, l'un de fes prête-noms.

VANT a dû obtenir cette nouvelle conceffion : eh bien , c'eft une erreur, elle a été accordée plus d'un mois après , & fous fes yeux, AU SIEUR WANTE, maintenant Chef du Bureau des fonds , & pour lors SECRÉTAIRE particulier de M. l'intendant. Le fieur Rouffeau s'eft cru autorifé à lui en faire les plus fanglans reproches , en lui repréfentant que le public ne pourroit à l'avenir regarder le réglement auquel il avoit coopéré , pour ne pas dire DONT IL ÉTOIT L'AUTEUR , que comme une amorce trompeufe pour DÉPOUILLER un honnête habitant, pere d'une nombreufe famille , & GRATIFIER de fes dépouilles un homme qui, quelques années auparavant, pour fe fouftraire au paiement de fes dettes , avoit FURTIVEMENT quitté la mere-patrie. Ce digne PROTÉGÉ & un fien affocié , nommé MORGAND , ont pourfuivi en réunion & obtenu les conceffions de divers terreins qu'ils ont VENDUS à très-haut prix. . . . .

LE fieur Rouffeau , obligé de plier fous les coups de L'ARBITRAIRE , s'étoit réfigné au plus profond filence ; mais au bruit de l'Affemblée des ETATS-GÉNÉRAUX , il fe réveille , & prie fes dignes compatriotes LES DÉPUTÉS de Saint-Domingue , de vouloir bien fe charger de faire part du motif de fa doléance , & d'en dépofer les pieces au foutien (1). . . . .

---

(1) AU nombre des pieces dépofées au Comité des rapports , fe trouvent ,

1. La requête du fieur de la Gautraye à MM. de la Luzerne & de Marbois, du 5 juillet 1786.

2. L'enquête faite par le Sénéchal de Saint-Louis du Sud , du 2 octobre 1786.

3. Les conclufions du Procureur du Roi, du 5 du même mois.

4. L'avis du Commiffaire du Tribunal-terrier, du 6 *idem*.

5. Enfin l'Ordonnance du 27 décembre 1786 , fignée la *Luzerne* & *Marbois* , qui prononce la réunion du terrein pourfuivi , lequel fut concedé par ces Adminiftrateurs en janvier 1787, au fieur *Wante* , Secrétaire intime de M. l'Intendant.

*Lettre du sieur Robert à M. de la Gautraye. Port-au-Prince,
20 Mai 1787.*

MONSIEUR, M. Wante, décidé à vendre sa terre, & vous
ayant donné sa parole d'honneur de vous en donner la préférence, m'engage en conséquence à vous en prévenir, & vous
L'OFFRIR pour prix de QUARANTE MILLE LIVRES, qu'il dit
être celui que vous en avez offert à M. Nogués. Je l'ai fort
assuré du contraire; mais il insiste A LE CROIRE. Veuillez me
faire part de vos résolutions à ce sujet.

*Extrait de la lettre du sieur Labiche de Gipoulou à M. de la
Gautraye. 17 Avril 1788.*

M. WANTE m'a fait demander, & m'a proposé de me vendre
cette terre, payable A RENTE, sans me dire le prix. Ce moyen
est le seul qui puisse me convenir, n'ayant pas CINQ CENTS
PORTUGAISES à lui compter, prix qu'il vouloit LA VENDRE à
M. Massé.

*Extrait d'une lettre du sieur Torris, Secrétaire de l'Inten-
dance, au sieur du Lion, habitant au Port-au-Prince.
27 Janvier 1788.*

MA position n'est pas beaucoup plus avantageuse que celle des
CAYES. Il n'y a que l'espoir de mon avancement qui m'engage
à rester près de M. l'Intendant. Les appointemens que j'y ai
sont trop modiques, & les dépenses trop grandes, pour que
la place que j'ai maintenant puisse me fixer.

UN de mes amis, qui est PRÈS des Administrateurs, s'est fait,
PAR LES RÉUNIONS qu'il a obtenues dans le courant de l'année
derniere, plus de TROIS CENT MILLE liv., en les REVENDANT
après qu'elles lui ont été ACCORDÉES. Je serois bien aise de suivre
SON EXEMPLE. Si vous aviez, par hasard, ou par quelqu'un

de vos amis, CONNOISSANCE de terreins SUSCEPTIBLES de réunion, j'en ferois les pourſuites de COMPTE à DEMI avec le plus grand plaiſir. Je me perſuade d'avance que la réuſſite m'en feroit FAVORABLE ; il ne s'agiroit que de m'envoyer LES NOMS du premier Conceſſionnaire, L'ENDROIT où eſt ſituée la terre, & le TEMPS approchant que la conceſſion peut avoir été accordée. Avec ces RENSEIGNEMENS, je pourrois prendre au Greffe de l'Intendance les connoiſſances qui me mettroient à-même de donner à la REQUÊTE de demande en réunion la forme qu'elle exigeroit. SIGNÉ *Torris*, Secrétaire à l'Intendance (1).

---

(1) VOILA pourtant les horreurs dont la députation de Saint-Domingue a reçu la miſſion *expreſſe* d'être la dénonciatrice. Voila le ver *rongeur* qui minoit ſourdement la conſtitution coloniale...... *ſourdement*, j'ai tort ; ouvertement, ſans pudeur. Les Bureaux de l'Adminiſtration étoient, comme l'on voit, le magaſin public des dépouilles des malheureux colons. Le greffe de l'Intendance étoit devenu l'arſenal de la cupidité.

QUELLE idée peut-on ſe former d'Adminiſtrateurs qui *autoriſent* par leur ſilence, ou *encouragent* par l'impunité le trafic honteux des propriétés les plus ſacrées, qui déshonorent une *loi ſage*, en la faiſant ſervir à la deſtruction d'une *loi naturelle*...... Et diront-ils qu'ils ignoroient ces abus *cachés*, ces délits *ſubalternes*? Je leur répondrai, pourquoi ne ſaviez-vous pas, en 1786 & 1787, ce que M. du Chilleau a découvert en débarquant en 1788 ?

ET le Miniſtre me dira-t-il que ces excès ne ſont pas venus *juſqu'à lui*? Je lui répliquerai que M. du Chilleau lui en a *rendu compte*, que nous les lui avons *dénoncés*, & que les excès ont reparu, & que la barriere inſuffiſante que la vertu leur avoit oppoſée quelques momens, a été *renverſée* depuis le départ de l'homme vertueux. Je rougirois d'avoir ſouillé ma plume des détails de ce brigandage, ſi le motif qui m'anime, l'eſpoir d'en arrêter le cours, & les ordres *unanimes* & mille fois *répétés* de nos Commettans, n'anobliſſoient juſqu'aux expreſſions viles, qui ſeules pouvoient rendre de ſemblables délits.

Pieces Juſtificatives

I

PIECES JUSTIFICATIVES DU XVIIIᵉ. CHEF.

DIVISION ENTRETENUE PAR LE MINISTRE ENTRE LES DÉPUTÉS DE LA COLONIE ET LES COLONS, ET FALSIFICATION MATÉRIELLE D'UN ACTE D'OU DÉPENDOIT LE SORT DE SAINT-DOMINGUE.

Extrait d'une lettre de M. de la Luzerne aux Députés de Saint-Domingue. Versailles, 19 septembre 1789.

J'AI reçu, MESSIEURS, le projet de réglement provifoire pour la convocation d'une Affemblée coloniale à Saint-Domingue. LORSQUE MM. LES COLONS RÉUNIS A PARIS M'AURONT ADRESSÉ LES PROPOSITIONS QU'ILS PEUVENT AVOIR A FAIRE A CET ÉGARD, je m'emprefferai de mettre le tout fous les yeux du Roi & de fon Confeil (1).

Extrait d'une lettre de M. de la Luzerne à la Société des Colons françois. Versailles, 19 feptembre 1789.

JE reçois, MESSIEURS, la lettre que vous m'avez fait l'honneur de m'écrire en date du 16 de ce mois, & le projet de réglement provifoire qui y eft joint. JE ME HATERAI, COMME VOUS LE DÉSIREZ, de le mettre fous les yeux du Roi & de fon Confeil (2).

---

(1) PAR cette lettre, M. de la Luzerne fufpendoit fa décifion jufqu'à ce qu'il eût *confulté* le vœu des *Colons réunis* à Paris, & cependant ce vœu lui étoit déjà connu, puifque ce même jour 19 feptembre il leur écrivoit la lettre dont extrait ci-deffus.

(2) AINSI, fans le vœu *des Colons* françois réunis à Paris, fans miffion, le vœu des Repréfentans *avoués* de Saint-Domingue eût été radicalement *nul* aux yeux du Miniftre des Colonies! Au furplus, toute fa correfpondance avec la Société des colons porte le cachet d'un em-

Extrait d'une feconde lettre de M. de la Luzerne à la Société des Colons françois. Verfailles , 26 feptembre 1789.

J'ÉTOIS PRÊT , MESSIEURS, depuis deux ou trois jours , comme je VOUS L'AVOIS PROMIS , à rapporter votre demande au Confeil d'Etat. . . . . . Je vous annonce avec plaifir qu'un mode de convocation ABSOLUMENT TEL QUE VOUS LE DÉSIRIEZ , a été agréé par le Roi. Il m'a chargé de porter demain au Confeil un projet de réglement entierement ré-digé ; . . . . . fi quelques - uns de vous pouvoient paffer à Verfailles , je leur en ferois part AVEC LE PLUS GRAND PLAISIR 1).

Extrait d'une troifieme lettre de M. de la Luzerne à la So-ciété des Colons françois. Verfailles , 27 feptembre 1789.

JE vous annonce AVEC PLAISIR , MESSIEURS , que fur les rapports que j'ai faits de votre demande aux Confeils d'Etat , du 25 & du 27 de ce mois , le Roi a bien voulu autorifer à Saint-Domingue la convocation d'une Affemblée générale , COMME VOUS LE DÉSIRIEZ. Je vais faire expédier SUR LE CHAMP aux Adminiftrateurs les ordres néceffaires , & j'aurai foin qu'ils partent INCESSAMMENT (2).

------

preffement qui auroit dü leur infpirer à eux-mêmes une falutaire dé-fiance , fi des hommes loyaux & honnêtes comme nos compatriotes , avoient eu fans ceffe fous les yeux ce mot célébre & trop vrai ! *Timeo Danaos & dona ferentes.*

(1) IL n'eft queftion , comme l'on voit , que de la demande *des Co-lons* françois. M. de la Luzerne ne fonge pas plus aux *Députés* de la Colonie , que s'ils n'exiftoient pas.

(2) QUELLES recherches ! Et les Députés n'étoient pour rien dans toutes ces prévenances. L'on convoquoit une Colonie puiffante , on imaginoit un mode d'Affemblée générale , on l'*ordonnoit* , on fe *hâtoit* d'en expédier l'ordre , & l'Affemblée Nationale préfente & féante *ne favoit rien* de tout cela.

Extrait d'une lettre de la Société des Colons françois à M. le Comte de la Luzerne. Paris, 3 octobre 1789.

NOUS avons reconnu, Monseigneur, une nouvelle preuve de VOS DISPOSITIONS FAVORABLES dans la PROMPTE expédition des lettres de convocation. Le duplicata contresigné par vous, scellé du sceau du département de la Marine, a été, suivant votre intention, remis à M. de Saint-Germain, au zele duquel notre Assemblée S'EN RAPPORTE avec confiance (1).

Extrait d'une très-longue lettre de l'Assemblée provinciale du Nord aux Assemblées provinciales de l'Ouest & du Sud. Au Cap, ce 24 décembre 1789.

MESSIEURS, les dépêches de M. le Comte de la Luzerne,

---

[1] AINSI, le Ministre s'étoit chargé de faire passer directement le primata de cette dépêche importante, & il remettoit le duplicata aux Colons réunis à Paris, pour charger *un de leurs membres* d'en être le porteur! Ces *pauvres Députés* à l'Assemblée Nationale étoient *les seuls* qui n'étoient *chargés* de rien vis à-vis de leurs Comettans.

IL est important d'observer que la convocation ministérielle, fabriquée le 26 septembre au Conseil d'Etat, a été expédiée le 3 octobre pour Saint-Domingue. M. de la Luzerne n'a eu que le temps juste de la communiquer aux Colons françois, telle qu'elle avoit été proposée par eux, & de la *falsifier* ensuite, en y ajoutant *quatre articles* dont ils n'eurent pas la plus legere connoissance.

EN mars 1790, l'Assemblée Nationale s'est aussi avisée de décréter un autre mode de convocation pour ses Colonies. Le dernier décret a été rendu le 28 mars..... Eh bien, le bâtiment n'est parti de Brest que le 28 avril; ce qui prouve que si l'expéditionnaire *de la Nation* étoit plus fidele, l'expéditionnaire du *Conseil* d'Etat étoit plus diligent.

ENFIN ces dépêches du 27 septembre, parties le 3 octobre, passerent les mers. La lettre de l'Assemblée provinciale du Nord prouvera comment elles furent reçues à Saint-Domingue.

qu'une JUSTE méfiance nous a fait ouvrir, & que nous nous sommes empreſſés de rendre publiques, pour faire connoître le caractere FAUX, MALVEILLANT, & DESPOTIQUE de ce Miniſtre, n'ont ſans doute beſoin de commentaire pour perſonne.

TOUT le monde y a vu des traces bien marquées de ce manège ſi familier au génie miniſtériel, de FAIRE d'une façon, & de PAROITRE FAIRE de l'autre.

TOUT le monde a remarqué la DUPLICITÉ de ces deux lettres, l'une miniſtérielle, & l'autre particuliere ; comme ſi un Miniſtre qui fait fonction de Miniſtre, pouvoit écrire autrement que comme Miniſtre ; comme ſi celui qui ſe dit l'organe des intentions du roi, leſquelles ſont UNE, pouvoit avoir DEUX LANGAGES.

TOUT le monde a obſervé comme la lettre particuliere explique & EMPOISONNE la lettre miniſtérielle ; celle-ci, priſe iſolément, reſpire les intentions les plus pures ; rapprochée de la lettre particuliere, c'eſt LE COMBLE DE LA PERFIDIE.

. . . . TOUT le monde a imaginé ſans peine ce que M. de la Luzerne entend par *innovations les plus funeſtes à la Métropole.* On n'ignore pas qu'il eſt un des plus zélés défenſeurs des *lois prohibitives.* On n'a pas oublié qu'il A FAIT CASSER les ordonnances de M. du Chilleau pour la libre importation des negres dans la partie du Sud, & des farines dans toute la Colonie. Mais ce qu'on ignore peut-être, c'eſt que la premiere de ces ordonnances a été CASSÉE dans le plus GRAND SECRET, & à L'INSÇU DES DÉPUTÉS de la Colonie, qui lui en ont fait des reproches TRÈS-AMERS.

. . . . LE projet d'ordonnance pour cette convocation n'eſt ſigné QUE DE M. DE LA LUZERNE SEUL ; aucun ordre du Roi n'eſt joint aux dépêches de ce Miniſtre.

TOUT le monde a de plus trouvé SINGULIER que M. de la Luzerne préfente le vœu des COLONS RÉSIDANS A PARIS, c'eft-à-dire, d'une TRES-PETITE PARTIE de la Colonie, comme le vœu de LA COLONIE ENTIERE, lorfqu'il dit *que ce mode eft celui que les Colons ont fouhaité eux-mêmes*. Puifqu'il vouloit accorder à la Colonie le vœu qu'elle fouhaitoit, c'étoit à Saint-Domingue, & non en France, qu'il devoit interroger fur cela la Colonie ; les Colons réfidans à Paris NE FONT PAS LA COLONIE.

M. de la Luzerne devoit donc commencer par établir des Affemblées Provinciales qui euffent convenu entre elles DU MEILLEUR mode de convocation d'une Affemblée Coloniale, & qui euffent préparé les grands changemens à faire dans l'adminiftration de la Colonie. C'eft ce que LE CORPS DE LA DÉPUTATION n'a ceffé de lui demander, & ce qu'il a conftamment REFUSÉ. Son projet de convocation d'une fimple affemblée prétendue générale, & le mode de cette convocation, n'ont été approuvés que PAR SEPT DÉPUTÉS, parmi lefquels il ne s'en eft même trouvé QU'UN SEUL ayant voix délibérative à l'Affemblée Nationale, & encore ce projet, ainfi que ce mode de convocation, font-ils uniquement l'ouvrage DES COLONS DE PARIS que le Miniftre a eu l'adreffe de SUSCITER contre les Députés de la Colonie, pour pouvoir LES OPPOSER alternativement les uns aux autres ; car M. de la Luzerne n'ignore point cette maxime de tous les tyrans qui cherchent à perpétuer leur tyrannie, *divide & impera*, divifer pour regner ; l'union eft le fléau des tyrans, & M. de la Luzerne en a un grand exemple fous fes yeux. Le mode de convocation dont il s'agit eft fi fort L'OUVRAGE des Colons de Paris, que M. de la Luzerne, après avoir d'abord ACCOLÉ LES DÉPUTÉS à ces colons dans fa lettre particuliere & dans fa lettre miniftérielle, finit par ne faire mention QUE DE CES DERNIERS dans fon projet d'ordonnance.

TOUT le monde a fur-tout reconnu la MÉCHANCETÉ de

ce Miniftre malfaifant & DANGEREUX , dans l'efpece d'alternative où il voudroit nous mettre , entre la néceffité de CON-
TINUER à endurer fon defpotifme , & la crainte de nous
voir attaquer par notre ENNEMI INTÉRIEUR. . . . .

. . . . IL lui eft échappé dans fa lettre particuliere
une expreffion qui décele le fujet de fes inquiétudes. Il ne peut
pas fe' diffimuler que les .Colons de Saint-Domingue auroient
quelque raifon d'être INDISPOSÉS contre le'gouvernement , fi
on ne fe prêtoit point à leurs défirs, en leur permettant de
s'affembler. Mais cette raifon fubfifte déjà tout entiere , puifqu'on ne leur a point envoyé de lettres de convocation ,
comme aux françois des autres provinces du royaume , pour
s'affembler à l'effet de nommer leurs Députés , & qu'ils ont
été obligés de s'affembler D'EUX - MÊMES pour cet effet ; &
à cette raifon s'en joignent une infinité d'autres , tirées des
VEXATIONS fans nombre que le Gouvernement s'eft permifes
dans tous les temps à Saint-Domingue , & dont LES PLUS
CRIANTES ont eu lieu pendant L'ADMINISTRATION & fous
le MINISTERE de M. de la Luzerne , qui n'a jamais connu
QU'UNE MANIERE de gouverner la Colonie ; favoir , de laiffer
faire en tout fon protégé , SA CRÉATURE , le fieur de Marbois ,
qui a failli auffi à éprouver LE MÊME SORT que les Foulon
& les Bertier.

VOILA , MESSIEURS, ce que le public a recueilli fans peine
des dépêches de M. de la Luzerne.

1°. UNE convocation SUSPECTE.

2°. POINT DE SANCTION de l'Affemblée Nationale.

3°. RIEN même qui manifefte le vœu DU ROI.

4°. CETTE opération eft DU MINISTRE SEUL (1). A me-

---

[1] L'ASSEMBLÉE Provinciale du Nord , en s'énonçant avec tant de
jufteffe , *devinoit* l'auteur à fon ftyle , quoiqu'elle ignorât encore , ainfi
que les Députés , ainfi que la Société des Colons , que le Miniftre n'avoit

fure que fon defpotifme expire, fon génie infidieux fe dé-
veloppe.

5°. LES miſſives prouvent que le Miniſtre tente à la fois de
TROMPER & la Colonie & LES DÉPUTÉS QUI LUI ONT RÉ-
SISTÉ, & le parti d'Américains qu'il n'avoit SÉDUIT ET
FLATTÉ que pour le mettre en oppoſition avec les Députés.

*Extrait d'une lettre de M. le Comte de la Luzerne aux Dé-
putés de Saint-Domingue. Verſailles, 20 août 1789.*

VOUS m'avez témoigné, MESSIEURS, défirer que je ne
perdiſſe pas un moment à mettre fous les yeux du Roi & de
fon Conſeil l'extrait de vos délibérations, en date du 11
août 1789, que vous m'avez apporté hier 19 du même mois.
J'en ai rendu compte dès le même jour. . . . . . . MAIS
il a été remarqué, & j'ai été chargé de vous annoncer
qu'on ne peut prendre en confidération une demande auffi
importante, d'après ce que m'ont expoſé verbalement quelques-uns de MM. les Députés de Saint-Domingue, ou fur un
fimple extrait de délibérations qui paroiſſent n'avoir été prifes
que par dix d'entre eux.

IL eſt indifpenfable que vous en expofiez l'objet dans une
requête adreſſée au Roi ou à fon Conſeil, & que cette piece
foit fignée par prefque tous MM. les Députés qu'a envoyés
cette Colonie, ou au moins par les fix que l'Affemblée Nationale a admis. . . . . . Il vous eſt facile de remplir la forme
uſitée & eſſentielle que je vous indique (1).

____

pas craint de les *tromper* tous, en *ajoutant* à la rédaction *convenue* &
agréée par le Roi, quatre mortels articles qui empoifonnoient tous les
autres. La minute & la *variante* font dépofées en original, comme des
preuves irrécufables de la plus criminelle des infidélités.

[1] CETTE lettre du Miniſtre étoit relative à la propofition d'*affembler* la Colonie. Il trouvoit cette demande *très-importante*. Il n'ufoit

Convocation d'une Assemblée coloniale à Saint-Domingue.

D'ABORD, au préambule CONCERTÉ le Miniftre en SUBSTI-
TUE un autre qui n'y a aucun rapport, mais qui fent bien
fon arrêt du Confeil.

L'ARTICLE I compofé A NEUF par le Miniftre feul.

L'ARTICLE II compofé A NEUF par le Miniftre feul.

L'ARTIGLE III compofé A NEUF par le Miniftre feul.

L'ARTICLE IV compofé A NEUF par le Miniftre feul.

LES dix-huit articles fubféquens correfpondent à peu près
aux 19 articles de la minute.

CETTE piece *effentielle*, qui, fur un objet *fi important*,
devoit, d'après l'exigence impérieufe du Miniftre lui-même,
être revêtue des fignatures de *tous les Députés nommés par
la Colonie, & fur-tout de celles des fix Députés votans*, eft
foufcrite comme il fuit fur la minute dépofée :

Le Gardeur de Tilly , ... *Suppléant.*
Duval Monville , ... *Suppléant.*
Magallon , ... *Suppléant.*
De Villeblanche , ... *Suppléant.*
Bodkin Fitz-gérald , ... *Suppléant.*
Le Chevalier de Marmé , ... *Suppléant.*
Le Comte Ogorman , ... *Suppléant.*

---

pas *s'en occuper*, *d'après une délibération qui n'étoit fignée que de dix
Députés* ; favoir, cinq votans & cinq fuppléans. *Il exigeoit* qu'elle fût
fignée par les *fix fiégeans aux Etats.* Cette formalité, felon lui, étoit
ufitée & *effentielle.* Croira-t-on qu'après leur avoir impofé cette loi de
rigueur le 20 août, fur un projet provifoire, il ait ofé prendre fur lui,
le 27 feptembre, d'expédier à Saint-Domingue une ordonnance définitive, dans la forme que l'on expofe ici ?

Le Marquis de Perrigny, . . VOTANT (1).

---

[1] M. de la Luzerne n'a donc pas regardé cette fois comme une *forme* indispenfable , *ufitée* , & *effentielle* , l'adhéfion des *autres Députés* de la Colonie , & il s'eft fort bien paffé des fignatures de Meffieurs.

Le Marquis de Gouy d'Arfy, ... VOTANT.

Le Chevalier de Cocherel , ... VOTANT.

De Thébaudieres , ... VOTANT.

Larchévêque Thibaud , ... VOTANT.

Gérard , . . , ... VOTANT.

Le Comte de Reynaud , ... *Suppléant.*

Courrejolles , ... *Suppléant.*

Chabanon , ... *Suppléant.*

Le Comte de Noé , ... *Suppléant.*

C'EST ainfi que les principes du Miniftre fe ployoient docilement à fes deffeins.

SUPPLÉMENT

A LA DÉNONCIATION DE M. DE LA LUZERNE,

Miniſtre de la Marine & des Colonies,

OU RÉPONSE

PAR des Pieces juſtificatives, ſans réplique, au prétendu Mémoire juſtificatif qu'il a publié en juin 1790.

Par les Députés de Saint-Domingue à l'Aſſemblée Nationale.

A LA fin de juin 1790, M. de la Luzerne fit paroître, pour ſa juſtification, un IN-QUARTO de 500 pages qui fut adreſſé à tous les membres de l'Aſſemblée Nationale, & publié avec profuſion.

LE Miniſtre avoit tiſſu CE GRAND ŒUVRE dans le deſſein d'en écraſer les divers chefs de dénonciation que les Députés de Saint-Domingue avoient dépoſé PAR EXTRAIT, le 25 avril, ſur le bureau de l'Aſſemblée Nationale.

Nous n'avons pas le projet de répondre aux mille & un RIENS qui forment ce volumineux Ouvrage. La dénonciation ſolemnelle qui précéde ce ſupplément, & les Pieces Juſtificatives qui l'accompagnent, répondent à TOUT ; & celui qui conſerveroit UN DOUTE après cette lecture, feroit TROP PRÉVENU, pour qu'on pût fe flatter de le convaincre jamais.

MAIS quels que foient nos avantages fur ce point, nous croyons devoir à la Colonie importante dont nous fommes les organes, de relever, non par des difcours ORATOIRES, comme le Miniftre, non par des DÉNÉGATIONS, comme le Miniftre, non par UNE HAUTEUR INSULTANTE, comme le Miniftre, mais par des PIECES AUTHENTIQUES littéralement citées, quelques INEXACTITUDES qui, dans le cours d'une longue & laborieufe défenfe, font échappées (involontairement fans doute) au défenfeur de M. de la Luzerne.

LE *factum* juftificatif commence par ces mots :

« *DES Députés de Saint-Domingue ont cru*
» *pouvoir me dénoncer.......*?

DES DÉPUTÉS ! Ne croiroit-on pas qu'il ne s'agit ici que de quelques INDIVIDUS ? Comme l'orgueil miniftériel cherche à fe carreffer lui-même depuis qu'on ne le flatte plus ! M. de la Luzerne continue :

« *LES exemples des Miniftres cités au tribunal*
» *de la Nation, lors même qu'ils font honorés de*
» *la confiance de leur Roi, font RARES* ». Oh !
TRÈS-RARES fous l'ancien régime. Peut-être le feront-ils un peu moins fous le nouveau ; en tout cas,
M. de la Luzerne aura la gloire d'avoir parcouru le premier cette carriere pénible, que le defpotifme tenoit
noit

noit fermée, & que la Conſtitution vient d'ouvrir pour le bonheur des Peuples.

« *Les Députés de Saint-Domingue n'ont pro-* » *duit aucune piece à l'appui* ».

Il eſt vrai qu'elles avoient été offertes au Comité des Rapports, mais que n'ayant été réclamées par le Rapporteur qu'a la fin de juin, elles furent dé-poſées dès le 2 juillet au nombre d'environ cent cinquante. Le Miniſtre, qui ſe doutoit bien que ces pieces-là étoient ſans réplique, s'étoit preſſé de pu-blier ſa juſtification, afin de n'être pas expoſé à l'em-barrassante néceſſité de les combattre

Enfin M. de la Luzerne termine ſon exorde par ces paroles remarquables :

« *Treize perſonnes ont ſigné la dénonciation ;* » *mais parmi elles, je ſais diſtinguer mes vrais* » *accusateurs. Il en eſt qui, après m'avoir lu,* » *regretteront d'avoir trop facilement cédé à* » *des impulsions étrangeres. Je vais mettre* » *l'Aſſemblée Nationale & le Public à portée de* » *prendre une juste opinion des autres* ».

Ces treize perſonnes qui ſe trouvoient par haſard être treize Députés, treize Représentans de Saint-Domingue, ſingulierement flattées de l'opinion que M. de la Luzerne avoit conçue de leur récipiſ-cence, ſe ſont aſſemblées le 30 juin 1790, & ont pris l'arrêté ſuivant.

EXTRAIT des registres de la Députation de Saint-Domingue, DÉPOSÉ au Comité des Rapports de l'Assemblée Nationale, pour PROUVER, AU DÉSIR DE M. DE LA LUZERNE, que la dénonciation faite contre lui n'est l'ouvrage que DE DEUX OU TROIS INDIVIDUS.

LES Députés de Saint-Domingue considérant qu'un soupçon a pu s'élever dans l'opinion publique, à la lecture d'un paragraphe de l'avant-propos du Mémoire justificatif de M. de la Luzerne, où nous avons trouvé avec le plus grand étonnement les mots cités ci-dessus.

CONSIDÉRANT que l'on pourroit conclure de cette assertion hasardée, 1°. que les treize signataires de la dénonciation sont les DÉNONCIATEURS DU MINISTRE ; 2°. QU'IL y a eu DIVISION sur cette dénonciation entre les Députés de la Colonie, ou que l'on voudroit LA SEMER entre eux; 3°. QUE parmi les treize signataires, les uns, qu'on ne nomme pas, sont des INTRIGANS qu'on va LIVRER A L'OPINION PUBLI-QUE, & les autres, que l'on ne nomme pas non plus, sont des AMES FOIBLES, qui ont trop facilement CÉDÉ A DES IMPULSIONS ÉTRANGERES.

ONT ARRÊTÉ, 1°. que nous saisirions cette occasion de répéter au Comité des Rapports ce que nous avons annoncé à LA TRIBUNE, & ce que nous publierons PAR ÉCRIT, que personne, quant à présent, N'ACCUSE M. de la Luzerne ; mais que SAINT-DOMINGUE DÉNONCE aux Représentans de la Nation, & ce Ministre, & les agens subalternes de ses ordres ; que ce n'est donc pas la DÉPUTATION de la Colonie qui fait cette dénonciation, puisqu'elle N'EST QUE L'ORGANE DE LA COLONIE DÉNONÇANTE.

QU'AINSI c'est attaquer l'essence de ses FONCTIONS, que de chercher à établir des DISTINCTIONS entre les Membres de la

Députation, lorfqu'elle ne forme QU'UN CORPS INDIVISIBLE de mandataires rempliffant, non par leur propre choix, mais par le refpect qu'ils doivent aux ORDRES DIRECTS, précis & répétés de leurs Commettans, une miffion JUSTE en elle-même, UTILE à la Colonie, mais DOULOUREUSE pour leurs cœurs.

2°. QUE pour repouffer oftenfiblement une inculpation ATTENTATOIRE à la dignité du CARACTERE des Repréfentans d'une grande.& puiffante contrée, & manifefter à tous les Membres de l'Affemblée Nationale, nos collegues, & au public, la CONVICTION de notre confcience, l'UNANIMITÉ de nos opinions, L'INDIVISIBILITÉ de nos démarches, & l'horreur que nous aurions tous pour l'être vil ou foible *qui fe permettroit de céder à des impulfions étrangeres* ; la Députation énoncera folennellement au Comité des rapports, par l'organe de SON PRÉSIDENT, & par la SIGNATURE DE TOUS fes Membres, au pied de la préfente délibération, qui fera dépofée fur le Bureau, qu'elle n'eft QU'UNE dans tout ce qui a été arrêté pour l'avantage de la Colonie, & qu'A LA TÊTE des objets qui intéreffent le plus effentiellement la paix, la tranquillité, & la profpérité des Ifles fous le vent, çe feroit s'aveugler que, de ne pas placer la demande que fait Saint-Domingue de N'AVOIR PLUS AUCUN RAPPORT avec le Miniftre actuel de la Marine, fon Intendant, & fon Procureur Général.

3°. QUE la Députation TOUT ENTIERE, après avoir fait le réçolement & le dépôt d'environ 150 PIECES ORIGINALES, que deux de fes Commiffaires figneront, *ne varietur*, follicitera de la part de M. le Rapporteur toute la célérité que fon zele lui infpirera pour la PROMPTE EXPÉDITION de cette affaire fi importante à la SATISFACTION due à la Colonie, & qu'elle réclamera de l'équité des Membres qui compofent le Comité, le nombre d'AUDIENCES néceffaires pour les inftruire fur des faits nombreux, qui exigent d'autant plus d'attention de leur part, que fouvent ils ne préfentent AUCUNE ANALOGIE avec les ufages obfervés dans le continent, & familiers à ceux qui l'habitent.

4°. Enfin que le préfent arrêté, fait en comité, fera figné *manu propriâ* par tous les Membres préfens de la Députation de Saint-Domingue. A Paris, le 30 Juin 1790.

Signé : COCHEREL. — CHÁBANON. — MAGALLON. — COURREJOLLES. — PERRIGNY. — DE VILLEBLANCHE. — MARMÉ. — BODKINS-FITZ-GERALD. — O GORMAN. — REYNAUD. — DE GOUY.

Pour copie conforme à l'original dépofé au Comité des rapports de l'Affemblée Nationale, avec les Pieces Juftificatives, le 2 juillet 1790.

Signé C. DE LA COUR, *Préfident.*

ANTHOINE, *Secrétaire.*

C'est ainfi que la députation de Saint-Domingue prouva folemnellement à M. de la Luzerne que ce moyen fi FOIBLE & fi USÉ de jeter de la défaveur fur une accufation, fe briferoit contre l'UNANIMITÉ & l'INDIVISIBILITÉ des Repréfentans & des organes d'une Colonie puiffante.

MAIS après avoir manifefté au Miniftre que fa dénonciation étoit L'ŒUVRE DES TREIZE DÉPUTÉS de Saint-Domingue, il importe de ne pas lui laiffer un échappatoire, au moyen duquel il effaye d'annuller SEULEMENT la dénonciation TOUTE ENTIERE.

« LES *onze faits*, dit-il, *dont* ON A IMAGINÉ
» *en France de faire des chefs de dénonciation,*
» *font tels qu'il n'eft pas même venu à l'idée des*
» HABITANS *de la Colonie qu'ils puffent être*
» L'OBJET *d'un reproche.* MA CONDUITE Y EST

» *CONNUE; MON ZELE pour le bien général* Y A
» *ÉTÉ APPLAUDI* ...... *ONZE CHEFS d'accu-*
» *sation ne font donc point L'OUVRAGE de la Co-*
» *lonie. ELLE LES IGNORE. L'adhéfion de quel-*
» *ques-uns de fes habitans, qu'on tentera fans doute*
» *d'obtenir, fera TARDIVE* .... *Je ne dois*
» *donc les attribuer qu'à l'animofité particuliere*
» *D'UNE PARTIE des dénonciateurs* ».

VOILA comment raifonnoit le Miniftre dans l'illu-
fion qu'il aimoît à fe faire. Ecoutons à préfent LA
COLONIE.

EXTRAIT *d'une lettre de la Province du Sud aux
Députés de Saint-Domingue, pour prouver,* AU DÉ-
SIR DE M. DE LA LUZERNE, *que fa conduite eft*
CONNUE, *fon zele* APPLAUDI, *& la dénonciation*
IMPROUVÉE.

Aux Cayes, 19 mai 1790.

NOUS venons de recevoir, avec votre lettre du 14 mars, la
copie du mémoire préfenté le 27 février à l'Affemblée Nationale par le fieur DE LA LUZERNE. Il femble que ce Miniftre
ait JURÉ de CALOMNIER fans ceffe les Colonies auprès du
Roi & de la Nation; mais notre fidélité & notre conduite
lui donneront un DÉMENTI FORMEL, & fi l'on n'ufe pas de
CONTRAINTE à fon égard, la honte de fes MENSONGES le
forcera fans doute à defcendre d'une place où IL NE FUT
JAMAIS DIGNE DE MONTER (L).

AINSI s'énonçoit la Province du SUD. Suivons:

---

(1) CETTE lettre lué à la *tribune* de l'Affemblée Nationale le 30 juillet
1790, eft *dépofée* aux archives du Comité des Rapports.

h 3

EXTRAIT d'une lettre de la Province de l'Ouest, à l'Assemblée Nationale, pour prouver, AU DÉSIR DE M. DE LA LUZERNE, que sa conduite est CONNUE, son zele APPLAUDI, & la dénonciation IMPROUVÉE.

Au Cul-de-sac, le 23 mai 1790.

PAR quelle FATALITÉ, MESSIEURS, votre décret du 8 mars n'est-il pas encore parvenu OFFICIELLEMENT dans la Colonie ? Comment n'avons-nous pas encore reçu LE MODE DE CONVOCATION que vous nous annoncez pour nos Assemblées coloniales ? Pourquoi IGNORONS-NOUS encore ces bases générales sur lesquelles doivent être préparés les plans que nous vous présenterons ? Ah ! permettez - nous de vous le dire, MESSIEURS, avec cette tendresse filiale qui nous anime : ce ne peut être indifférence, CE NE PEUT ÊTRE OUBLI DE VOTRE PART ; c'est plutôt UNE de ces MANŒUVRES ODIEUSES du MINISTRE de la Marine, qui, se dérobant à nos regards, veut À TOUT PRIX conserver sur les Colonies son autorité ARBITRAIRE ; pour la maintenir, il a tout provoqué, TRAMES, INTRIGUES, INNOVATIONS les plus DÉSASTREUSES, & peut-être ferions-nous aujourd'hui plongés dans des horreurs de tous genres, si votre décret du 8 mars n'étoit venu relever nos espérances affoiblies, & réveiller dans nos cœurs nos premiers sentimens. . . . .

AINSI s'exprimoit la Province de l'OUEST. Suivons :

EXTRAIT d'une lettre de la Province DU NORD, aux Députés de la Colonie, pour prouver, AU DÉSIR DE M. DE LA LUZERNE, que sa conduite est CONNUE, son zele APPLAUDI, & sa dénonciation IMPROUVÉE.

Au Cap, le 27 mai 1790.

C'EST une mission bien consolante & bien satisfaisante pour

l'Assemblée Provinciale, que d'être spécialement chargée, MES-SIEURS, de vous tranfmettre, AU NOM DE TOUTE LA PRO-VINCE, fa fenfibilité & fa reconnoiffance.

MAIS, chers Compatriotes, notre joie n'eft point encore complette. LE MINISTERE de la Marine toujours dans les mains du Comte DE LA LUZERNE, entretient nos INQUIÉTUDES & nos ALARMES. S'il eft permis de croire qu'enfin, peut-être, il eft convaincu de l'INJUSTICE de fes principes & de fon ADMINISTRATION pour cette Colonie, fa lenteur à RÉPARER SES TORTS devient alors UN CRIME envers elle, & fa DES-TITUTION dès ce moment devient plus que jamais L'OBJET DE NOS VŒUX. Nous dirons plus, c'eft que nous fommes intimement perfuadés que de cette DESTITUTION DÉPEND ABSOLUMENT le retour à L'ORDRE de toutes les parties de l'adminiftration coloniale.

CROYEZ enfin, chers Compatriotes, que la Colonie vous tiendra bon compte de tous vos EFFORTS pour le bien. Vos noms feront gravés dans fes faftes, comme ils le font déjà dans le cœur de tous fes habitans. . . . . (1).

AINSI s'exprimoit la Province du NORD. . . . . . .

AINSI s'exprimoient ifolément, & fans fe concerter, les TROIS PROVINCES de la Colonie. Voyons ce qu'ont penfé depuis leurs Repréfentans :

> *EXTRAIT d'une lettre de l'Affemblée générale de Saint-Domingue à M. de Gouy d'Arfy, Député à l'Affemblée Nationale, pour prouver, AU DÉSIR DE M. DE LA LUZERNE, que la dénonciation eft IMPROUVÉE.*
>
> *Saint-Marc., 18 juin 1790.*

____

(1) CETTE lettre lue à la *tribune* de l'Affemblée Nationale le 20 juillet 1790, eft *dépofée* aux archives du Comité des Rapports.

L'Assemblée générale de la partie françoise de Saint-Domingue a entendu, Monsieur, avec intérêt la lecture de votre derniere lettre. Elle s'occupe dans ce moment de votre excellent ouvrage, ayant pour titre : Dénonciation de M. de la Luzerne.

Je suis chargé de vous assurer de sa satisfaction relative à la vigueur de caractere, au dévouement, & au zele infatigable dont vous avez toujours fait preuve pour le bien de la partie françoise de Saint-Domingue.

Ainsi l'organe de la dénonciation recevoit des témoignages flatteurs de l'approbation publique de la Colonie, qui s'occupoit de l'examen de son ouvrage; mais qu'en pensa-t-elle quand elle l'eut examiné? La piece suivante vous l'apprendra :

EXTRAIT des regiſtres de l'Aſſemblée générale, qui PROUVERA à quel point la conduite de M. de la Luzerne étoit CONNUE, ſon zele APPLAUDI, & la dénonciation IMPROUVÉE.

Séance du 10 juillet 1790.

La motion a été faite pour qu'il fût délibéré sur la Dénonciation dont il a été donné lecture dans les précédentes séances, & qui a été faite à l'Assemblée Nationale par M. le Marquis de Gouy d'Arsy, contre le Comte de la Luzerne, ci-devant Gouverneur général de la partie françoise de Saint-Domingue, & actuellement Ministre de la Marine.

La matiere mise en délibération, l'Assemblée générale a décrété & décrete QU'ELLE AVOUE cette dénonciation, comme ayant toujours été le vœu de la partie françoise de Saint-Domingue; déclare EN PRENDRE SUR ELLE toutes les ſuites;

charge EXPRESSÉMENT M. le Marquis DE GOUY D'ARSY &
ses COLLEGUES de POURSUIVRE cette dénonciation avec toute
L'ACTIVITÉ dont ils seront capables ; invite M. Th. MILLET,
déjà nommé commissaire pour recueillir les preuves & les
renseignemens relatifs à ladite dénonciation, de presser ce
travail le plus qu'il lui sera possible.

ARRÊTE que le présent décret sera adressé à l'ASSEMBLÉE
NATIONALE, & envoyé à M. le Marquis DE GOUY D'ARSY
& à ses COLLEGUES par les premiers navires qui feront voile
pour France, & qu'il sera IMPRIMÉ au nombre de 1500
exemplaires.

FAIT en assemblée générale les jour, mois, & an que dessus.

Signé, scellé, collationné, &c. (1).

AINSI s'exprimoit vis-à-vis d'elle-même L'ASSEM-
BLÉE GÉNÉRALE de la Colonie. Mais que disoit-elle
à ses Députés ? Le voici :

*EXTRAIT d'une lettre de l'Assemblée générale à
ses Représentans, qui PROUVERA incontestablement
à quel point la conduite de M. de la Luzerne étoit
CONNUE, son zele APPLAUDI, & la dénonciation
IMPROUVÉE.*

Saint-Marc, 21 juillet 1790.

NOUS vous adressons, Messieurs & chers Compatriotes,
un décret qui pourra porter quelque JOIE dans vos cœurs,
& vous paroîtra la RÉCOMPENSE de votre patriotisme.

LA Colonie AVOUE HAUTEMENT LA DÉNONCIATION que
vous avez faite du Comte de la Luzerne : ce Ministre, SI

---

(1) CETTE piece lue à la *tribune* de l'Assemblée Nationale le 11 septembre
1790, est *déposée* aux archives du Comité des Rapports.

JUSTEMENT ABHORRÉ, ne pouvoit échapper aux coups de la juftice, dans un temps où le peuple fe reffaifit de fes droits, & punit SES TYRANS ; vous avez donné UN GRAND EXEMPLE, nous efpérons qu'il ne fera pas perdu, & que l'impunité ceffera d'être offerte aux hommes qui tenteroient d'abufer de leur puiffance paffagere.

NOUS aurions voulu qu'il nous fût poffible d'ufer D'IN-DULGENCE, & de jeter un voile fur tout ce qui s'eft paffé ; mais il ne nous a pas été permis d'étouffer les cris des NOMBREUSES VICTIMES du Comte de la Luzerne ; il a paffé dans notre contrée comme un FLÉAU DESTRUCTEUR ; & lors même que nous avons été delivrés de fa préfence, nous n'avons pas été délivrés de fes INJUSTICES.

QUE n'a-t-il pas tenté pour NOTRE RUINE ! Nous ne fommes que trop inftruits de fes SACRILÉGES EFFORTS pour DÉTRUIRE un pays qu'il n'eft pas digne d'apprécier, & qui n'a reconnu en lui qu'un AVORTON de la vieille intrigue des Cours, & un AVEUGLE AGENT du defpotifme.

NE négligez RIEN, Meffieurs & chers Compatriotes, pour ÉLOIGNER cet homme PERVERS des confeils d'un Roi que nous chériffons, & QU'IL TROMPE. Prévenez, EN NOTRE NOM, l'augufte Affemblée Nationale qu'elle doit fe MÉFIER de tous les renfeignemens qui lui viendront de la part de cet ENNEMI DE LA LIBERTÉ ; dites-lui que nous dépofons entre fes mains le foin de NOTRE VENGEANCE, & que nous efpérons qu'elle ne repouffera pas les plaintes UNANIMES d'un Peuple de Cultivateurs qui fe fait gloire de contribuer à la profpérité de la nation Françoife.

NOUS vous faifons paffer diverfes pieces qui viendront à l'appui de votre dénonciation, & vous ferviront à combattre ceux qui n'auroient pas honte de fe montrer les PROTEC-TEURS d'un homme qui ne peut en trouver que parmi fes COMPLICES & les SATELLITES du pouvoir arbitraire. Nous ne tarderons pas à vous faire paſſer d'autres pieces qui acheveront de JUSTIFIER auprès de la Nation entiere les ſentimens d'INDIGNATION que nous avons VOUÉS au Miniſtre de la Marine.

NOUS rendons graces au ZELE, à la conſtance, & à l'ÉNERGIE de M. DE GOUY D'ARSY, & nous l'invitons à pourſuivre ſa noble carriere. Saint-Domingue n'oubliera jamais ſes SERVICES, & lui conſervera une immortelle reconnoiſſance. Puiſſe-t-il un jour venir au milieu de nous recueillir les couronnes CIVIQUES qui l'attendent!

NOUS avons l'honneur d'être, &c.

AINSI s'exprimoit la Colonie ſur le compte du Miniſtre dans ſa correſpondance CONFIDENTIELLE avec ſes Députés ; mais tenoit-elle le même langage vis-à-vis des Repréſentans de la Nation? C'eſt ce qu'on va voir :

EXTRAIT d'une lettre de l'Aſſemblée générale de Saint-Domingue à l'Aſſemblée Nationale, POUR PROUVER DE PLUS EN PLUS FORT que M. de la Luzerne avoit raiſon de penſer, de dire, & d'IMPRIMER que ſa conduite étoit CONNUE, ſon zele APPLAUDI, & que les divers chefs d'accuſation N'ÉTOIENT POINT L'OUVRAGE DE LA COLONIE.

Saint-Marc, 24 juillet 1790.

NOUS avons l'honneur de vous donner en communication le décret d'adhéſion de l'Aſſemblée générale à la DÉNONCIATION qui vous a été faite par M. DE GOUY D'ARSY contre M. DE LA LUZERNE, enſemble quelques pieces au ſoutien de cette dénonciation, en attendant qu'on puiſſe s'en procurer d'autres que LES PAROISSES doivent nous envoyer inceſſamment.

'AH ! Messieurs, DÉLIVREZ-NOUS du plus CRUEL de nos ennemis personnels, & peut-être du plus DANGEREUX pour les intérêts DE LA NATION entiere. Depuis que Sa Majesté, que nous ne cessons de bénir & de chérir, nous a fait un SI FUNESTE PRÉSENT, en le nommant Gouverneur général, nous n'avons éprouvé que VEXATIONS, ABUS D'AUTORITÉ EN TOUS GENRES, & CRUAUTÉS INOUIES ; enfin la Colonie a toujours été en DÉCLINANT. Nos freres jouissent déjà de l'heureuse régénération que vous leur avez procurée, & nous, nous gémissons encore sous le joug du plus AFFREUX DES-POTISME. Le DÉSESPOIR est à son comble, Messieurs, & nous ne pouvons plus repondre du parti violent que peuvent prendre nos Concitoyens contre nos TYRANS & nos ennemis communs. . . . . .

AINSI l'Assemblée générale de Saint-Domingue exprimoit FIDELEMENT le vœu des TROIS PROVINCES, & le transmettoit dans TOUTE SA PURETÉ aux Dé-putés DÉNONCIATEURS, à l'ORGANE de la dénonciation, aux juges souverains de, tant de délits.

ET que l'on ne nous objecte pas, pour atténuer ces témoignages IRRÉCUSABLES, que l'Assemblée générale qui les donnoit *n'a pas reçu l'approbation* de la Lé-gislature ; car on répondroit à cette mauvaise difficulté,

1°. QUE cette Assemblée étoit bien LÉGALE, bien CONSTITUÉE, bien librement élue, bien CONFIRMÉE, bien reconnue par le Gouverneur, quand elle a déli-béré sur la dénonciation.

2°. QUE parmi ceux de ses décrets qui n'ont pas été approuvés par l'Assemblée Nationale, il n'a été faít AUCUNE MENTION de ceux qui concernoient le jugement porté contre le Miniſtre de la Marine.

3°. QUE les arrêts de blâme rendus par les Parlemens du Royaume, il y a trois mois, ſubſiſtent dans toute leur force, quoique, d'après un nouvel ordre de choſes, les Parlemens n'exiſtent plus.

4°. ENFIN que l'on ne peut diſconvenir que l'Aſſemblée Nationale n'ait OFFICIELLEMENT APPROUVÉ les principes & la conduite de la PROVINCE DU NORD, & que cette Province, qui, le 27 mai, s'étoit exprimée ſi énergiquement contre le Miniſtre, ainſi qu'on l'a vu ci-deſſus, N'AVOIT PAS VARIÉ dans ſon opinion ſur ſon compte, à l'époque où elle MÉRITA LES ÉLOGES de l'Aſſemblée Nationale, ainſi qu'on s'en CONVAINCRA par la piece ſuivante :

EXTRAIT d'une adreſſe de l'Aſſemblée provinciale DU NORD à l'Aſſemblée Nationale, qui PROUVERA que ſi la Colonie étoit diviſée ſur quelques points, M. de la Luzerne étoit parvenu à RÉUNIR TOUS LES SUFFRAGES ſur ſa CONDUITE, ſon ZELE, & le CHOIX de ſes agens.

Au Cap, 13 juillet 1790.

. . . .

ENFIN, Meſſieurs, les mal intentionnés, pour aſſurer leurs ſuccès, ont prononcé le NOM EFFRAYANT D'UN MINISTRE qui a fait TOUS LES MAUX de la Colonie, qu'un Roi ABUSÉ n'éloigne pas de ſes Conſeils, & qui, RÉUNI avec Marbois, L'ENNEMI DES COLONS, doit plus que jamais FAIRE TREMBLER la Colonie.

PARDONNEZ, Meſſieurs, à notre FRANCHISE, jamais elle
ne fut plus NÉCESSAIRE (1).

D'APRÈS l'accord PARFAIT qui regne entre toutes
les pieces qui viennent d'être citées, & dont les originaux ſont DÉPOSÉS, nous croyons qu'il eſt à peu
près démontré que la conduite de M. de la Luzerne
n'a jamais été APPROUVÉE que dans ſon Mémoire ;
que ſon zele n'a jamais été APPLAUDI que par ſes
flatteurs, & que les divers chefs d'inculpation n'ont
jamais été IMPROUVÉS que par ſon défenſeur, mais
qu'ils ont été ſolemnellement ratifiés par l'ADHÉSION
UNANIME de toutes les parties de la Colonie, & de
chacune d'elles.

DONC cette partie très-eſſentielle de la défenſe du
Miniſtre eſt ABSOLUMENT culbutée.

LA dénégation étant ſon argument favori, il a nié
d'avoir mis OBSTACLE à la convocation de la Colonie
& à la nomination de ſes Députés.

LE récit de ce qui s'eſt paſſé, dit-il, ſuffira à
cet égard pour rendre ma juſtification complette.
Et là-deſſus il fait ſon récit. Mais nous allons, ſans
diſputer ſur ſon exactitude, donner PLUS QUE DES
DOUTES ſur l'évidence de la juſtification, en citant une
piece que l'on ne croyoit pas dans nos mains, & qui
eſt DÉPOSÉE :

____

(1) CETTE lettre lue à la *tribune* de l'Aſſemblée Nationale le 4 ſeptembre
1790, a été *dépoſée* aux archives du Comité des Rapports.

EXTRAIT d'une lettre de M. de la Luzerne à M. DU CHILIEAU, nommé Gouverneur général de Saint-Domingue.

De Versailles, ce 6 novembre 1788.

JE ne sais, M. le Marquis, si la lettre que je vous écris vous parviendra avant votre départ de Rochefort. A tout hasard, je vous en ferai passer DUPLICATA & TRIPLICATA à Saint-Domingue, par le Havre & par Bordeaux.

IL vient de paroître un écrit ayant pour titre : Mémoire sur l'importance, pour la Colonie de Saint-Domingue, d'avoir des Représentans aux Etats Généraux, & sur la forme la plus légale de procéder à l'élection de ses Députés. Il est signé des NEUF PERSONNES qui ont adressé, le 4 septembre, une lettre au Roi.

J'AI conféré verbalement avec vous & sur l'objet de cette lettre, & sur la décision de Sa Majesté dans son Conseil ; elle a pensé que la question même ne devoit être agitée, & qu'il ne pouvoit y être définitivement FAIT DROIT.

IL importe que vous préveniez AVEC VIGILANCE toute ASSEMBLÉE, toute CIRCULATION de billets prohibés, de tenir SECRETEMENT la main à l'exécution des Lois qui existent à cet égard. Telle est l'INTENTION DU ROI, qui me charge de vous en écrire.

LES neuf personnes SE DISANT Commissaires nommés par la Colonie entiere, désiroient que la question fût agitée à l'Assemblée des NOTABLES, dont la premiere séance a eu lieu aujourd'hui. Il vient d'en être délibéré dans le CONSEIL d'ETAT, & l'on a pensé *que comme les Notables ne pouvoient avoir d'autre avis que celui déjà adopté par Sa Majesté,* (comment peut-on convenir d'un pareil sultahifme ?) il ne convenoit pas de faire élever une difcuffion maintenant fans objet, ou du moins qui ne peut être prématurément décidée. Agréez .... &c. ..... Signé *la Luzerne.*

LORSQUE vous arriverez à Saint-Domingue, je vous prie, M. le Marquis, de COMMUNIQUER ma lettre à M. l'INTENDANT, à qui je n'écris point par cette raison. Signé *la Luzerne.*

CETTE lettre nous fait lire jufqu'au FOND DU CŒUR du Miniftre defpote, qui trembloit de voir s'échapper de fes mains l'autorité ARBITRAIRE dont il faifoit un fi terrible ufage.

DONC cette partie très-effentielle de la défenfe du Miniftre eft, comme la précédente, ABSOLUMENT culbutée.

NOUS n'attaquerons pas la maniere dont il fe défend fur *la réunion défaftreufe des Confeils Supérieurs de Saint-Domingue,* fur *le grand chemin du Cap,* fur *le menfonge public,* fur *les corvées arbitraires.....* &c.......

NOUS invitons nos lecteurs à lire la réplique victorieufe que M. DE CHABANON, notre honorable collegue, a tracée de fa main, & qui ne laiffe de la défenfe du Miniftre, que la preuve évidente de fa FOIBLESSE, de fa nullité, & de fes TORTS.

NOUS ne répliquerons pas non plus aux défenfes par lefquelles M. de la Luzerne prétend fe juftifier d'avoir occafionné la *difette de farine,* d'avoir

rappelé

rappelé un Gouverneur chéri, d'avoir *maintenu un Intendant proscrit*.

Nous indiquerons à nos lecteurs, pour l'intérêt de leurs plaifirs, & nous joignons à la dénonciation l'excellent mémoire que vient de publier M. du Chilleau, dans lequel une plume exercée & une logique inébranlable font crouler tout cet échafaudage de phrafes miniftérielles, accumulées par la foibleffe, pour en impofer à l'ignorance.

Nous pafferons même fous filence & le chef des *réunions & conceffions*, & la douleur que nous avons éprouvée de voir M. de la Luzerne, induit fans doute en erreur par M. de Marbois, fe permettre de citer pour fa juftification, des états dreffés par cet Intendant, & de la fausseté defquels nous avons déposé les preuves les plus convaincantes.

Mais il eft un autre article auquel nous ne pouvons nous difpenfer de répondre d'une maniere bien cruelle pour M. de la Luzerne, puifqu'elle donnera à l'Affemblée Nationale & au public la mefure jufte du degré de croyance que l'on doit accorder à ces dénégations trop insultantes & trop nombreuses, fur lefquelles feules repofe fa prétendue juftification tout entiere.

Cet article eft le dernier que nous traiterons. Nous réclamons, pour un moment encore, la patiente attention de nos lecteurs & des juges. Après un objet de cette nature, que pourrions-nous ajouter?

Il s'agit du quatrieme chef, intitulé : *Citoyens ven-*

dus à un aventurier, pour les Puissances étrangères.

Voici comment le Ministre s'explique sur cette grave inculpation :

« Moi, françois, j'aurois souffert que mes Conci-
» toyens fussent VENDUS ! moi, j'aurois permis
» qu'on DÉGRADAT l'humanité au point de rendre
» mes Compatriotes l'objet d'un TRAFIC honteux !
» moi, Gouverneur pour le Roi d'une de nos plus
» importantes Colonies, j'aurois FAIT PASSER
» une partie de ses habitans à des Puissances
» ÉTRANGERES ! Quel tissu de FAUSSETÉS ! Heu-
» reusement LA FABLE qu'on a imaginée pour faire
» la base de cette dénonciation est mal ourdie ; l'IN-
» VRAISEMBLANCE y perce de toutes parts ».

Vous avez raison, M. de la Luzerne, l'invrai-
semblance y perce ; mais la VÉRITÉ s'y cache, & son
apparition sera terrible. == Le Ministre continue : « LE
» Sieur Vidal, homme entreprenant, à qui j'ai,
» dit-on, témoigné CONFIANCE, a enlevé au mois
» de mars 1787, des hommes des prisons du Port-
» au-Prince. Etoit-ce cinq mille, ou cinq cents ?
» (Plaisanterie fine) On les a vus sortir ENCHAINÉS,
» serrés par des MENOTTES, s'avançant tristement
» vers le port. . . . . Tel est le roman. . . . VOICI
» LA VÉRITÉ. Vidal, armateur, faisoit des
» voyages à la côte Espagnole. . . . . Il m'appor-
» toit des lettres du Vice-Roi. . . . . Il me prioit
» de permettre l'achat de poudres & fusils. . . . . .

» *Il repréſenta que !le Vice-Roi avoit beſoin de*
» RECRUES. . . . . *Je ne* PERMIS RIEN *, mais je*
ne pouvois EMPÊCHER *ceux qui ſeroient* TENTÉS
» *de prendre avec lui des* ARRANGEMENS. *Cet ar-*
» *mateur n'a été invité que* DEUX FOIS *à dîner au*
» *Gouvernement. Il avoit un* PROCÈS. . . . . *J'ai*
» *demandé qu'on en* ACCÉLÉRAT *le jugement.* . . . .
» *C'eſt* LA SEULE *marque d'intérêt que je lui aie*
» *donné.* . . . . . *Il m'apportoit des couples* D'ANI-
» MAUX *utiles.* . . . . . *Je l'avois chargé de me*
» *chercher du* QUINQUINA. . . . . . *Je lui deman-*
» *dai de la* VANILLE. . . . . *Les conférences que j'ai*
» *eues avec lui* N'ONT PAS EU D'AUTRES OB-
» JETS. . . . . *Des hommes* INNOCENS & *empri-*
» *ſonnés ſe fuſſent-ils laiſſés embarquer pour des*
» *côtes étrangeres , ſans* RÉCLAMER ? . . . . *Où ſont*
» *leurs requêtes ?* . . . . . *Les tribunaux leur ont*
» *toujours été* OUVERTS. . . . . . (*c'eſt-à-dire ,*
» *toujours fermés*). . . . . *La vérité ſévere met ſur*
» *la même ligne l'invraiſemblance & le* FAUX. *Les*
» *faits que l'on m'impute* ONT L'UN ET L'AUTRE
» *de ces caraêteres* ».

QUE ce récit, rempli de circonſtances minutieuſes, de
SIMPLICITÉ, & de JACTANCE, ſeroit propre à ſéduire
par ſon NATUREL ceux qui ne ſavent pas qu'un tel langage, dans un homme puiſſant, eſt preſque toujours le
ſymbole de la CULPABILITÉ.

Vous êtes donc innocent, Monſieur de la Luzerne !
il ne s'agiſſoit donc, entre Vidal & vous, que *d'hiſtoire*

naturelle ! vous ne lui avez jamais *rien permis !* Si on a été *tenté* de le fuivre, vous *n'avez pas pu l'empêcher !* Toutes plaintes de *violence* auroient été *accueillies !* En un mot, fi vous n'êtes pas coupable, les députés de S. Domingue font des *romanciers* et des *impofteurs !*...

Eh bien, lifez ceci, vous que la dénégation aftucieufe d'un accufé a pu tromper un moment ! Lisez ceci, vous que le langage imité de l'innocence a pu féduire. Lisez, n'en croyez que vos yeux, & frémissez d'indignation.

Extrait des regiftres de la Geole *du Port-au-Prince, pour* prouver, au défir de M. de la Luzerne, *qu'il ignoroit dans la ville de fa* résidence *les enlevemens criminels de Vidal ; qu'il étoit* persuadé *que toutes les recrues de cet embaucheur étoient de* bonne volonté, *& qu'il a raifon d'avancer que foutenir le contraire eft une invraifemblance & un* mensonge.

27 Janvier 1787 ; reçu en prifon le nommé Martinet, de Paris, engagé avec M. Vidal ; amené par la police, aux ordres de M. le Commiffaire.

Embarqué pour Cartagêne, par ordre de M. le Commiffaire, avec M. *Labbé*, le 25 mars 1787.

27 *idem* ; reçu en prifon les nommés André Couillaud, de Nantes ; — Jean-Louis Badou, du Dauphiné ; — John Pawls, irlandois ; — Pierre Coquerel, fuédois ; — François Jourdan, de Marfeille ; — Pierre Baudin, de Dunkerque ; — Jean Riban, de Quimper, engagés avec M. Vidal.

Embarqués tous les *fept*, par ordre de M. le Commiffaire, pour Cartagêne, avec M. *Labbé*, le 25 mars.

29 *idem ;* reçu en prifon les nommés Louis Gaudin, matelot du navire *le Courier des Abricots ;* — Jean Demonville, du bateau Lemorne ; — Louis Capitaine Lange ; — Jean Michel, engagés avec M. Vidal pour aller à Cartagêne, amenés par la police pour être détenus aux ordres de M. le Commiffaire.

Embarqués tous quatre pour Cartagêne, par ordre de M. le Commiffaire, avec M. *Labbé,* le 25 mars.

30 *idem ;* reçu en prifon les nommés James Kegby & Patrice Kenedy, tous deux irlandois, engagés avec M. Vidal pour aller à Cartagêne, amenés par la Police, pour être détenus aux ordres de M. le Commiffaire.

Embarqués pour Cartagêne avec M. *Labbé,* par ordre de M. le Commiffaire, le 25 mars.

31 *idem ;* reçu en prifon le nommé Jean-Jacques M. L., tailleur, amené par la police, pour être détenu par ordre de M. le Sénéchal.

Retiré par ordre de M. Vidal, pour être conduit à bord le 12 février 1787. *Signé* le Franc.

2 février 1787 ; reçu en prifon les nommés Pierre Drouin, — Jacques-André-Ignace Maurend, — Johac Suret, — Georges Wills, américain, deftinés pour M. Vidal, détenus aux ordres de M. le Commiffaire, amenés par la police.

Embarqués tous cinq avec M. *Labbé* pour Cartagêne, par ordre de M. le Commiffaire, le 25 mars 1787.

3 *idem ;* reçu en prifon les nommés Louis Dangué, — Etienne Gautier, dit *Sans Chagrin,* — François Gaut Mascaron, — Jean Gautier, tous cinq engagés avec M. Vidal pour aller à Cartagêne, amenés par la police pour être détenus aux ordres de M. l'Intendant.

Embarqués pour Cartagêne avec M. *Labbé,* par ordre de M. le Commiffaire, le 25 mars.

3 *idem ;* reçu en prison le nommé François DEDIEU , engagé avec M. Vidal pour aller à Cartagêne , amené par la police , aux ordres de M. le Commiffaire.

Embarqué pour Cartagêne avec M. *Labbé ,* par ordre de M. le Commiffaire, le 25 mars.

4 *idem ;* reçu en prison le nommé Pierre CADET , engagé avec M. Vidal , amené par la police , pour être détenu aux ordres de M. le Commiffaire.

Embarqué pour Cartagêne avec M. *Labbé ,* par ordre de M. le Commiffaire , le 25 mars.

5 *idem ;* reçu en prison le nommé Jean-Baptifte MELÉ , engagé avec M. Vidal pour aller à Cartagêne , amené par la garde du bureau , pour être détenu aux ordres de M. le Commiffaire.

Embarqué pour Cartagêne avec M. *Labbé ,* par ordre de M. le Commiffaire , le 25 mars.

9 *idem ;* reçu en prison le nommé Haunis BAYEUX , negre efpagnol , fe difant libre & créole de Banique , amené par la Maréchauffée du Mirbalais , pour être détenu aux ordres du Gouvernement , pour juftifier de fa liberté.

Embarqué pour Cartagêne avec M. *Labbé ,* par ordre du Gouvernement , le 25 mars.

10 *idem ;* reçu en prison le nommé Pierre DIGNERY , du Département de Toulouse , fans place , fe difant à M. Vidal , amené par la garde , aux ordres de M. le Commiffaire.

Embarqué pour Cartagêne avec M. *Labbé ,* par ordre de M. le Commiffaire , le 25 mars.

10 *idem ;* reçu en prison le nommé Jean TURRIN , de Saintes , fans place , amené par les archers de la Marine de la garde , pour être détenu aux ordres de M. le Commiffaire.

Embarqué pour Cartagêne avec M. *Labbé ,* par ordre de M. le Commiffaire , le 25 mars.

10 *idem ;* reçu en prifon le nommé Jean CADET, du Département de Bordeaux, fe difant à M. Vidal, amené par les archers de la Marine & la garde aux ordres de M. le Commiſſaire.

Embarqué pour Cartagêne avec M. *Labbé,* par ordre de M. le Commiſſaire, le 25 mars.

11 *idem ;* reçu en prifon le nommé Raphaël SAUGE, efpagnol de la Lavanne, amené par les archers de la Marine, pour être détenu aux ordres de M. le Commiſſaire.

Embarqué pour Cartagêne avec M. *Labbé,* par ordre de M. le Commiſſaire, le 25 mars.

14 *idem ;* reçu en prifon le nommé Martial CHAPOTY, de Bordeaux, provenant du navire *la Sageſſe* de Bordeaux, amené par les archers de la Marine, pour être détenu aux ordres de M. le Commiſſaire.

Embarqué pour Cartagêne avec M. *Labbé,* par ordre de M. le Commiſſaire ; le 25 mars.

7 *m ;* reçu en prifon les nommés Johm HABFRITZ & James JOHUSON, tous deux américains, engagés avec M. Vidal, conduits par M. Vidal, pour être détenus aux ordres de M. le Commiſſaire.

Embarqués pour Cartagêne avec M. *Labbé,* par ordre de M. le Commiſſaire, le 25 mars.

17 *idem ;* reçu en prifon les nommés Pierre JAURIEN & Jean CHEVERIER, auſſi de Bordeaux, amenés par la garde & les archers de la Marine, pour être détenus aux ordres de M. le Commiſſaire, à la réquifition de M. Vidal.

Embarqués tous deux pour Cartagêne avec M. *Labbé,* par ordre de M. le Commiſſaire, le 25 mars.

19 *idem ;* reçu en prifon le nommé Richard JAUSON, matelot américain du bâteau *le Lazard* de Philadelphie, amené par la Maréchauſſée de l'Archaye, pour être détenu aux ordres de M. Dezerts.

i4

Embarqué pour Cartagêne avec M. *Labbé*, par ordre de M. le Commiſſaire, le 25 mars.

14 *mars ;* reçu en priſon les nommés Jean-Jacques M. L. & JANVIER, indien libre, iceux pour être détenus aux ordres du Gouvernement, à la réquiſition du ſieur Vidal.

Embarqués tous deux pour Cartagêne avec M. *Labbé*, aux ordres du Gouvernement, le 25 mars.

21 *idem ;* reçu eñ priſon le ſieur Louis MERCIER, ſe diſant ſieur le Long, natif de la Rochelle, amené par la Maréchauſſée du Mont-Ravel, pour être détenu aux ordres du Gouvernement.

Embarqué pour Cartagêne avec M. *Labbé*, par ordre du Gouvernement, le 25 mars.

22 *idem ;* reçu en priſon le nommé Pierre LAFORGE, amené par la juſtice pour être détenu aux ordres du Gouvernement, à la réquiſition de M. Vidal.

Embarqué pour Cartagêne avec M. *Labbé*, par ordre du Gouvernement, le 25 mars.

25 *idem ;* reçu en priſon le ſieur Louis ARNAUD, amené par la police, aux ordres du Gouvernement.

Embarqué pour Cartagêne avec M. *Labbé*, par ordre du Gouvernement, le 25 mars.

27 *idem,* reçu en priſon le ſieur TIERCÉ, languedocien, laboureur, amené par la Maréchauſſée de cette ville par ordre du Gouvernement, pour embarquer pour Cartagêne dañs la goelette de M. Vidal.

Remis à la Maréchauſſée ledit jour pour être embarqué pour Cartagêne avec M. *Labbé*.

T O T A L, ... 45 hommes.

Certifié conforme aux regiſtres des priſons royales du Port,

au-Prince, le 23 juillet 1790. *Signé* Rainville, concierge def-
dites prifons.

Légalifé par nous, Jacques-Antoine-Jean SEVENE DE
SUJANNE, Confeiller du juge civil, criminel, & de police
en la Sénéchauffée du Port-au-Prince, &c., le 23 juillet
1790. *Signé* DE SUJANNE.

Qu'on rapproche cette lifte RÉVOLTANTE, des affertions PRONONCÉES de M. de la Luzerne, & qu'on
juge une bonne fois la VALEUR de toutes les DÉNÉGA-
TIONS affirmatives fur lefquelles repofe ce qu'il ofe appeler fa JUSTIFICATION. Elle s'évanouit comme l'ombre
au flambeau de la vérité qui nous guide. Elle le
laiffe accablé fous le poids de tous les griefs dont SAINT-
DOMINGUE demande à la Nation un redreffement bien
jufte, & trop différé. Elle montre un GRAND COU-
PABLE ; car il n'eft perfonne, je penfe, qui ofe effayer
de le juftifier de ce dernier DÉLIT ; lui feul provoque la
vengeance des loix. Nous ne la demandons pas ; mais
nous trahirions notre DEVOIR, nous trahirions la caufe
des INFORTUNÉS dont nous fommes les défenfeurs, fi
nous laiffions croire que les OBJETS de ces traitemens
inhumains, que les VICTIMES de ces arreftations barbares
avoient d'autres torts à fe reprocher que leur FOIBLESSE.
S'ils euffent été CRIMINELS, il auroit fallu les JUGER ;
quand ils étoient INNOCENS, étoit-ce au defpotifme, à
la cupidité, à je ne fais quelle paffion, à confommer
tant d'abominables SACRIFICES ?

Qu'on daigne encore lire la piece fuivante. Nous
n'en préfenterons pas d'autres ; la plume tomberoit
de nos mains :

CAUSES de l'ENLEVEMENT & de la MORT du Sieur TIERCÉ, languedocien, laboureur, ou DÉCLARATION de M. DUCHATEILLIER, ancien Officier de la Maréchaussée du Port-au-Prince.

MOI, ancien Officier de Maréchaussée du Port-au-Prince, certifie avec la plûs exacte vérité avoir été chargé d'aller arrêter sur l'habitation de M. SIBERT, habitant dû Cul-de-sac, le sieur TIERCÉ, son laboureur, pour avoir MENACÉ de coups de bâton son secrétaire, qui l'avoit insulté, & ce d'après les ordres de M. Loppinot, Commandant particulier, qui les avoit reçus de M. DE LA LUZERNE ; car M. de SIBERT m'a assuré dans les temps LUI-MÊME avoir porté sa plainte à ce DERNIER, pour lors Gouverneur de Saint-Domingue, sur le fait ci-dessus.

ETANT arrivé sur le minuit sûr l'habitation de M. de Sibert, heure qu'il m'avoit donnée, devant m'attendre moi & mes cavaliers à la premiere piece de cannes de son habitation, pour m'introduire chez lui, afin que ledit sieur TIERCÉ n'en fût pas instruit, craignant son évasion.

M. de Sibert, averti par un de ses negres affidés, & qu'il avoit posté au rendez-vous, vint à ma rencontre, & après les honnêtetés réciproques, il m'introduisit chez lui, & me fit coucher dans son cabinet, où il me tint caché, ainsi que mes cavaliers, dans différentes cafes à negres, jusqu'au lendemain l'après-midi, que parut le sieur TIERCÉ pour lors absent, & qui ne croyoit point que sur une plainte aussi légere, on pût priver un homme de sa liberté, & le perdre à jamais pour ses parens.

LE sieur TIERCÉ ayant paru, je l'ai fait ARRÊTER & conduire au Port-au-Prince, pour le mettre en PRISON, d'après les ordres que j'en avois reçus ; près d'arriver aux prisons, j'aperçus M. Loppinot avec plusieurs autres personnes sur le perron de M. DURONSERAY, juge dudit lieu ; étant allé à lui, JE LUI PRÉSENTAI LE SIEUR TIERCÉ, qui lui dit en ma préfence, & à celle de ces Meffieurs, *qu'il n'avoit rien fait pour lui mériter un pareil traitement*, fur quoi M. Loppinot m'ordonna *de le conduire dans les prifons dudit lieu*, & me chargea en même temps *d'aller demander au fieur Labbé*, qui commandoit pour lors la goelette du fieur Vidal, *à quelle heure il pourroit recevoir le fieur TIERCÉ à fon bord ;* il me répondit que je pourrois le faire conduire *à la brune*, ce que je fus annoncer à ce malheureux, afin qu'il fe défît, & qu'il tirât le meilleur avantage poffible d'un cheval qui lui appartenoit, qu'il avoit gagné à la fueur de fon front, & qu'il fut obligé de donner pour fix gourdes.

AYANT été prendre le fieur TIERCÉ dans les prifons où je l'avois dépofé DEUX HEURES avant, je le fis conduire chez le fieur Labbé, où arrivé, le fieur Tiercé PROTESTA *qu'il ne s'embarqueroit point, qu'on le tueroit plutôt ;* mais ayant LA FORCE EN MAIN, je le dépofai dans un canot de ladite goelette.

JE certifie pareillement avoir entendu dire, trois ou quatre mois après, par le fieur Delaunay, orfévre, qui étoit de retour de Cartagêne, que *ledit fieur TIERCÉ s'étoit poignardé de défefpoir dans la traverfée.*

EN foi de quoi ai délivré la préfente déclaration pour fervir & valoir. Au Port-au-Prince, le 20 juillet 1790. *Signé* DUCHATEILLIER.

Extrait des regiftres des prifons royales du Port-au-Prince.

LE 27 mars 1787, reçu ÈS PRISONS le fieur François TIERCÉ, languedocien, laboureur, amené par la Maréchauffée de cette ville PAR ORDRE DU GOUVERNEMENT, pour être embarqué pour CARTAGENE , dans la goelette de M. Vidal.

EN marge eſt écrit :

REMIS à la Maréchauſſée LEDIT JOUR, pour être embarqué pour Cartagêne avec M. Labbé. Collationné, *Signé* Rainville.

VOILA, MESSIEURS, voilà pourtant les pièces INEXPUGNABLES contre leſquelles viennent ſe briſer les dénégations oiſeuſes du Miniſtre de la Marine !

A chaque inculpation de la Colonie, il répond, *cela n'eſt pas......* & nous à chaque *non* de ſa part, nous oppoſons une foule de ces preuves IRRÉSISTIBLES qui le placent entre le ſilence de la HONTE & la douleur d'un AVEU.

A deux mille lieues du foyer des délits , il a cru que des EXCLAMATIONS oratoires effaceroient l'impreſſion de nos ASSERTIONS poſitives ! Il a dit : *Moi, françois , j'aurois ſouffert que mes Concitoyens fuſſent vendus !* & pour toute réponſe, nous produiſons la LISTE AUTHENTIQUE des Citoyens qu'il a livrés. Il a dit : *Moi, j'aurois permis qu'on dégradât l'humanité au point de rendre mes Compatriotes l'objet d'un trafic honteux !* Et pour toute réponſe, nous rapportons fidelement les détails qui ont précédé , accompagné , ſuivi CE MARCHÉ honteuſement inhumain. Il a dit : *Moi, Gouverneur pour le Roi, j'aurois fait paſſer une partie des habitans à des Puiſſances étrangeres !* Et nous lui répondons : Vous venez de prononcer VOTRE ARRÊT. Il a crié à *l'impoſture, à la fable, à la calomnie !* Et le burin de l'Hiſtoire

vient remplacer par des VÉRITÉS TERRIBLES ces dé-
clamations vides de fens.

NE parlez donc plus, Monfieur de la Luzerne, ni de
votre *indifférence* pour Vidal, ni de votre *correfpondance chimique* avec cet intrigant, ni de vos *rela-
tions d'Hiftoire Naturelle*, ni fur-tout *de votre innocence*. Car alors, armés du miniftere redoutable que
NOS COMMETTANS nous ont confié, nous ferions obligé
de dire encore à la Nation qui nous écoute, & qui
vous juge : » VOILA, d'un côté, les prétextes frivoles
» employés par un Miniftre coupable ; d'un autre côté,
» voici la vérité toute nue ; Le DÉLIT n'eft plus dou-
» teux ; prononcez ». *AB UNO DISCE OMNES.*

S I G N É :

DE COCHEREL,
DE REYNAUD,
DE PERRIGNY,
DE VILLEBLANCHE,
DE MARMÉ,
DE CHABANON,
Ô GORMAN,
DE MAGALLON,
FITZ-GERALD,
LOUIS-MARTHE DE GOUY.

} *Députés
des trois Provinces
de Saint-Domingue.*